行政礼仪研究

汪辉勇 著

中山大学出版社
·广州·

版权所有 翻印必究

图书在版编目（CIP）数据

行政礼仪研究/汪辉勇著. —广州：中山大学出版社，2021.3
ISBN 978-7-306-07104-0

Ⅰ.①行… Ⅱ.①汪… Ⅲ.①行政—礼仪—研究 Ⅳ.①D035

中国版本图书馆 CIP 数据核字（2021）第 024162 号

出 版 人：	王天琪
策划编辑：	翁慧怡
责任编辑：	翁慧怡
封面设计：	林绵华
责任校对：	卢思敏
责任技编：	何雅涛
出版发行：	中山大学出版社
电　　话：	编辑部 020-84110283，84111996，84111997，84113349
	发行部 020-84111998，84111981，84111160
地　　址：	广州市新港西路 135 号
邮　　编：	510275　　传　真：020-84036565
网　　址：	http://www.zsup.com.cn　E-mail：zdcbs@mail.sysu.edu.cn
印 刷 者：	广东虎彩云印刷有限公司
规　　格：	787mm×1092mm　1/16　15.5 印张　306 千字
版次印次：	2021 年 3 月第 1 版　2023 年 7 月第 3 次印刷
定　　价：	58.00 元

如发现本书因印装质量影响阅读，请与出版社发行部联系调换。

目　　录

第一章　绪论 ………………………………………………………………… 1
第一节　有关礼仪的基本认识 ……………………………………………… 1
一、礼仪的定义 ………………………………………………………… 1
二、礼仪的起源与发展 ………………………………………………… 2
三、礼仪的要素分析 …………………………………………………… 6
四、礼仪的基本原则 …………………………………………………… 9
第二节　如何理解行政礼仪 ………………………………………………… 14
一、行政及其主要价值理念 …………………………………………… 14
二、行政礼仪的界定 …………………………………………………… 17
三、行政礼仪的必要性 ………………………………………………… 19
第三节　行政礼仪研究的主要内容 ………………………………………… 20
一、什么是行政礼仪 …………………………………………………… 20
二、为什么要讲究行政礼仪 …………………………………………… 21
三、行政礼仪应该怎样 ………………………………………………… 21
四、本书的内容安排 …………………………………………………… 22

第二章　行政仪表礼仪 ……………………………………………………… 24
第一节　行政人员仪容礼仪 ………………………………………………… 24
一、清洁卫生 …………………………………………………………… 24
二、整齐有序 …………………………………………………………… 25
三、朴素淡雅 …………………………………………………………… 28
第二节　行政人员佩饰礼仪 ………………………………………………… 29
一、遵守规制 …………………………………………………………… 30
二、尊重风俗 …………………………………………………………… 32
三、力戒奢华 …………………………………………………………… 33
第三节　行政人员着装礼仪 ………………………………………………… 34
一、遵守规制 …………………………………………………………… 36

二、尊重风俗 ……………………………………………………… 38
三、端正紧切 ……………………………………………………… 40
四、整齐干净 ……………………………………………………… 40
五、大方得体 ……………………………………………………… 41

第三章　行政仪态礼仪 ……………………………………………… 43
第一节　行政举止礼仪 …………………………………………… 43
一、站 ……………………………………………………………… 43
二、坐 ……………………………………………………………… 46
三、行 ……………………………………………………………… 48
四、手势 …………………………………………………………… 49
第二节　行政脸色礼仪 …………………………………………… 52
一、和颜悦色 ……………………………………………………… 52
二、"正颜色" …………………………………………………… 54
三、"临丧而哀" ………………………………………………… 55
四、察言观色 ……………………………………………………… 56
第三节　行政谈吐礼仪 …………………………………………… 57
一、说与不说 ……………………………………………………… 57
二、说普通话 ……………………………………………………… 59
三、说话的腔调 …………………………………………………… 60
四、说话的措辞 …………………………………………………… 62

第四章　行政过程中的书信、公文与电话礼仪 …………………… 66
第一节　书信礼仪 ………………………………………………… 66
一、笺文首部礼仪 ………………………………………………… 66
二、笺文中部礼仪 ………………………………………………… 68
三、笺文尾部礼仪 ………………………………………………… 69
四、封文礼仪 ……………………………………………………… 72
第二节　公文礼仪 ………………………………………………… 73
一、公文格式规范中的礼仪 ……………………………………… 73
二、公文行文规则中的礼仪 ……………………………………… 76
三、公文语言中的礼仪 …………………………………………… 77

第三节　电话礼仪 …… 79
　　一、及时接听 …… 80
　　二、慎打电话 …… 80
　　三、勿碍旁人 …… 80
　　四、主动问好 …… 81
　　五、自报家门 …… 81
　　六、热情友好 …… 81
　　七、述事简洁 …… 82

第五章　行政见面礼仪 …… 84
第一节　称呼 …… 84
　　一、对主要亲属的称呼 …… 84
　　二、对一般社会交往对象的称呼 …… 91
　　三、行政系统内部交往时的称呼 …… 92
　　四、称呼中的敬辞与谦辞 …… 93
第二节　寒暄 …… 95
　　一、问候式寒暄 …… 96
　　二、即景式寒暄 …… 96
　　三、夸赞式寒暄 …… 97
　　四、搭讪式寒暄 …… 97
第三节　介绍 …… 98
　　一、介绍的形式 …… 98
　　二、介绍的时机 …… 99
　　三、介绍的顺序 …… 100
　　四、介绍的内容 …… 100
　　五、介绍时的姿势 …… 101
　　六、介绍人的选择 …… 101
第四节　握手 …… 102
　　一、握手的场合、时机与意义 …… 102
　　二、握手的顺序 …… 103
　　三、握手的方式 …… 104
　　四、握手时的姿势及注意事项 …… 105

第五节　名片 …………………………………………………… 106
　　一、名片的种类 ………………………………………………… 107
　　二、名片制作中的礼仪 ………………………………………… 107
　　三、名片使用中的礼仪 ………………………………………… 109

第六章　行政接待礼仪 …………………………………………… 111
第一节　迎宾礼仪 ……………………………………………… 111
　　一、迎宾地点 …………………………………………………… 111
　　二、迎宾仪式 …………………………………………………… 113
　　三、引导进入工作（会见）地点 ……………………………… 115
第二节　会见礼仪 ……………………………………………… 117
　　一、会见人员 …………………………………………………… 117
　　二、会见场所 …………………………………………………… 118
　　三、座次安排 …………………………………………………… 119
　　四、其他服务 …………………………………………………… 120
第三节　宴请礼仪 ……………………………………………… 121
　　一、宴请形式 …………………………………………………… 121
　　二、宴请程序 …………………………………………………… 122
　　三、菜肴 ………………………………………………………… 124
　　四、酒水 ………………………………………………………… 125
第四节　送别礼仪 ……………………………………………… 128
　　一、送别时间 …………………………………………………… 128
　　二、送别地点 …………………………………………………… 129
　　三、送别人员 …………………………………………………… 129
　　四、送别方式 …………………………………………………… 129

第七章　行政会议礼仪 …………………………………………… 131
第一节　会议名称 ……………………………………………… 131
　　一、会议的特征 ………………………………………………… 131
　　二、会名的合"礼"性 ………………………………………… 132
第二节　会议通知 ……………………………………………… 133
　　一、只能给下属单位（或个人）发通知 ……………………… 133

二、标题完整规范 ··· 134
三、主送单位（或个人）顶格 ································· 134
四、通知事项完整清楚 ······································· 134
五、落款和日期明确规范 ····································· 134

第三节 会议程序 ·· 136
一、开幕式 ··· 136
二、议题安排 ··· 137
三、闭幕式 ··· 138

第四节 会议座次 ·· 138
一、主席台 ··· 138
二、前排 ··· 139
三、中间 ··· 139
四、左右 ··· 139
五、面门 ··· 140
六、间距 ··· 140

第五节 与会人员 ·· 140
一、服从安排 ··· 140
二、遵守纪律 ··· 141
三、注意仪表、仪态 ··· 142

第八章 行政谈判礼仪 ·· 143

第一节 有关行政谈判的基本认识 ································· 143
一、什么是谈判和行政谈判 ··································· 143
二、行政谈判的主要类型 ····································· 143
三、行政谈判的意义 ··· 144

第二节 行政谈判的邀约礼仪 ····································· 145
一、用商洽函邀约 ··· 145
二、被邀约及时回函 ··· 146
三、下级不主动向上级邀约谈判 ······························· 146

第三节 行政谈判安排中的礼仪 ··································· 146
一、谈判人员安排礼仪 ······································· 146
二、时间、地点安排礼仪 ····································· 147

三、座次安排礼仪……147
第四节　行政谈判进行中的主要礼仪……149
　　一、叙说的礼仪……149
　　二、倾听的礼仪……151
　　三、提问的礼仪……152
　　四、论辩的礼仪……152
第五节　行政谈判签字仪式礼仪……153
　　一、人员安排……153
　　二、签字桌（台）的摆放及现场布置……154
　　三、座次或站立次序……154

第九章　行政宣誓礼仪……156
第一节　有关行政宣誓的基本认识……156
　　一、什么是行政宣誓……156
　　二、为什么要有行政宣誓……156
　　三、行政宣誓制度……157
第二节　行政宣誓誓词礼仪……161
　　一、明确行政宣誓主体……161
　　二、明确行政宣誓对象……161
　　三、明确行政宣誓理念……161
第三节　行政宣誓仪式礼仪……163
　　一、行政宣誓的时间……163
　　二、行政宣誓的地点与场所……164
　　三、行政宣誓的组织者……164
　　四、行政宣誓的形式……165

第十章　国家符号礼仪……168
第一节　国旗礼仪……168
　　一、国旗的设计与制作……168
　　二、国旗升挂的时间与场所……170
　　三、国旗的升与降……172
　　四、国旗升挂仪式……175

五、国旗升挂的位置 …………………………………………… 176
　　六、国旗的禁忌 ………………………………………………… 177
　第二节　国徽礼仪 …………………………………………………… 178
　　一、国徽的设计与制作 ………………………………………… 178
　　二、国徽的悬挂 ………………………………………………… 179
　　三、国徽的刻制与印刷 ………………………………………… 180
　　四、国徽的禁忌 ………………………………………………… 181
　第三节　国歌礼仪 …………………………………………………… 182
　　一、国歌的选定 ………………………………………………… 182
　　二、国歌的奏唱 ………………………………………………… 185
　　三、国歌奏唱的场合 …………………………………………… 186
　　四、国歌奏唱时的仪表、仪态 ………………………………… 187
　　五、国歌的禁忌 ………………………………………………… 188

第十一章　国家公祭、公葬与庆典礼仪 ………………………………… 190
　第一节　国家公祭礼仪 ……………………………………………… 190
　　一、何为国家公祭 ……………………………………………… 190
　　二、国家公祭的意义 …………………………………………… 192
　　三、国家公祭的主要礼仪规范 ………………………………… 193
　第二节　国家公葬礼仪 ……………………………………………… 198
　　一、治丧礼仪 …………………………………………………… 199
　　二、治葬礼仪 …………………………………………………… 202
　　三、祭奠礼仪 …………………………………………………… 205
　第三节　国家庆典礼仪 ……………………………………………… 207
　　一、鸣礼炮 ……………………………………………………… 208
　　二、升国旗、奏唱国歌 ………………………………………… 208
　　三、国家元首讲话 ……………………………………………… 208
　　四、阅兵式 ……………………………………………………… 211
　　五、群众游行 …………………………………………………… 213
　　六、放飞和平鸽 ………………………………………………… 214

第十二章　外交礼仪 ……………………………………………………… 215
　第一节　外交礼仪的主要原则 ……………………………………… 215

一、相互尊重 …………………………………………… 215
　　二、不卑不亢 …………………………………………… 216
　　三、"以我为主" ………………………………………… 217
　第二节　国际通行的外交礼节 ………………………………… 218
　　一、升挂国旗与奏唱国歌 ……………………………… 218
　　二、鸣礼炮 ……………………………………………… 219
　　三、以西服为正装 ……………………………………… 219
　　四、以右为尊 …………………………………………… 220
　　五、尊重女性 …………………………………………… 222
　　六、握手 ………………………………………………… 223
　　七、寒暄 ………………………………………………… 223
　　八、守时 ………………………………………………… 223
　　九、注意环保 …………………………………………… 224
　第三节　宗教的信仰、戒律与礼仪 …………………………… 224
　　一、基督教 ……………………………………………… 225
　　二、佛教 ………………………………………………… 229

后　记 ………………………………………………………………… 235

第一章 绪 论

人不能没有礼仪，不能不学习礼仪。孔子说："不学礼，无以立。"① 《礼记》说："今人而无礼，虽能言，不亦禽兽之心乎？"② 行政人执掌国家政权、管理国家事务，也不能没有行政礼仪，不能不学习和研究行政礼仪。事实上，自有国家行政以来，行政礼仪就颇受重视。《礼记》说："禹、汤、文、武、成王、周公……未有不谨于礼者也。以著其义，以考其信，著有过，刑仁讲让，示民有常。如有不由此者，在执者去，众以为殃。"③ 行政礼仪在实践上具有重要意义，其理论研究在不断发展。

第一节 有关礼仪的基本认识

一、礼仪的定义

"礼仪"，也可以分开称"礼"或"仪"，此二字在古汉语中多被分开使用，现代汉语多合并使用。礼、仪或礼仪的含义是相通的，或相同的。那么，什么是礼仪？

首先，礼仪是一种规范、准则。其与法律规范、道德准则、政治制度等是相通的，在很大程度上具有一致性。《礼记》说："夫礼者，所以定亲疏、决嫌疑、别同异、明是非也。"④ 意思是说，礼是用来明确人与人之间关系的亲疏、判断那些相似而容易混淆的事情、区别事物的相同或相异、辨明行为的是非对错的规范和准则。

其次，在人际关系中，礼仪着重于向对方表达尊重和敬意。礼仪与法律、道德、政治制度等毕竟有所不同，法律规范、道德准则、政治制度着重在社会共同体中区分人的权利与义务、身份与地位等。礼仪也与此有关，但它最主要

---

① 陈晓芬、徐儒宗译注：《论语·大学·中庸》，中华书局2015年版，第204页。
② 胡平生、张萌译注：《礼记》上，中华书局2017年版，第6页。
③ 胡平生、张萌译注：《礼记》上，中华书局2017年版，第420页。
④ 胡平生、张萌译注：《礼记》上，中华书局2017年版，第4页。

的目的是在人与人的关系（人与神的关系）中表达尊重或敬畏的情感。孔子说："礼者，敬而已矣。"① 孟子说："恭敬之心，礼也。"② 荀子说："恭敬，礼也。"③《礼记》说："夫礼者，自卑而尊人。"④ 这都是说，礼的本质是谦恭尊敬、表达敬意、显示恭敬之心，是自谦而尊重他人。

最后，礼仪行为具有某种象征性或仪式感。落实法律规范、道德准则、政治制度的行为是实打实的，是对权利或义务的实际履行。而礼仪行为可能没有这种实际履行权利、义务的意义，或者其实际意义是次要的，其更注重行为的象征性或仪式感。例如，握手本身并没有什么实际意义，其意义在于表达相互友好、相互信任的情感。见面时，握手是一种象征性的、仪式化的行为。又如，礼物本身也许有一定的实际意义，但其主要意义在于表达赠送主体对受礼者（客体）敬、爱的情意，在于其被赋予的象征性和仪式感。荀子说："凡礼，事生，饰欢也；送死，饰哀也；祭祀，饰敬也；师旅，饰威也。"⑤ "饰"，乃强调礼仪行为的象征性或仪式感。

总之，礼仪是在社会生活中形成的（约定俗成或组织制定的）具有象征性、仪式感的行为规范或行为方式，目的是向他人表达内心敬意，协调人际关系。

二、礼仪的起源与发展

（一）礼仪的起源

礼仪学研究会追问礼仪的起源问题，即礼仪的历史源头在哪儿，礼仪兴起的原因是什么。

1. 历史源头

礼仪的历史源头，"在人类社会的最初岁月"⑥。"最初岁月"，即原始社会时期。也就是说，人类在原始社会就有了礼仪。这一判断的依据主要来自当前人们对原始社会的观察。

人类社会的发展是不平衡的，现今人类大都进入了发达的现代社会，但也有极偏僻的地方的人类仍然处在原始社会，过着极为原始的生活。比如，20

---

① 徐艳华译：《孝经》，北京联合出版公司2015年版，第44页。
② 方勇译注：《孟子》，中华书局2015年版，第218页。
③ 方勇、李波译注：《荀子》，中华书局2015年版，第218页。
④ 胡平生、张萌译注：《礼记》上，中华书局2017年版，第7页。
⑤ 方勇、李波译注：《荀子》，中华书局2015年版，第315页。
⑥ 黄士平主编：《现代礼仪学》，武汉大学出版社2012年版，第22页。

世纪 20 年代中期,波兰籍人类学家马林诺夫斯基曾到太平洋西部的特罗布里恩群岛进行了为期三年的野外考察。马林诺夫斯基发现,当时生活在特罗布里恩群岛上的居民还处于原始社会的母权制阶段。但是,他们有自己稳定的礼仪规范。马林诺夫斯基事后回忆说,他在与特罗布里恩群岛上的居民相处时,一次又一次地违背了他们的礼仪,与他熟悉的当地人会指出他行为中的"错误",因此,他"不得不去学习如何行为"①。

美国著名人类学家摩尔根(1818—1881)在他的名著《古代社会》一书中描述过他观察到的北美印第安人的原始礼仪:

> 易洛魁人对于哀悼会议、对于该会议中在新首领授职之后所举行的庆典,极感兴趣。他们满怀热诚地从各个非常遥远的地区成群结队赶来参加这种会议。哀悼会议的开幕和进行过程有许多仪式,该会通常为期五天。第一天专用于对死去的首领举行常规的哀悼仪式,因为这是一项宗教活动,所以在日出时开始。这时候,当事部落的首领们领着本部的人列队前进去正式迎接其他部落的首领和部人,那些部落先已到达,结营在一定距离之外,以等待这一天的到来。会合的各部落相互问候以后,即排成队伍从迎宾的地方走向开会的地方,沿途唱着哀歌,并有和唱。哀歌与和唱之词都是追念这位去世的首领的颂词。②

孔子也认为,礼仪在原始社会就存在。孔子曾说:"夫礼之初,始诸饮食,其燔黍捭豚,污尊而抔饮,蒉桴而土鼓,犹若可以致其敬于鬼神。"③ 意思是说,礼仪最初是从饮食活动开始的。远古(原始)时代,人们只懂得把黍米用火烤熟,把猪肉剖开放到火上烤熟,在地上掘坑盛水当酒樽,用双手捧水而饮,捆扎草茎做鼓槌,敲打用土做成的鼓,虽然简陋,但仍可以向鬼神表达敬意。

孔子的意思是,礼仪是从原始社会的饮食活动开始的,而且原始礼仪是从祭祀开始的,即从"致敬鬼神"开始的,礼源于祭。东汉许慎在《说文解字》中说:"礼,履也,所以事神致福也。"这与孔子的意思是一致的。所以,也有学者认为,人类社会最初可能仅有祭礼,随着社会的发展,其他礼仪才渐次

---

① [美] F. 普洛格、B. G. 贝茨著,吴爱明、邓勇译:《文化演进与人类行为》,辽宁人民出版社 1988 年版,第 72 页。

② [美] 路易斯·亨利·摩尔根著,杨东莼、马雍、马巨译:《古代社会》上册,商务印书馆 1977 年版,第 137 页。

③ 胡平生、张萌译注:《礼记》上,中华书局 2017 年版,第 423 页。

出现。

2. 兴起原因

礼仪兴起的原因是什么？或者说，人类社会为什么会产生礼仪？这也是礼仪学研究必然追问的问题。关于这个问题，我国古人说得很清楚、很透彻。

如《礼记》说：

> 何谓人情？喜、怒、哀、惧、爱、恶、欲，七者弗学而能。何谓人义？父慈、子孝、兄良、弟弟、夫义、妇听、长惠、幼顺、君仁、臣忠，十者谓人之义。讲信修睦，谓人之利；争夺相杀，谓人之患。故圣人之所以治人七情，修十义，讲信修睦，尚辞让，去争夺，舍礼何以治之？饮食男女，人之大欲存焉；死亡贫苦，人之大恶存焉。故欲恶者，心之大端也。人藏其心，不可测度也。美恶皆在其心，不见其色也，欲一以穷之，舍礼何以哉？①

> 道德仁义，非礼不成；教训正俗，非礼不备；分争辨讼，非礼不决；君臣上下，父子兄弟，非礼不定；宦学事师，非礼不亲；班朝治军，莅官行法，非礼威严不行；祷祠祭祀，供给鬼神，非礼不诚不庄。是以君子恭敬、撙节、退让以明礼。②

《礼记》这两段话看起来是在细说礼仪的重要性，其实也是在说礼仪为何而产生、兴起。

关于礼仪的兴起，荀子说得最为明确：

> 礼起于何也？曰：人生而有欲，欲而不得，则不能无求；求而无度量分界，则不能不争；争则乱，乱则穷。先王恶其乱也，故制礼义以分之，以养人之欲，给人之求，使欲必不穷于物，物必不屈于欲，两者相持而长，是礼之所起也。③

荀子的意思是说，礼仪是为了平衡人与物的关系、人与人的关系而兴起的。人有欲望，必然向外物寻求满足。在寻求满足的过程中，难免与他人发生

---

① 胡平生、张萌译注：《礼记》上，中华书局2017年版，第432页。
② 胡平生、张萌译注：《礼记》上，中华书局2017年版，第5页。
③ 方勇、李波译注：《荀子》，中华书局2015年版，第300页。

争抢。因为争抢，所以混乱；因为混乱，能满足欲求的外物就可能不足。为了避免混乱，所以要制定"礼义"，对人与人之间的权利和义务进行区分（分配），以使人们对外物的欲求得到满足，而外物又不至于因为人们的消费而匮乏。荀子的这番"礼论"可以说是礼仪兴起问题的满分回答。

（二）礼仪的发展

人类社会由古而今的过程，是一个发展的过程。这一发展过程的内在动力是生产力与生产关系、经济基础与上层建筑的矛盾。随着人类社会的发展，礼仪由古而今也有一个发展的过程。礼仪发展问题主要可以从以下两个方面来理解。

1. 变与不变

人类社会的礼仪是变化的，是可以改变的，而不是一成不变的，不一定要墨守成规。孔子曾说："夏礼，吾能言之，杞不足征也；殷礼，吾能言之，宋不足征也。文献不足故也。足，则吾能征之矣。"① 又言："殷因于夏礼，所损益，可知也；周因于殷礼，所损益，可知也。其或继周者，虽百世，可知也。"② 从孔子言语中可以看出，礼仪在不同朝代（时代）、不同国度是不同的、变化的，有的方面有所减少，有的方面又有所增加。但是，变化不是断裂式的，而是连续的，是有所继承的，即所谓"因"。礼仪的发展是一个改革与继承的过程，有变化，也有不变。

2. 变化的基本规律

既然礼仪是变化的，那么，其变化有规律可循吗？是有规律可循的，其变化的基本规律可以概括为"因时世人情"。

"因时世人情"出自《史记·刘敬叔孙通列传》。汉高祖刘邦当了皇帝以后，一度废弃秦朝礼法，结果朝廷之上"群臣饮酒争功，醉或妄呼，拔剑击柱"③。刘邦不得已而让叔孙通重新制定"朝仪"，但担心太麻烦，就问叔孙通："得无难乎？"因此，叔孙通对刘邦说了这样一番话：

> 五帝异乐，三王不同礼。礼者，因时世人情为之节文者也。故夏、殷、周之礼所因损益可知者，谓不相复也。臣原颇采古礼与秦仪杂

---

① 陈晓芬、徐儒宗译注：《论语·大学·中庸》，中华书局2015年版，第30页。
② 陈晓芬、徐儒宗译注：《论语·大学·中庸》，中华书局2015年版，第24页。
③ 〔汉〕司马迁撰、张大可注：《史记今注》，凤凰出版社2013年版，第1373页。

就之。①

所谓"因时世人情",是说礼仪的发展变化一是因为时代的发展变化,一是因为人情的发展变化。时代不同,人们的生产方式和生活方式有所不同,相应地,人与人之间的交往关系也会有所不同,彼此表达敬意、宣示身份地位和等级次序的礼仪规范("节文")自然会有所不同,或应该有所不同。人情,即人的情绪、情感,是人的本性,是人的主观认识的体现。人的本性、人的认识都是时代造就的,不是一成不变的。礼仪规范不外乎人情,所以必然因人情的变化而变化,或者说,其变化、其改革应该顺乎人情。因人情而变化,同时,因时世而变化,所以说,礼仪发展变化的基本规律是"因时世人情"。

三、礼仪的要素分析

任何一个社会的礼仪都可能有所不同,而且可能复杂而繁多,但其基本的构成要素简单而相同。基本构成要素,是指礼仪所包含的、所必需或必然具备的最小单元。礼仪的构成要素有四个:礼仪主体、礼仪客体、礼仪媒体、礼仪环境。

(一)礼仪主体

礼仪主体,即礼仪行为的主动者、发起者,礼仪规范的落实者、执行者。礼仪作为一种行为,必定有主动者和发起者;礼仪作为一种规范,必须或必然有人落实它、执行它。这个主动、发起、落实和执行的人,即礼仪主体。比如学生见到老师,向老师问好:老师好!这一礼仪行为的主动者或发起者是学生,或者说,这一礼仪规范(学生见到老师应主动向老师问好)的落实者、执行者是学生,学生在这里便是礼仪主体。

礼仪主体可能是个体(人),也可能是集体或组织,还有可能是代表者。在一般的人际交往中,礼仪主体大都是个体(人)。比如学生向老师问好,其礼仪主体便是作为个体的学生。但如果是上课时整个班的学生齐声向老师问好,其礼仪主体便是集体或组织。

还有一种情况,行礼者是个体或集体,但他或他们并非以个体或集体本身的身份行礼,而是代表另一个体或集体(组织)行礼。其礼仪主体便是"代表"。"代表"本身可能是个体或集体,其所代表的也可能是个体或集体。比如外国客人到访,我国领导人主持欢迎仪式,那么,我国领导人及参与欢迎仪

---

① 〔汉〕司马迁撰、张大可注:《史记今注》,凤凰出版社2013年版,第1373页。

式的三军仪仗队作为欢迎仪式的礼仪主体,是中华人民共和国的"代表"。领导人是个体,三军仪仗队是集体(组织),其共同代表的是国家。

(二)礼仪客体

礼仪客体,亦称礼仪对象,即礼仪行为或礼仪活动的目标指向或承受者。礼仪是在相互关系中发生的,任何礼仪行为或礼仪活动一定有对象或客体;否则,无所谓礼仪。

礼仪客体一般是指人。礼仪从根本上说是在人与人的关系中发生的,礼仪的根本目标是协调人际关系。礼仪客体可能是个体,也可能是群体、集体或组织。

但是,礼仪客体也常常是物或象征物。古代帝王封禅(即"祭天""祭地")是一种礼仪行为,其祭祀对象(即礼仪客体)则是"物"(天、地)。物之作为礼仪客体有时候是因为其物本身(如天、地、日、月、山、河、湖、海等),有时候则不是因为此物本身,而是因为它是一种代表某人或其他某物的"象征物"。例如,神像(雕像或画像)其本身无非一物,但它并非因为其本身而成为礼仪客体,而是因为其所代表或象征的人或物而成为礼仪客体,其作为礼仪客体是"象征物"。又如,国旗或国徽,其成为礼仪客体也并非因为此物本身,而是因为它象征国家,因为它是"象征物"而成为礼仪客体。

(三)礼仪媒体

礼仪媒体,亦称礼仪媒介,是礼仪主体向礼仪客体实施礼仪行为、传递礼仪信息的中介或载体。礼仪行为从根本上说,是礼仪主体向礼仪客体传递某种礼仪信息的过程,这种礼仪信息的传递不可能凭空进行,而必须有一种中介、载体,以使礼仪信息有所凭借或依托,从而确保信息传递的可能。例如,礼品(礼物)、礼器、礼貌、礼服、礼炮、辞令等都可以是礼仪媒体。

礼品或礼物,是礼仪主体向礼仪客体赠送的物品。物品因为被主体赠送给客体,承载了主体对客体的某种情意(如敬意或爱意),所以成为"礼品"或"礼物",成为礼仪主体向礼仪客体传递礼仪信息的中介、载体,而不再是单纯的、普通的物品。

礼器,是礼仪主体向礼仪客体实施礼仪行为、传递礼仪信息过程中使用的某种器具,如茶具、酒具、红地毯、鲜花、祭祀中使用的器皿等。这些器具或器皿因为被主体用来向客体传递礼仪信息,所以成为礼器,而不再是普通器具或器皿。

礼服,是出席礼仪活动时穿的衣服。礼炮,是礼仪活动中释放的炮声。辞

令,是指人际交往中使用的言词。

所有这些"事物",因为进入礼仪情境中,承载了礼仪信息,所以成为礼仪媒体,而不再是单纯的、普通的事物。

总而言之,礼仪媒体可以是外在事物(物品、器具),也可以是语言辞令等;一切可能承载礼仪信息的载体,都可能成为礼仪媒体或礼仪媒介。

(四)礼仪环境

礼仪环境,是指实施礼仪行为或礼仪活动的时空条件。任何礼仪行为或礼仪活动都是在一定的时空条件下进行的。不同的时空条件,往往决定礼仪行为或礼仪活动的不同。所以,礼仪环境也是礼仪的要素之一。

而所谓时空条件,并非指纯粹自然的时间和空间,而是指与人的社会活动联系在一起的时间和地点。不同的时空条件,实质上也是指人的社会活动过程的不同阶段、不同情境。在社会活动过程的不同阶段或不同情境中,活动的内容不同,其人与人之间的社会关系会有所不同,因而其礼仪行为或礼仪活动也会有所不同。

《史记·高祖本纪》记载了这样一个故事:

> 六年,高祖五日一朝太公,如家人父子礼。太公家令说太公曰:"天无二日,土无二王。今高祖虽子,人主也;太公虽父,人臣也。奈何令人主拜人臣!如此,则威重不行。"后高祖朝,太公拥彗迎门却行。高祖大惊,下扶太公。太公曰:"帝,人主也,奈何以我乱天下法!"于是高祖乃尊太公为太上皇。心善家令言,赐金五百斤。①

这是一个讲述汉高祖刘邦与父亲(太公)之间的礼仪故事。高祖与父亲一方面是父子关系,另一方面又是君臣关系。按礼,儿子应该拜父亲(行"家人父子礼"),而臣应该拜君(行君臣礼)。可是,当儿子为君而父亲为臣时,应该谁拜谁呢?高祖选择了儿子拜父亲,而太公选择了臣拜君。高祖觉得别扭,只好封父亲为太上皇,以解决礼仪矛盾。

其实类似于父子、君臣礼仪矛盾的事情在社会生活中颇为常见,而用类似封父亲为太上皇的方式解决矛盾只有极少数人(比如皇帝)才能做到,普通人是做不到的。那么,普通人应该(或事实上)以何种方式来解决类似的礼仪冲突呢?应该根据礼仪环境,即社会活动的内容、情境、时间、地点来选择

---

① 〔汉〕司马迁撰、张大可注:《史记今注》,凤凰出版社2013年版,第183页。

恰当的礼仪行为。比如高祖与太公可以在家庭生活中选择行父子礼,而在行政活动中选择行君臣礼。人们大都依据礼仪环境而选择礼仪行为。

《论语》说:"孔子于乡党,恂恂如也,似不能言者。其在宗庙朝廷,便便言,唯谨尔。"① 意思是说,孔子在家乡非常温和恭顺,好像不会说话,但他在宗庙、在朝廷则显得很健谈,只是说话谨慎而已。为什么孔子在不同的场合表现如此不同?因为礼仪环境不同。在不同的礼仪环境中,孔子的礼仪行为有所不同。

《礼记》说:"礼从宜,使从俗。"② 这也是说,礼仪行为或礼仪活动与礼仪环境有关,没有脱离礼仪环境的礼仪行为或礼仪活动。"礼从宜",即前文提到的"因时世人情",礼仪规范的制定或礼仪行为的选择应该以"时世人情"为重要依据;"使从俗",则是说出使他国、外地应该顺从当地的礼仪风俗。"宜"与"俗",都是针对礼仪环境而言的。

四、礼仪的基本原则

礼仪涉及人际交往,乃至人类生活的各个方面,颇为复杂。但也存在一些普遍性规则,即体现在所有礼仪行为中的基本原则或者基本精神。掌握了这些原则(精神),基本上就能做到不违礼、不失礼。礼仪有哪些基本原则?大概可以概括为自律、敬人、谦让、宽容、贵和、庄重6项基本原则。

(一)自律

自律,即自我约束。做人不可太放肆,不可妄为,否则会与他人发生冲突,以致天下大乱。怎样才能不放肆、不妄为?一靠外力约束——他律;二靠内在约束——自律。他律的主要表现形式是"法",是社会公权力;自律的主要表现形式便是"礼",是自己心中的主观法。所有的礼仪规范,都主要依赖于人的自律。没有自律,礼本身便消失了,或者失去了魅力。所以,自律是礼仪首要的基本原则。

《礼记》说:"夫礼者,自卑而尊人。"③ 所谓自卑,即自我约束,自律。自律而尊敬他人,这是礼的根本。孔子说:"克己复礼为仁。"④ 克己即克制自己,亦即自律。克制自己是合乎礼仪的前提,只有克制自己合乎礼仪,才能证

---

① 陈晓芬、徐儒宗译注:《论语·大学·中庸》,中华书局2015年版,第110页。
② 胡平生、张萌译注:《礼记》上,中华书局2017年版,第3页。
③ 胡平生、张萌译注:《礼记》上,中华书局2017年版,第7页。
④ 陈晓芬、徐儒宗译注:《论语·大学·中庸》,中华书局2015年版,第138页。

明你是尊敬、爱护他人的，才能证明你"仁"。

自律也是守本分。自律是自我约束，自我约束必须或必然有一个标准，即我们应该按什么标准来约束自己，这个标准便是本分。按本分来约束自己，便是守本分。所谓本分，即每个人基本的身份地位。社会是一个分工合作的体系，这个体系中的每个人都有一个或多个与其他人相区别的身份。与此同时，社会又会依据一定的标准，比如在交往合作体系中的重要性或贡献大小，而将人们的身份进行排序，从而区分"上下贵贱""尊卑长幼"。你在这个排序、这个"上下贵贱""尊卑长幼"中所处的位置，就是你的"地位"。每个人的身份地位不同，即本分不同，意味着其权利和责任不同。社会合作体系要求每个人都尽到自己的责任，同时只享受自己应得的权利。我们遵守社会要求，自觉主动地尽自己的责任，只享受应得的权利，便是自律，便是守本分。

守本分特别强调不要有非分之想，不要享受分外权利。享受超越本分的权利，古人把它叫作"僭越"或"僭侈"，这是一种非常不合礼仪的行为。僭越，是指地位在下者冒用地位在上者的名义或礼仪、器物；僭侈，则是指使用财物方面的过度与奢侈，与自己的身份地位不相称。《论语》记载，孔子曾议论鲁国大夫季孙氏"八佾舞于庭"的行为："八佾舞于庭，是可忍也，孰不可忍也？"① 季孙氏"八佾舞于庭"，便是一种"僭越"。按礼，只有周天子才能享用"八佾"，诸侯只能享用"六佾"，大夫只能享用"四佾"。所以孔子非常瞧不起季孙氏，认为他这种事情都做得出来，还有什么事情不敢做呢。

（二）敬人

人与人之间的礼仪行为，从根本上说，都是向与之相对、相关的人表达敬意。为什么要敬人？因为每个人都有受人尊敬的需要，而要获得他人的尊敬就必须先尊敬他人。人与人之间只有互相尊敬，才能化解纷争，才能协调人际关系，才能真正实现礼仪的目的。孟子说："仁者爱人，有礼者敬人。爱人者，人恒爱之；敬人者，人恒敬之。"② 所以，敬人是礼仪的一项基本原则。

敬人与自律是联系在一起的。自律在一定程度上意味着敬人，因为约束自己是为了不妨碍、伤害他人，说明我重视他人，考虑他人的需求和权利。自律是敬人的前提，没有自律，敬人便无从起步。我们只有学会了自律，才能进一步做到敬人。

敬人也与敬事（敬业）、敬神、敬物（对物的敬畏）联系在一起。敬事，

---

① 陈晓芬、徐儒宗译注：《论语·大学·中庸》，中华书局2015年版，第26页。
② 方勇译注：《孟子》，中华书局2015年版，第163页。

即对我们所从事的工作谨慎而全力以赴，不敢怠慢，不敢出错。因为有社会分工，每个人所从事的工作都与其他人有关，所以，我们谨慎不出错，是要保证我们的工作（产品）能满足他人的需求，或者不至于给他人造成伤害，而这就是对他人的尊重，就是敬人。同样，神是人的观念，是人的信仰，敬神实质上还是敬人。物也是这样，任何物都可能与人有关，不仅与我们自己有关，也可能与其他人有关；之所以对物有所敬畏，也正是因其与人有关。所以，敬物实质上也是敬人。

（三）谦让

谦让，即自我抑制、让人优先。人与人之间的纷争，往往是因为人的狂妄自大，因为欲望的膨胀，因为与人争先。因此，要自觉地避免纷争，就必须自我抑制，抑制自己的欲望，抑制自高自大的情绪，同时允许他人优先于自己。这样，纷争才有可能避免、才有可能停止。谦让精神贯穿于所有礼仪行为中，所以说，它是礼仪的基本原则之一。

孔子说："能以礼让为国乎？何有？不能以礼让为国，如礼何？"① 孔子所谓的"礼让"即谦让，在孔子看来，谦让是礼仪的实质，没有谦让精神就没有礼仪。所以孔子又说："君子无所争，必也射乎！揖让而升，下而饮，其争也君子。"② 意思是说，君子是不会与人争执的，如果一定要说有争执，那无非射箭。即便是射箭，也是先相互作揖谦让，然后上场；比赛结束，又相互敬酒。竞争也是贯穿谦让精神的君子之争（这与奥林匹克的体育精神是一致的）。

《礼记》说："是以君子恭敬、撙节、退让以明礼。"③ 所谓"撙节、退让"，即节制、谦让，让人优先。这句话的意思是说，君子必以恭敬、谦让的态度彰显礼仪。谦让是贯穿在礼仪行为中的基本原则。

谦让与自律、敬人显然是联系在一起的。谦让强调自我抑制，就是自律；谦让强调让人优先，就是敬人。谦让以自律和敬人为前提，没有自律，没有敬人，也就不可能有谦让。而谦让也是自律和敬人的进一步表现，没有谦让，则不能体现自律和敬人。

谦让虽以止争为目的，但也不绝对排斥竞争。应该说，谦让所要避免或抑止的纷争，是恶性竞争。良性竞争、合理竞争，事实上是不可避免的，是不能

---

① 陈晓芬、徐儒宗译注：《论语·大学·中庸》，中华书局2015年版，第43页。
② 陈晓芬、徐儒宗译注：《论语·大学·中庸》，中华书局2015年版，第29页。
③ 胡平生、张萌译注：《礼记》上，中华书局2017年版，第5页。

没有的。所以，孔子说："当仁，不让于师。"①

（四）宽容

宽容，即宽厚容人，亦即气量宽宏，能容人之错、容人之失、容人之短。人非圣贤，难免有做错、失误的时候，亦难免有所不能。因此，在与人交往时，当发现对方出错，出现失误，或不能胜任时，应在一定程度上给予宽容。宽容，是对交往对象的尊敬、爱护，能给人温暖，会使人际关系趋于和谐，因此，这也是一个重要的礼仪原则。这一礼仪原则主要体现为不当场纠正对方的过错或失误，不批评、指责对方。

《论语》记载："子张问仁于孔子，孔子曰：'能行五者于天下，为仁矣。''请问之。'曰：'恭、宽、信、敏、惠。恭则不侮，宽则得众，信则人任焉，敏则有功，惠则足以使人。'"② 在孔子看来，宽容、宽厚是"仁"即爱人、敬人的重要表现。宽容、宽厚能得到众人的拥护，能协调人际关系。

宽容原则与敬人原则、谦让原则是联系在一起的。因为尊敬，所以宽容；因为宽容，所以谦让。正是通过一定程度的宽容才足以表达对他人的尊敬；如果锱铢必较、睚眦必报，则哪有尊敬，哪有谦让。

作为礼仪原则的宽容，当然不是指无原则的忍耐和退让，而是指对交往过程中非原则性的、较小的过错和失误的理解、包容。

（五）贵和

所谓和，主要指人为而恰到好处，指和谐、平衡。《中庸》说："喜怒哀乐之未发，谓之中；发而皆中节，谓之和。中也者，天下之大本也；和也者，天下之达道也。致中和，天地位焉，万物育焉。"③《中庸》的意思是说：人的喜怒哀乐没有表露，叫作"中"，即不偏不倚；表露出来而符合法度，叫作"和"（即人为而恰到好处）。中是天下最大的根本，和是天下共行的普遍准则。达到中和，则天地各得其所，万物生长发育。

所谓贵和，即以和为贵，以和为价值追求。孔子的学生有子曾说："礼之用，和为贵。先王之道，斯为美，小大由之。有所不行，知和而和，不以礼节之，亦不可行也。"④ 有子的意思是说，礼（制）在推行和应用过程中，以

---

① 陈晓芬、徐儒宗译注：《论语·大学·中庸》，中华书局2015年版，第194页。
② 陈晓芬、徐儒宗译注：《论语·大学·中庸》，中华书局2015年版，第209页。
③ 陈晓芬、徐儒宗译注：《论语·大学·中庸》，中华书局2015年版，第289页。
④ 陈晓芬、徐儒宗译注：《论语·大学·中庸》，中华书局2015年版，第12页。

"和"（平衡、和谐、恰到好处）为重要原则。历代圣明君王的治国理念中，这一条是最好的，无论大小事情都按这一原则来处理。但这也不是绝对的，一味地追求和谐、平衡，而不遵循礼法、礼文，那也行不通。

礼仪的目的是要协调人际关系，使人与人之间的关系保持平衡、和谐，亦即恰到好处。所以，礼仪在制定和施行过程中应该坚持"贵和"这一基本原则。

首先，礼仪本身或者说礼仪的制定应该是自然和谐的，应该是合理而恰当的。礼仪是人类社会的创造，是由人制定的。但人类社会创造或制定礼仪不是（或不应该是）随意的，而是（或应该是）以自然规律、以时势人情为依据的，旨在平衡人与人的关系以及人与自然的关系。这一点荀子在其《礼论》中讲得最为明白（"礼起于何也？……"前文有引，此不赘述）。《礼记》也说："礼也者，合于天时，设于地材，顺于鬼神，合于人心，理万物者也。"① 其次，礼仪施行时要求从宜、从俗，以避免矛盾，达成和谐。礼仪施行当然应该依据礼仪规范，但在具体落实时还要视对象、环境等因素而合理操作。比如《礼记》说："故天不生，地不养，君子不以为礼，鬼神弗飨也。""礼之薄厚，与年之上下。"② 这是说，祭（礼）品的取材、用量，要根据天生地养、年成好坏而定，不要勉为其难。又如孔子说："非其鬼而祭之，谄也。"③ 这是说，行礼应该搞清楚对象，不应该的、多余的礼仪，是献媚讨好，不一定能真正促成人际关系的和谐。

（六）庄重

礼仪在心态情绪上要求庄重。所谓庄重，即严肃、谨慎、稳重、端正、诚恳。马虎潦草、飘忽轻佻、虚情假意，是不合乎礼仪的，也肯定不能达到礼仪的目的和效果。所以，心态情绪上的庄重也是贯穿礼仪行为的基本原则。

"《曲礼》曰：毋不敬，俨若思，安定辞，安民哉！"④ 意思是说，一切行为都应该在心态上保持谨慎、端正，若有所思的样子，说话也要审慎、合理，这样就能安定民心。孔子也认为，谨慎是礼仪的基本要求。《论语》记载："子入太庙，每事问。或曰：'孰谓鄹人之子知礼乎？入太庙，每事问。'子闻之，曰：'是礼也'"⑤ "入太庙，每事问"，这是谨慎，孔子认为这本身

---

① 胡平生、张萌译注：《礼记》上，中华书局2017年版，第443页。
② 胡平生、张萌译注：《礼记》上，中华书局2017年版，第443—444页。
③ 陈晓芬、徐儒宗译注：《论语·大学·中庸》，中华书局2015年版，第24页。
④ 胡平生、张萌译注：《礼记》上，中华书局2017年版，第1页。
⑤ 陈晓芬、徐儒宗译注：《论语·大学·中庸》，中华书局2015年版，第33页。

是礼。

礼仪不仅仅要求看上去谨慎、端庄、严肃，而且要求其内心诚恳。孔子说："礼，与其奢也，宁俭。丧，与其易也，宁戚。"① 这是说，与外在仪式上的大操大办相比，内心的真诚尤为重要。孔子还说："为礼不敬，临丧不哀，吾何以观之哉！"② 这是说，行礼时不严肃、诚恳，参加丧礼时不感到悲痛哀伤，这样的做法"我"是看不下去的。

《礼记》说："礼，不妄说人，不辞费。礼不逾节，不侵侮，不好狎。修身践言，谓之善行。行修言道，礼之质也。"③ 这也是说，礼仪要求内心诚恳，言行合一。这段话翻译成现代文便是：礼仪，不随便取悦、讨好他人，不说多余的话。礼仪，不逾越规矩、界限，不侵犯侮辱他人，也不随便与人称兄道弟，过分亲热。时常反省检点自己，落实自己所说过的话，这是好的品行。修养品行、言行一致，这是礼仪的根本。

第二节　如何理解行政礼仪

一、行政及其主要价值理念

理解行政礼仪，首先要理解行政是什么，其内在的价值理念是什么。

（一）对"行政"一词的理解

行政，一般而言，是指执掌国家政权、管理国家事务的行为。我国古典文献中的"行政"大都是在这一意义上使用的。例如，《孟子》说："为民父母，行政不免于率兽而食人，恶在其为民父母也？"④《史记》说："召公、周公二相行政，号曰'共和'。"⑤ 现在，我们也多是从这一意义上来理解"行政"一词。

但是，严格意义上而言，行政，或者说狭义的行政，是指政府依法对国家公共事务的管理。它包含三个要点：①它以国家为基础，属于国家范围的公共事务，没有国家，则无所谓行政。②不是一切国家事务都是行政，只有掌握行政权力的行政机关即政府的事务才是行政。它区别于立法机关的立法事务和司

---

① 陈晓芬、徐儒宗译注：《论语・大学・中庸》，中华书局2015年版，第28页。
② 陈晓芬、徐儒宗译注：《论语・大学・中庸》，中华书局2015年版，第38页。
③ 胡平生、张萌译注：《礼记》上，中华书局2017年版，第4页。
④ 方勇译注：《孟子》，中华书局2015年版，第7页。
⑤ 〔汉〕司马迁撰、张大可注：《史记今注》，凤凰出版社2013年版，第56页。

法机关的检察、审判事务。③行政权属于执行权,行政是按照宪法和法律规定的权限、程序去行使国家行政职能的行为。

现代行政,强调其职能的公共性,具备管理公共事务、提供公共物品和公共服务的功能,实现公共利益,所以又被称为公共行政。对公共事务进行管理,并不是政府所能垄断的,其他社会组织(如非政府组织、非营利组织)也应是公共事务的主体。因此,又将"公共行政"改称为"公共管理"或"公共治理"。

本书沿用传统说法,将一切公共组织行使公共权力,提供物品和公共服务的管理活动,称为行政。

(二)现代行政的主要价值理念

行政礼仪,从根本上说,是行政内在价值理念的表达。所以,要真正理解行政礼仪,还必须深入研究行政价值理念。现代行政主要包含以下六种价值理念。

1. 以人为本

以人为本,即以人为目的,以人为中心,尊重人、善待人、成就人。人的一切努力、一切工作,都无非为了人本身,为了实现人的价值。离开人而去寻找行动的意义,都是愚蠢的、自欺欺人的。行政是人的行动,是人的一项工作,是人的一种努力,所以必须以人为本。只有以人为本,才能证明行政的合法性。

必须强调的是,"以人为本"理念中的人,是全部社会成员(社会共同体)中的每个人,而不是孤立的个人或少数人;他是"全面发展的人",而不是片面的、单向度的人;他是现在存在的人,也包括过去和未来存在的人。

2. 公共利益

利益,是指能够满足人的需要的对象,是人们生存和发展所需要的资源和条件。公共利益,是指一定社会共同体在一定历史时期因为人们需求的共同性、对象存在形式的公共性、公平与效率等价值追求,而确定为共享、共有、共创的利益形式。利益无疑是人类行动的根本目的,是人类行动的价值和意义所在。因此,人类行动的价值理念中必然包含着利益理念,对利益的认识和理解,决定人类行动的方向、方式及力度。人类行政行为也必然是为了实现利益,行政价值理念中也必然包含着利益理念。现代行政价值理念中的利益理念,必然是公共利益理念,因为现代行政是公共行政,公共行政是因公共利益而生的,公共行政的目的必定是公共利益。离开公共利益,公共行政将失去价值和意义,也将失去其合法性。

3. 公平正义

公平正义，是指人类在社会交往和社会管理过程中，对人的权利与义务、利益与损害，平等、合理地进行分配或交换。公平正义是人类社会文明的重要标志，是衡量一个国家或社会文明发展的标准。社会和谐、人际和睦，以公平正义为重要条件。而公平正义的创造和维持离不开公共权威，离不开公共行政。如果以政府为核心的公共组织及其公共行政不能倡导公平正义，不能奉行公平正义，不能主持公平正义，其国家和社会就不会有公平正义。所以，公共行政必须以公平正义为目的和尺度，公平正义是公共行政的重要价值理念。

4. 行政效率

效率本是一个机械工程学概念，指有用功率（输出功率）与驱动功率（输入功率）的比值。在机械工程中，人们总是追求以最小的输入功率获得最大的输出功率。这一理念被广泛引申到其他领域，成为人所周知的效率价值理念，以至于人们无论做什么事情都讲究效率的最大化，即以最小的投入（成本）获得最大的产出（收益）。公共行政无疑也应该讲究行政效率，讲究以最小的行政成本（行政组织和行政人员从事行政管理工作所投入和消耗的各种资源）获取最大的行政效益（行政管理的成果和效益）。所以，行政效率是公共行政实践与理论研究极重视的价值理念。

5. 民主法治

民主，即人民当家做主。它强调保护公民的基本权利，保护公民的自由，保护公民的根本利益，强调公民对政治、行政的监督和参与，反对政府的专制独裁。法治，即依法而治，依法治国。国家管理或公共管理，必须以宪法和法律为准绳，宪法和法律在社会生活中具有最高权威并得到普遍遵从。民主与法治是联系在一起的，民主必然以法治为途径，法治是民主的体现。所以，民主与法治合而言之"民主法治"。

现代行政强调其根本目的是实现公共利益，为公众（公民）服务。但是，行政组织及行政人员在行政过程中，极有可能利用行政权力（公共权力）侵害公民权利，谋取私利，只为个人服务或只为少数人服务。为了防止这种情况发生，必然要求行政行为（尤其是重要的行政决策行为）必须充分尊重公众意志，必须公开透明，接受公众监督，必须置于代表公民意志的宪法和法律的约束之下，即行政必须是民主的和法治的。正因为如此，民主法治成为行政价值理念中的重要理念。

6. 服务行政

服务行政，也称服务型政府，这一理念强调政府及其行政的全部职能应该围绕公共服务而展开，应该以为公民提供良好的服务为根本目标和衡量尺度。

这一理念是我国学者于20世纪末期明确提出的,但其思想源流可以追溯到西方启蒙思想家的人民主权理论、马克思主义的公仆理论、中国共产党的为人民服务思想、20世纪80年代末期在美国兴起的新公共服务理论。

二、行政礼仪的界定

(一)当前我国学界有关行政礼仪的基本理解

行政礼仪,又称为政务礼仪、公务礼仪、公务员礼仪、公共服务礼仪等。行政,即处理行政事务的过程,其礼仪称政务礼仪;现代行政是公共行政,处理公共事务,其礼仪称公务礼仪;从事公共事务的人员为公务员,其礼仪称公务员礼仪;公共事务本质上是提供公共服务,其礼仪称公共服务礼仪。以下是一些学者对行政礼仪所下的定义。

金正昆对行政礼仪下的定义:"政务礼仪,亦称公务员礼仪,指公务员在执行国家公务时应当遵守的礼仪。"[①]

杨金波对行政礼仪下的定义:"政务礼仪又称公务礼仪,是国家公务人员在从事公务活动、执行国家公务的过程中所必须遵守的礼仪规范。"[②]

徐凌对行政礼仪下的定义:"公共服务礼仪即公共服务从业人员在提供服务产品时所应遵循的礼仪规范。"[③]

上述定义基本上是一致的,可以概括为三点:①强调行政礼仪主体是"公务员""公务人员"或"公共服务从业人员";②强调行政礼仪行为发生在"执行国家公务时""执行国家公务的过程中"或"提供服务产品时";③强调行政礼仪是"应当遵守""必须遵守"或"所应遵循"的礼仪规范。

(二)上述理解的不足

上述有关行政礼仪的理解没有太大问题,但也存在不足,主要在于对有关行政礼仪主体的理解有些狭窄,行政礼仪的主体不仅限于公务员或公务人员,非公务员或非公务人员(即普通公民)也可能成为行政礼仪的主体。例如,国旗、国歌、国徽礼仪中,礼仪主体不仅仅是公务员或公务人员,每个公民都是礼仪主体。又如,国家庆典、国家公祭、国家公葬等礼仪活动,其礼仪主体不仅限于公务员或公务人员,也有普通公民。

[①] 金正昆:《政务礼仪教程》,中国人民大学出版社2016年版,第3页。
[②] 杨金波:《政务礼仪》,中华工商联合出版社2018年版,第2页。
[③] 徐凌主编:《公共服务礼仪》,北京大学出版社2014年版,第10页。

国旗、国歌、国徽、国家庆典、国家公祭、国家公葬等礼仪活动及其礼仪规范，应该包含在行政礼仪概念范围内。因为这些礼仪活动及其礼仪规范存在于行政（公务）过程中，其对行政（公务）目标的实现具有不可忽视的重要意义。但这些礼仪活动的参与者不仅仅是公务员，也包括普通公民；这些礼仪规范不仅公务员应当遵守，普通公民也应当遵守。事实上，所有的行政（公务）过程都可能有普通公民的参与，其中涉及的礼仪活动也可能以普通公民为礼仪主体，普通公民并不仅仅是礼仪客体。普通公民在行政事务（公共事务）中也有责任和义务，也有情感表达的需要。因此，我们没有必要也不应该将行政礼仪主体局限于公务员或公务人员，将普通公民完全排除在行政礼仪主体之外。当然，公务员或公务人员无疑是行政事务（公共事务）最重要的主体，行政礼仪可以说主要是公务员礼仪。

（三）行政礼仪定义

基于上述认识，笔者认为，行政礼仪是在行政实践中形成的，以一定的行政价值理念为内涵的，以表达行政情感（公共情感）、协调行政过程中的人际关系为目的的，具有象征性、仪式感的行为规范或行为方式。

这一定义强调以下四个方面：①行政礼仪是在行政实践中形成的，它可能是约定俗成的，也可能是行政组织制定的。②行政礼仪基于行政价值理念或者行政伦理信念，而不仅仅基于一般性社会交往的伦理（道德）信念。③行政礼仪的目的或功能主要在于表达行政情感，协调行政过程中的人际关系。行政情感是推动行政行为的情感，它本质上是一种公共情感，是一种基于公共利益和公共理性而产生的情感，因而也是公众的共同情感，而不仅仅是私人的、个人的情感。④行政礼仪与其他社会礼仪一样，也是一种具有象征性、仪式感的行为规范或行为方式。

（四）行政礼仪的要素分析

礼仪，包括礼仪主体、礼仪客体、礼仪媒体、礼仪环境四个要素，同样，行政礼仪也包括行政礼仪主体、行政礼仪客体、行政礼仪媒体、行政礼仪环境四个要素，但行政礼仪的各要素有不同于一般社会礼仪的特点。

1. 行政礼仪主体

行政礼仪主体主要是行政人员，即公务员或公务人员，也包括普通公民。当普通公民介入行政事务（公共事务）时，也应遵循行政礼仪规范。同样，行政人员或普通公民作为行政礼仪主体，可能是个体，也可能是集体（组织）或代表者。

2. 行政礼仪客体

行政礼仪客体可能是公众，也可能是行政人员（公务员）。公众是最主要的行政礼仪客体，因为国家行政从根本上说是为人民服务的，即为公众服务的。在行政过程中，行政人员或行政组织与社会公众（人民）的关系是最重要的行政关系。公众作为行政礼仪客体，可能是个体，也可能是群体或全体。同时，行政人员也是非常重要的行政礼仪客体。其作为行政礼仪客体，一方面，是就行政系统内部而言的，即行政系统内部行政人员、行政组织在行政过程中互为行政礼仪主体和行政礼仪客体，互相敬礼致意；另一方面，则是就行政系统与外部社会公众而言的，在行政过程中，当行政人员以公众为行政礼仪客体，向社会公众"敬礼"时，公众也会以行政人员为礼仪客体，向行政人员"敬礼"。同样，行政人员作为礼仪客体可能是个体的，也可能是集体或组织的。

行政礼仪媒体和行政礼仪环境与一般礼仪媒体和礼仪环境无异，没有什么需要特别说明的，故略。

三、行政礼仪的必要性

必要性，即不可或缺的重要性。行政礼仪的必要性，是指行政礼仪对行政目标的实现不可或缺。没有行政礼仪，行政目标就不可能实现。那么，行政礼仪是必要的吗？

对行政礼仪必要性的怀疑也许是不可避免的。在行政过程中，有宪法和法律，有伦理道德，有组织纪律，该有的规则似乎都有了，人们或许会问，还要行政礼仪何用？没有行政礼仪，行政目标不照样实现吗？比如，握手、微笑、鸣炮、奏乐等，省略这些程序，行政目标也能实现。汉语中有一个词叫"虚礼"。这个词在古代汉语中的本意是"谦虚而礼遇他人"，但近现代以来，人们渐渐将其理解为虚伪而多余的礼节。人们似乎有理由说，行政礼仪就是一个虚伪而多余的礼节。

追问行政礼仪的必要性，可以分为两个问题：一是从总体上追问行政礼仪的必要性，即行政礼仪对行政目标的实现是否必不可少；二是追问具体的、个别的行政礼仪的必要性问题，即某一项行政礼仪对行政目标的实现是否必不可少。

行政礼仪在总体上的必要性是不容置疑的，行政目标的实现不能没有行政礼仪，正如我们在社会交往中不能不讲礼仪。前文讲礼仪兴起的原因，是对礼仪（包括行政礼仪）总体上的必要性的肯定。现代社会中，宪法和法律、伦理道德、组织纪律必然体现在人的外在行为上，必然体现为礼仪；也只有你的

行为合乎礼仪，才能证明你对宪法和法律、伦理道德、组织纪律是理解和认同的，才能证明你是一个遵守宪法和法律、遵守组织纪律、有道德的人。

但是，每一项具体的行政礼仪（以至于所有礼仪）的必要性是值得怀疑的。有一个成语叫"繁文缛节"，主要是指烦琐而不必要的礼节。行政礼仪在实践中，可能因为人们认识的局限性、保守性等，而至于烦琐、多余。行政礼仪中烦琐多余的、不具有必要性的礼仪，当然应该经常检点而予以删除。因为它不仅无助于行政目标的实现，而且可能浪费行政资源，影响行政效率，甚至可能因为渲染错误情绪、传播错误理念而产生负面影响，阻碍行政目标的充分实现。

第三节　行政礼仪研究的主要内容

科学研究的内容，可以概括为三个问题：是什么？为什么？应该怎样？"是什么"是指研究对象的存在状态和内在本质；"为什么"是指研究对象的内在机制和运行规律，即各要素之间的关系及其与外在环境之间的关系；"应该怎样"则是将研究对象与人的需要和目标联系起来，研究如何对对象进行改造和利用，研究我们怎样行动最恰当。这三个问题实际上是两个问题，即"是"与"应当"的问题，即事实与价值的问题。行政礼仪研究无疑以行政礼仪为研究对象，其研究内容也可以概括为三个问题：行政礼仪是什么？为什么要讲究行政礼仪？行政礼仪应该怎样？这三个问题实质上也是行政礼仪"是"与"应当"的问题，即行政礼仪的事实与价值问题。

一、什么是行政礼仪

要回答这个问题，就要对行政礼仪的存在状态进行观察和描述。行政礼仪是一种社会现象，或者说是一种行政现象。对于这一现象，我们可以将其区分为意识（心理）、行为和规范，即行政礼仪意识现象、行政礼仪行为现象和行政礼仪规范现象。那么，行政礼仪到底是一种怎样的意识或心理？是一种怎样的行为？是一种怎样的规范？这要求我们深入社会实践，深入行政实践，对这一现象进行观察和描述。这种观察和描述不仅是现实的、当前的，还可能是历史追溯，即从文献和文物中考察行政礼仪以往的存在状态。

对行政礼仪现象进行观察和描述，最重要的是将它与其他相近、相似的现象（比如行政法现象、行政伦理现象等，以及其他礼仪现象）区别开来。只有这样，我们才能为行政礼仪研究划定一个"势力范围"，使行政礼仪学研究具有明确的目标，具有合法性和可持续性。

目前，我国学术界对"行政礼仪是什么"的研究是不够充分、不够深入的，只是粗放地宣称，行政礼仪是行政过程中的礼仪，是行政人员（公务员）的礼仪。更详细的观察和描述较为少见。

二、为什么要讲究行政礼仪

为什么要讲究行政礼仪？要回答这一问题，最主要的是揭示各种行政礼仪现象背后的原因。礼仪不是非理性的，而是基于理性、合乎理性的。任何一种行政礼仪行为，或行政礼仪意识、行政礼仪规范，看似偶然的约定俗成或组织制定，实际上都有其必然性和必要性。反之，如果某项行政礼仪没有必然性和必要性，那么它就丧失了存在的合理性，就该被废除。

这一问题也可以分解为两个问题：一是该行政礼仪行为或规范有何必要的问题；二是该行政礼仪行为或规范为何如此的问题。第一个问题即必要性问题，前文已有论及。我们对每一项行政礼仪，都应追问其为什么存在，即是否必要；如果没有必要，则应从我们的实际生活中删除，以免浪费资源，甚或产生负面影响。第二个问题则是对每一项行政礼仪的存在形式进行拷问，行政礼仪为什么是这样的形式。比如：政府工作人员（公务员）为公众（公民）提供服务时，为什么要面带微笑？工作交往中，为什么要握手？握手时，为什么以右手相握？等等。

对为什么要讲究行政礼仪的追问，我国学术界似乎也做得不够。对于第一个问题，都有所说明和强调，但既有的行政礼仪教材或著作，大都没有深入论述；对于第二个问题，更是鲜有论及，一般以"风俗习惯""历来如此""约定俗成"加以搪塞，只是断言该礼仪就是如此。

三、行政礼仪应该怎样

行政礼仪应该怎样？这是要求我们回答，在不同的行政过程中，应该遵循怎样的行政礼仪规范，有怎样的行政礼仪行为及意识。回答这一问题，首先，要求我们明确行政目标（理想），即行政的价值取向。其次，要求我们对行政礼仪既有的存在状态及内在机制（即本质和规律）有正确认识。人总是要立足现实而面向目标（理想），一步步走向目标（理想）的。没有目标，人只能在原地打转；不能立足现实，目标和理想就只是空中楼阁。

这一问题也可以分为两个问题：一是应不应该有，二是如何有。"应不应该有"包含前文论及的必要性问题，但主要考虑的是既有的行政礼仪是否有存在的必要；除了要考虑既有行政礼仪的存在是否有必要，还要考虑未有的行政礼仪是否有必要。"如何有"则是指"有"的形式、方式。这一方面是对既有的行政礼仪进行改造和重建，另一方面则要求在必要的环节对行政礼仪进行创建。

行政礼仪应该怎样，是一个复杂的价值判断。价值判断基于事实，但又不能直接从事实、从"是"中推论出来，而必须将事实与主体的目标和理想结合起来，进行比对、衡量才能得出。其基于行政礼仪的事实，基于行政礼仪"是"什么，但不能直接从行政礼仪之"是"中推断出来，而必须将行政礼仪之"是"与行政礼仪的目标（即行政目标）进行比对、衡量。只有当我们找到最能促进行政目标实现的行政礼仪事实（行政礼仪之"是"），才能做出行政礼仪应该如此（应该怎样）的判断。

将行政礼仪事实与行政目标进行比对、衡量，以确定其是否最能促进行政目标实现的过程，是一个主观性很强的过程。在社会实践中，每个人的判断可能因主观性差异而有所不同。不同的主观判断必须在交往中经过碰撞、商谈，乃至相互妥协，才可能达成共识，形成彼此认同的、一致性的行政礼仪规范或行为，从而形成行政礼仪应该怎样的价值判断。

我国学术界对行政礼仪应该怎样的讨论比较多，但多是讲在什么情况下、什么情境中，或做什么事情时，行政礼仪应该怎样；而在研究行政礼仪应该怎样时，往往与行政礼仪是什么、为什么要讲究行政礼仪结合得不够紧密，对行政礼仪应该怎样这一价值判断的形成过程的说明也不够充分。

四、本书的内容安排

行政礼仪是在行政实践中形成的，是行政过程中的礼仪。因此，对行政礼仪的研究必然是围绕行政行为而展开的。在行政行为过程中，哪些行为应该从行政礼仪的角度进行讨论或研究？或者说，哪些行为是蕴含着行政礼仪的行为呢？对这一问题的理解和回答，往往成为我们对行政礼仪（或政务礼仪，或公务礼仪）"是什么""为什么""应该怎样"等问题进行追问的叙事逻辑。

比如，金正昆的《政务礼仪教程》将行政礼仪概括为4大类24种：一是修饰礼仪，包括着装礼仪、妆饰礼仪、仪容礼仪、举止礼仪、交谈礼仪；二是行政礼仪，包括办公礼仪、会议礼仪、谈判礼仪、参观礼仪、条据礼仪、电话礼仪、函电礼仪；三是外事礼仪，包括国际礼仪、外交礼仪、宗教礼仪、国旗礼仪、国徽礼仪、国歌礼仪、媒体礼仪；四是接待礼仪，包括迎宾礼仪、招待礼仪、交通礼仪、膳食礼仪、送别礼仪等。[①]

[①] 金正昆：《政务礼仪教程》，中国人民大学出版社2016年版，第1—2页。

杨金波的《政务礼仪》将行政礼仪概括为公务人员的精神面貌及仪容仪态、公务人员的着装礼仪、政务会见礼仪、政务座次礼仪、政务宴会礼仪、办公礼仪、人际沟通礼仪、民族和宗教礼仪、涉外礼仪等。①

徐凌的《公共服务礼仪》将行政礼仪概括为仪表礼仪（仪容、妆饰、着装）、仪态礼仪（举止、表情）、语言礼仪（交谈、电话）、见面礼仪（见面、馈赠）、拜访与接待礼仪、宴请与舞会礼仪、会议礼仪、谈判与信访礼仪、调研与外事礼仪等。②

本书借鉴行政礼仪研究者有关行政礼仪行为的既有概括，结合我们对行政礼仪和行政过程的理解，将研究内容概括如下。

（1）行政仪表礼仪，主要研究行政人员的仪容礼仪、佩饰礼仪和着装礼仪。

（2）行政仪态礼仪，主要研究行政人员的举止礼仪、脸色礼仪和谈吐礼仪。

（3）行政过程中的书信、公文与电话礼仪。

（4）行政见面礼仪，主要研究行政见面时的称呼、寒暄、介绍、握手、交换名片等礼仪问题。

（5）行政接待礼仪，主要研究行政接待时迎宾、会见、宴请和送别等礼仪问题。

（6）行政会议礼仪，主要研究会议名称、会议通知、会议程序、会议座次、与会人员等方面的礼仪问题。

（7）行政谈判礼仪，主要研究谈判邀约、谈判安排（时间、地点、座次）、谈判进行（叙说、倾听、提问、论辩）、签字仪式等方面的礼仪问题。

（8）行政宣誓礼仪，主要讨论什么是行政宣誓、为什么要进行行政宣誓、如何进行行政宣誓（誓词、宣誓仪式）等礼仪问题。

（9）国家符号礼仪，主要研究国旗礼仪、国徽礼仪、国歌礼仪。

（10）国家公祭、公葬与庆典礼仪。

（11）外交礼仪，主要研究外交礼仪的主要原则、国际通行的外交礼节、世界宗教礼仪等问题。

---

① 杨金波：《政务礼仪》，中华工商联合出版社2018年版，第1—3页。
② 徐凌主编：《公共服务礼仪》，北京大学出版社2014年版，第3—5页。

第二章　行政仪表礼仪

仪表，指人相对静态的外表，主要体现为人的仪容、佩饰和着装，即人通过自觉的手段而主动呈现给他人的样子。它反映人内心的思想和情感，反映人对交往对象的态度。行政仪表，主要指行政人员在行政过程中的仪容、佩饰和着装。在行政过程中，行政人员必须注意端正、规范自身的仪表，否则可能令人不悦，甚或妨碍行政目标的实现，有失行政礼仪。

第一节　行政人员仪容礼仪

人的仪表在很大程度上是由人的仪容来体现的。仪容，即人们自觉、主动呈现给他人的容貌。人的容貌（容颜相貌），主要指人的头部的外观状态，包括头发、脸庞、眼睛、鼻子、嘴巴、牙齿、耳朵等部位或器官的外观状态。人的容貌也涉及人的手部的外观状态，人们说："手是人的第二张脸。"人的容貌，一方面是自然天生的，每个人的容貌生来就有所不同，有自己的特点，有的美，有的丑，这是我们无可奈何的，不在我们讨论的范围内；另一方面，则是人为打造的。我们可以根据社会的要求或自己的想法，对容貌进行修整、清理和妆饰。这正是我们所要讨论的仪容问题——行政人员应该如何打造（打理）自己的容貌才合乎行政礼仪？主要有三条原则：一是清洁卫生；二是整齐有序；三是朴素淡雅。

一、清洁卫生

清洁卫生，即清除污垢，保持洁净，以有利于身体健康（保卫生命）。爱清洁，讲卫生，是人之常情。人们都希望与之接触的人或物是清洁卫生的，与不清洁、不卫生的人或物打交道，人们会有所不悦。正因为如此，清洁卫生成为人际交往中一条重要的礼仪规范。行政人员在行政过程中无疑也应该遵循这一礼仪规范，应该注意自身的清洁卫生。行政人员在行政过程中保持清洁卫生，意味着对与之交往的同事或行政相对人（公众）的尊重。

仪容的清洁卫生主要要求洗头、洗脸、洗手、刷牙（漱口）。

洗头，用清水及洗发液清除头发和头皮上的分泌物、头皮屑、灰尘等污秽物。经常洗头可以确保头发不粘连、不板结、无发屑、无汗馊味,可以确保与人交往时不至于因头部有污秽或异味而让人产生心理厌恶。

洗脸,用清水及肥皂、洗面奶等清除脸部灰尘、污垢。脸部清洁须特别注意清除眼角、鼻孔的分泌物。洗脸不仅可保持脸部清洁,还有利于健康,可以使人容光焕发,神清气爽,令人赏心悦目。

洗手,洗除手部的污垢、灰尘。手在人际交往中是一个非常重要的部位,不仅是他人目之所及之处,而且经常与人接触,如握手、递送、接受。因此,手部的清洁卫生尤为重要,应该经常洗手。清著名学者、教育家李毓秀(1647—1729)在其传世经典《弟子规》中说:"便溺回,辄净手。"① 这就是说,要经常洗手,尤其是便后。

刷牙,用牙刷、牙膏和清水去除牙齿上的牙菌斑、食物残留等不洁物。刷牙可以保持牙齿清洁、美观,也是确保口气清新、防止口腔疾病的有效方法。与人交往时,难免张口说话,因此,牙齿清洁、口气清新非常重要,体现了对人的尊重。刷牙也叫漱口,《弟子规》说:"晨必盥,兼漱口。"② 洗脸、洗手、刷牙(漱口)是天天要做的事情。

二、整齐有序

整齐有序,即人或事物在长短、大小上的一致性,以及动态的稳定性和规律性。人在心理上大都喜欢整齐有序,而厌恶混乱无序,因为整齐有序给人以安全、安定、可控的感觉,而混乱无序给人危险、烦躁、失控的感觉。也正因为如此,在人际交往中,礼仪规范要求人的仪表是整齐有序的,而不是混乱无序的。做到整齐有序,体现了对他人的尊重有礼,而混乱无序则显得怠慢而有失礼仪。

仪容的整齐有序主要是针对打理头发、修剪指甲、男人修剪(刮)胡须而言的,因为只有头发、指甲、胡须是可以改动的,其他部位或器官(如鼻子、眼睛、嘴巴、脸庞等)是先天既定,无法改动的。既然无法改动,自然不在"整齐有序"的规范之列。

(一)理发

理发,即对头发进行打理,主要指剪和梳,当然也包括洗。剪头发,目的是让头发长短合适、整齐美观;梳头发,目的是让头发顺畅有序。为什么要剪

---

① 蒋霞编著:《弟子规新说》,南京大学出版社2014年版,第4页。
② 蒋霞编著:《弟子规新说》,南京大学出版社2014年版,第4页。

头发和梳头发？首先，无疑是基于功利的考虑。头发长而乱，会给人行动（尤其是劳动）带来不便，可能与其他物体牵扯挂绊，也可能遮挡视线等。如果将其剪短、理顺，或用绳子、夹子将其扎紧，则可以避免这些不便。其次，是基于美观的考虑。人们在社会生活中渐渐产生了审美情趣和审美需求，因此，在头发的打理过程中也有了审美考虑。但是，头发到底剪不剪、剪多短、留多长、何造型，或是否剃光，乃至染何种颜色，不同时代、不同人群有不同的功利观、审美观和伦理观。比如我国古代儒家学者认为，"身体发肤，受之父母，不敢毁伤，孝之始也"①，所以主张不剪头发，只清洗和梳理头发，无论男女都盘成发髻堆在头顶。而佛教认为头发代表的是人间烦恼和骄傲怠慢，出家修行的人必须斩断一切烦恼，放下骄傲怠慢之心，一心一意地修行，所以主张剃光头发，称"剃度"。

当今行政人员应该理发，使头发保持整齐有序（包括清洁），但不必剃光头发。那么，如何理发或者说理何种发型才比较合理（合乎礼仪）？这显然没有绝对的标准，就我国而言，大概可以概括为三个原则：①短发；②自然直发；③自然黑发。

行政人员，即公务员、公共服务人员，其职责是为公众提供公共服务。因此，在理发问题上，行政人员应考虑工作的方便及理发本身的成本，应该与普通公众（群众）的功利观和审美观保持一致。所以，宜短发，宜自然直发，宜自然黑发。

当然，我们还应考虑男女区别，或其他特殊情况。比如男女都是短发，男士的短发与女士的短发有所不同。男士短发较女士更短，大都为亮出耳根的"板寸"，女士则多为齐耳短发。中国人的头发一般都是直发，但也有少数人头发卷曲，不能要求其拉直；头发一般也是黑发，但也有些人头发是其他颜色，不能要求其染黑。总而言之，以简单、自然为宜。对于头发自然卷曲或其他发色，不能指责为不合"礼"。

（二）剪指甲

人有指甲，即指端背面扁平的甲状结构。指甲是皮肤的附件之一，有特定功能，能保护末节指腹免受损伤，增强手指触觉的敏感性，协助手抓、捏、挤等，还有调节末梢血供和体温的作用。人的指甲是不断生长的，成年人指甲每周平均可生长 1～1.4 毫米，如果长期不修剪，有可能长到近 2 米长。

指甲有特定功能，但如果指甲太长，则可能适得其反，不仅会妨碍其功能

---

① 徐艳华译：《孝经》，北京联合出版公司 2015 年版，第 5 页。

发挥，而且有反功能，如藏污纳垢、行动不便等。因此，人们（尤其是普通劳动者）一般都会定期修剪指甲，使其保持适当长度，既充分发挥其应有的功能，又避免过长而成为生活和工作的累赘；但是，少数人因为某些原因或心理需求（比如显示自己地位尊贵，无须劳动），而将指甲留得很长。留长指甲，大都是招人反感的，让人觉得其养尊处优、不事劳作。也正因为如此，行政人员是不宜留长指甲的，应该像普通大众一样经常修剪指甲，使指甲保持恰当的长度。这可以给人勤奋、自律、干练的印象，也体现行政人员对同事和行政相对人的尊敬。

指甲除了修剪，还要护理。在指甲的护理过程中，产生了指甲美化的问题，即美甲（将指甲涂以不同色彩，使之符合人们的审美情趣）。女性尤其讲究美甲。随着生活水平的提高，这自然是无可厚非的。事实上，女性美甲古已有之，我国民间有五月端午或七夕捣凤仙花染红指甲之俗。有诗曰："端午阶前采凤仙，小钵加矾细细研；染红女儿纤纤指，粉白黛绿更增妍。"（佚名）行政人员无疑也可以对指甲进行护理甚至美化，但应注意适度，不可追求奢侈的养护和美化；指甲色彩不可涂抹得过于炫目，应以自然本色为美。

（三）刮胡须

胡须，俗称胡子，指生长于男性上唇、下巴、面颊、两腮的毛发，是一个男人正常的生理表现，和人体内部的激素代谢有密切关系，大体上青春期后的男性都会长胡须，从最初的柔软稀少到逐渐粗硬稠密。胡须对于人来说，没有什么特别的功能，因而可以留，也可以刮。但到底是留还是刮，不同时代、不同民族的风尚习俗是有所不同的。

史前原始社会，人都是留胡须的，主要是因为原始社会生存条件恶劣，没有刮胡须的工具，只能顺其自然。进入文明社会后，能制造刮胡须的工具了，便有了自觉留胡须或刮胡须的不同，留有留的理由，刮也有刮的道理。

一般来说，留胡须，主要是因为它是男性的象征，是男性成年的标志，意味着成熟及阳刚威猛的气质，象征权威。古代人都是留胡须的，例如，诸葛亮思考问题时常常摸着自己的胡须，关羽被称为"美髯公"，曹操手下谋士崔琰据说须长四尺，南朝文人谢灵运须垂至地，明朝首辅张居正须长至腹，等等。当然，留胡须也是受儒家思想"身体发肤，受之父母，不可毁伤"的影响。另外，留胡须也有讲究，比如某些地方民俗认为，父亲去世后，儿子要将上唇的胡须保留下来；母亲去世后，则将下唇（下巴）的胡须保留下来。也有因为一些偶发的、特别的理由而留胡须的。例如，美国总统林肯在竞选的时候收到一个小姑娘的来信，信中写道，如果林肯能把胡须留起来，会好看些。所有喜欢胡须的女人就会投他的票，并让她们的丈夫也投他的票。于是林肯开始蓄须。周恩来总理当年留胡须，是因为他发誓，不驱逐日寇，决不剃须。

那么，为什么要刮胡须呢？这一方面可能是因为受某种观念的影响。比如，佛教认为，头发、胡须都是人间烦恼的象征，修行者应该削发剃面。清朝中晚期以来，我国民间有观念认为，晚辈留着胡须拜见长辈是一种无礼之举，所以年轻人大都不留胡须。另一方面，则是基于功利的考虑。因为胡须太长会碍事，会吸附灰尘等有害物质，难以保持整洁等，所以宜刮去。

当代行政人员以不留胡须（刮胡须）为礼仪规范，主要是因为胡须太长碍事，打理起来费事。而把胡须刮干净，不仅可以省去很多麻烦、牵绊，而且更便于与人坦诚相见，可以将面部表情展露无遗。脸上没有胡须，也显得干净整洁、精神干练、平易近人。相反，行政人员留胡须，容易给人邋遢、憔悴、冷漠的形象，所以不合礼仪规范。

三、朴素淡雅

朴素淡雅，是就行政人员的面部妆容而言的。妆容，指人体通过某种修饰打扮而形成的外在形态，可以区分为面部妆容和整体装束，本节主要讨论行政人员的面部妆容问题。

人体的面部妆容主要是通过修饰打扮（即化妆）实现的。化妆，主要有涂（抹）、画（描）、文（刺）三种方式。涂（抹），是用粉末、油脂、颜料等涂抹整个面部或脸上某个部位，如抹口红、涂（搽）胭脂（燕脂）等；画（描），也使用粉末、油脂、颜料等物，但它不是涂抹整个面部，而是在面部的某个部位描画某种理想的图案，如描眉、画眉、点痣等；文，是用带有墨的针刺入皮肤底层而在皮肤上制造一些图案或字眼，如文身（又称刺青、涅）、文眉等。

化妆行为，古已有之。人类在原始时代就习惯于在身体皮肤上涂抹动物脂肪、油类、黏土和黄土等。在古埃及，人们为了防止炎热和皮肤干燥，常用香油或油质软膏涂抹皮肤。在古希腊时代，人们喜用烟黑和黄白色的天然橡胶浆涂描眼睫毛，妇女爱用红色染料涂抹嘴唇和两颊。长沙马王堆一号汉墓中出土的漆器梳妆箱中，除有发绺、梳子和香粉外，还有燕脂（胭脂）。这说明2000多年前，中国妇女已有涂脂抹粉的习惯。世界各地不同民族的人，都有在面部或身体其他部位刺青的传统。

人类为什么要化妆？大概有以下四个原因（或目的）：①为了保护人体的皮肤。例如，涂抹动物脂肪、油质软膏等，主要是为了防止皮肤因太阳照射或风吹雨淋而干裂老化，或是防止昆虫叮咬等。②为了模仿他人，或塑造形象，或模仿外在事物。比如演员化装是为了模仿或塑造剧本中的人物；而战争或狩猎时化装是为了模仿外在事物，使人隐身在环境中。③为了获取某种精神力量，或表达某种内在信念。比如古代人们在面部和身上涂各种颜色，常常是为了获取神的力量而以此祛魔驱邪。现在人们有时也会在某些盛大活动中在自己的脸上描画一定的图案（如国旗图案），这往往是为了表达某种内在信念（如爱国情怀）。④为了遮掩瑕疵，美化容貌。人类涂脂抹粉、描眉、画眉、文眉等，大都是为了这一目的。

化妆主要有以下七个步骤或环节：①洗脸涂护肤品（膏、霜、奶液、蜜等）；②打粉底，将一种膏状物涂抹在整个面部，以遮掩面部瑕疵（如"痘痘"、斑点），均匀面部肤色；③修饰眉毛，包括画眉、描眉等；④画眼影、眼线；⑤修饰睫毛，刷睫毛膏、夹睫毛（使之卷曲）等；⑥打腮红；⑦涂口红；等等。

化妆有浓有淡，有繁有简，有奢有俭。浓妆，一般用料多，用色鲜艳、闪亮；淡妆则用料省，用色浅，接近自然，似有若无。繁者程序多而细，费时长；简则事省，程序环节少，用时少。奢者昂贵也，其用具用品价格昂贵，非普通平凡人家所能拥有；俭则低廉，其用具用品价格低廉，人人买得起。

就整个社会生活而言，化妆乃人的自由，不管是化妆还是不化妆，是女人化妆还是男人化妆，是浓还是淡，是繁还是简，是奢还是俭，都无可厚非。但行政人员是公共服务人员，在工作过程中，应以朴素淡雅为宜。

所谓朴素淡雅，首先，行政人员尤其是女性行政人员，在工作中是可以化妆上班。通过化妆遮掩瑕疵，美化容貌，无疑是对本职工作的热爱，对同事和行政相对人（公众）的尊重，是符合礼仪规范的。其次，行政人员化妆必须适度，必须清淡自然、简单省事，这就是朴素淡雅。行政人员工作的服务性要求其形象必须与普通大众接近。行政人员朴素淡雅，既让普通大众感到赏心悦目，又感到亲切，这才真正体现行政人员的敬业精神，真正体现行政人员对大众发自内心的尊重。相反，如果行政人员浓妆艳抹，追求烦琐、昂贵的妆容，则可能脱离大众，让大众有隔阂，不敢亲近，同时也可能影响行政人员投入工作的时间和精力，因此，是不合乎礼仪规范的。

第二节 行政人员佩饰礼仪

佩饰，指佩戴在人体各部位的饰物。佩饰往往与服装搭配，成为人们日常生活和工作中极为常见的装饰物。我国古代佩饰种类繁多，有佩玉、带钩、香囊、荷包、长命锁、鼻烟壶、压胜钱、腰挂（佩刀、火镰、针筒等）、发饰

（笄、簪、钗、步摇等）、耳饰（耳环、耳坠等）、颈饰（项链、项圈等）、手饰（手链、手镯、臂钏、戒指、扳指等）等。佩饰使用的材质颇多，常见的有金、银、玉、壳、骨、角、牙、陶、石、木、其他金属等。① 当代佩饰同样种类繁多，但其类型、材质、形制有了很大的变化。我国当前常见的佩饰有发饰、耳饰（耳环、耳坠、耳钉）、首饰（戒指、手镯、手链、手表）、项饰（项链）、包（手抓包、提包、背包）、腰带（皮带）、徽章（帽徽、胸徽、臂章）等。佩饰是一种文化现象，人类很早就有佩戴佩饰的习惯。佩饰的佩戴或拥有，一方面是自愿自由的，与历史时代、社会风俗、时尚观念有关；另一方面也是制度规定的，与国家法律和组织纪律有关。

  人们为什么佩戴佩饰？佩戴佩饰有何目的与功能？原因大概如下：①实用。佩饰一开始大都是因为实际用途而产生、存在的。例如，我国古代佩饰中的带钩、荷包、鼻烟壶、腰挂等，就是明显具有实用功能的佩饰。②美化形象。佩饰因人们的审美情趣而存在。佩饰的色彩、形状、图案、材质与人的服装乃至行为动作搭配，可以使人的整体形象更趋近于人们共同的审美情趣。③标识身份与地位。人们佩戴佩饰是为了区分或显示其身份和地位的不同。④约束人的行为。例如，我国古代女子佩戴的"步摇"，又被称为"禁步"或"节步"，就有约束女子行为的功能，戴步摇的女子行动必须从容不迫。男子的佩玉也有这种功能。《礼记》说："古之君子必佩玉，右徵、角，左宫、羽……"② 这意思是说，古之君子一定要佩玉，为的是使其行走时态度从容，快慢合拍，左右两边佩玉的碰撞声音合于徵、角、宫、羽四声。⑤辟邪祈福。佩饰往往与人们的宗教观念乃至迷信观念有关，人们相信佩戴某种佩饰可以带来福祉、消灾免祸，如"长命锁"等。⑥纪念或荣誉。人们佩戴佩饰也往往是因为纪念某一事件或经历，或因为其代表或象征一种荣誉。⑦炫耀财富。有些佩饰材质稀缺，制作精巧，价格昂贵，因而成为财富或富裕的象征，其佩戴者往往也以此炫耀。等等。

  在不同时代，有关佩饰的审美情趣、风俗时尚、法规纪律等无疑是不同的，是不断发展变化的。就当代行政人员礼仪规范而言，其佩戴佩饰应该注意：遵守规制，尊重风俗，力戒奢华。

一、遵守规制

  规制，即规定性制度，亦即规定与限制。规制有两种，一种是正式的，一

---

① 参见戚琳琳编著《古代佩饰》，黄山书社2016年版，第2—40页。
② 胡平生、张萌译注：《礼记》上，中华书局2017年版，第587页。

种是非正式的。正式的规制是由国家权力主持制定并强制执行的，非正式的规制则是在社会生活中约定俗成的，是民间自发形成的，依靠社会舆论和个人自律而实行。佩饰也是有规制的，既有正式的规制，也有非正式的规制。佩饰的规制，主要涉及佩戴者的身份（职业、职务）、地位、年龄、性别，以及佩饰的材质、颜色、图案、形状等。

佩饰规制古已有之。比如我国古代有规定："天子佩白玉而玄组绶，公侯佩山玄玉而朱组绶，大夫佩水苍玉而纯组绶，世子佩瑜玉而綦组绶，士佩瓀玟而缊组绶。孔子佩象环五寸而綦组绶。"① 这大概是一种正式的规制。另有大量的非正式规制，如"长命锁"是未成年的孩子佩戴的，佩刀是男人佩带的，钗是女人佩戴的，等等。

当代的佩饰规制仍然存在，有正式的，也有非正式的。当代正式的佩饰规制主要因身份、地位的标识或区分而存在，可能是国家的法律法规，也可能是社会组织的制度规范。标识或区分身份、地位的佩饰主要有徽标（徽章）、出入证（代表证、会议证）、工号牌等，这些佩饰的佩戴者必须具有符合有关规制的身份或社会地位。例如，警徽作为佩饰，其佩戴者必须是警察。我国《人民警察警徽使用管理规定》第七条规定："警徽为人民警察专用标志，其他单位和个人不得持有、使用、制作、仿造、伪造和买卖警徽，也不得使用与警徽及其图案相类似的标志。"党徽作为佩饰，其佩戴者必须是党员；校徽作为佩饰，其佩戴者必须是该校的老师或学生；等等。非正式规制同样大量存在，其原因或理由即前文总结的"目的与功能"。

行政人员在行政过程中，其佩戴佩饰的行为必须遵守相应的规制。行政人员遵守佩饰规制主要体现在以下三个方面。

（一）佩戴应该（必须）佩戴的佩饰

规定行政人员应该或必须佩戴某种佩饰，主要目的在于标识或区分其身份、地位。对于行政人员而言，这种标识或区分主要是为了方便行政相对人寻求相应的服务或帮助，同时也是为了方便对行政人员的管理和监督。因此，行政人员按规定佩戴应该佩戴的佩饰，意味着承担相应的责任和义务，意味着对组织、对同事、对行政相对人的尊重，这无疑是"礼"所应当的。相反，如果不佩戴应该佩戴的佩饰，则意味着对责任和义务的逃避，意味着对组织、对同事、对行政相对人的轻视、蔑视、漠视，这无疑是不合"礼"的。

---

① 胡平生、张萌译注：《礼记》上，中华书局2017年版，第589页。

（二）不佩戴不应该（不允许）佩戴的佩饰

行政人员的身份和地位有相应的责任和义务，同时也具有相应的权利（权力）和荣誉。所以，行政人员不应该佩戴规定不允许佩戴的佩饰。事实上，任何人都不应该佩戴规定不允许佩戴的佩饰。如果佩戴不应该、不允许佩戴的佩饰，则可能意味着冒领不应该享有的权利（权力）和荣誉，意味着僭越，这无疑是不合"礼"的。

（三）按规定的方式佩戴佩饰

佩饰规制往往会对佩饰的佩戴方式有明确的、统一的规定，这种规定可能有各种考量，如审美、视觉心理、习惯上的。行政人员遵守规定，意味着对责任和义务的敬畏，意味着对组织、同事、行政相对人的尊敬，这是"礼"所应当的。相反，如果行政人员不按规定方式佩戴，则意味着其对责任和义务的忽视，意味着对组织、同事、行政相对人的轻视，这无疑是不合"礼"的。

二、尊重风俗

风俗，是人们在社会生活中自然形成而又长期相沿的行为模式或规范。风俗的不同，一方面与人们生存的自然条件有关，另一方面与人们的文化观念有关。人们往往将因自然条件不同而形成的有差异的行为模式或规范称之为"风"，将因文化观念不同而形成的有差异的行为模式或规范称之为"俗"。风俗与民生、民情联系在一起，所以历代统治者都非常重视和尊重风俗。

风俗有好坏、优劣之分，有良俗、美俗，也有恶俗、陋俗。一般来说，随着时代的发展，风俗会不断发展变化。但有些风俗根深蒂固，不一定会及时或适时变化，往往落后于时代，而成为某种陋俗或陋习。所以，历代统治者也常常强调移风易俗，倡导与时俱进的良俗、美俗。

佩饰无疑也有风俗。不同时代、不同地域，人们的佩饰往往有所不同。例如，我国古人腰挂佩刀、火镰、针筒等，这与他们生存的自然条件有关。因为要披荆斩棘、抵御野兽，所以腰挂佩刀；因为时刻要生火做饭、取暖等，所以腰挂火镰；因为常常需要缝补衣裳等，所以腰挂针筒。今人生存的自然条件、环境大为改善，这些腰挂大都不复存在。又如项饰，基督教徒往往戴十字架项链，而佛教徒戴的是佛珠（念珠），这与其文化观念有关。

佩饰风俗也有好坏、优劣。一般来说，佩饰如果有实用意义，无害于人本身而又美观，则其风俗可称之为良俗或美俗；佩饰如果没有实用价值，又对人体有所伤害，则其风俗可以称之为恶俗或陋俗。例如，佩戴耳环、鼻环、唇环等，佩戴这些佩饰需要在人身体上穿孔，因而对身体有所伤害，是佩饰的陋俗或恶俗。又如，有些项饰或头饰很重、很大，妨碍行动，甚至对身体的正常发育造成伤害，这也是一种陋俗或恶俗。

行政人员对待佩饰风俗的基本态度应该是尊重，即尊重风俗，主要表现为三个方面：赞美，照做，不批评。首先，对待佩饰风俗中的良俗、美俗，行政人员应当适时给予肯定和赞赏。在人际交往中，真诚的赞美常常是必要的，是一项重要的礼仪规范。其次，当行政人员进入某地域（场所、情境），应该遵循其佩饰风俗（恶俗除外），佩戴相应的佩饰。比如参加丧礼，大都要求佩戴白色小花、黑色袖套，行政人员也不能例外，应该照做。最后，行政人员在交往过程中，对佩饰中的陋俗甚或恶俗，可以不赞美、不照做，但不宜直接批评，因为其俗虽陋、恶，但毕竟人们是自愿的，它只是对自己的身体或行动有些许影响或轻微伤害，并不对其他人造成影响或伤害，也不违反法律法规，属于个人自由。宽容是礼仪的基本原则。当然，行政人员或党政机关可以通过一定的宣传方式，通过某种示范措施进行引导，以实现移风易俗。

三、力戒奢华

奢华，即奢侈、华丽。奢侈，指挥霍浪费，过分享受；华丽，即华美绚丽。爱美乃人的天性，人们喜爱、欲求华美绚丽的事物，这是无可厚非的。但美的事物往往需要劳动创造，需要成本。我们只能享受我们所能创造的美的事物，不能过分享受超越我们创造能力的"华丽"。在社会生活中，所谓奢华，主要指对美丽事物的享受超越了社会大众的平均享受水平，超越了该社会对基本生活资料（衣、食、住、行等）的供给水平。所以，奢华是一个贬义词，常用来形容贵族或有钱人的生活。

佩饰有简朴，有奢华。佩饰的奢华，主要是指其所使用的材料稀缺难得，其制作工艺复杂、费时费力，因而其成本高、价格贵，超越了社会大众的平均支付能力，超越了社会对基本生活资料的供给水平。任何一个社会都有奢华佩饰，当代我们所知道的有钻石、黄金、珍珠、翡翠等稀有材料制作的项链、戒指等饰物，高端品牌的包包，奢华手表，等等。其实，只要你的收入是合法的，那么你选择价格昂贵的奢华佩饰，也是无可厚非的。但是，从行政礼仪的角度说，行政人员在行政工作中的佩饰应该是简单朴素的，应该力戒奢华。

行政礼仪为什么要求行政人员在佩饰选择上力戒奢华？这一方面是因为行政人员的收入水平，另一方面是因为行政人员的公仆身份。现代社会，行政人员是公职人员，即所谓公仆，其收入大都与社会平均收入水平相当。这样的收入水平决定了行政人员不可能选择奢华佩饰。其欲求奢华佩饰，则必然谋求额外的非法收入。以非法收入满足奢华佩饰需求，显然是不合理的，是不合乎礼仪的。如果行政人员省吃俭用，用自己的合法收入买了一件昂贵的佩饰，是否适合在工作时间佩戴？也不适合，也不合礼仪。这是因为奢华佩饰有可能滋养行政人员的高贵、优越心态，使行政人员不再愿意谦虚、全心全意地为人民服务。而人民群众可能因行政人员的奢华佩饰而心生畏惧，而不敢"使唤"，行政人员从而失去平易近人的公仆形象。所以，行政人员在佩饰选择上应该力戒奢华。

行政人员佩饰选择力戒奢华的具体表现主要有两个方面：一是尽量平凡简易，二是尽量少。"尽量平凡简易"主要针对必须有的佩饰而言，比如身份标识性佩饰，以及一些实用性佩饰，如手表、包、手机（移动电话）、腰带等。这些佩饰所用原材料应该是普通而平凡的，其制作程序、工艺应该是简易的，其总体成本应该是低廉的。"尽量少"主要针对非必须有的、纯装饰性的佩饰而言，比如项链、戒指、耳环等。这些佩饰除了应该普通、平凡、价低，还应尽可能少，最好没有。这样可以彰显行政人员朴素低调的服务形象，可以彰显行政人员对人民群众谦虚恭敬、彬彬有礼的礼仪形象。

第三节 行政人员着装礼仪

着装，主要指穿衣、穿鞋、戴帽（也包括佩饰等）。着，穿戴；装，装饰打扮或用于装饰打扮的物品。着装是人之为人、人与动物相区别的重要特征，是人类文化和文明的重要体现。

人为什么着装？首先，无疑是为了保护身体，比如御寒、防晒、防昆虫叮咬、防他人袭击等。人类因为直立行走，体毛退化，身体裸露，而不得不寻求保护。其次，是为了遮羞。人类是有羞耻感的，在与人交往时，如果暴露性器官或性敏感部位，会感到羞耻。所以，人必须通过着装遮蔽那些让人感到羞耻的脆弱、敏感部位。再次，则是为了美化形象。人类在生存、生活、与人交往的过程中，逐渐产生了审美意识，产生了美的需求。因此，着装不再仅仅是为了保护和遮羞，也是为了美化自身形象，实现审美需要。

人类在自我保护、遮羞、美化形象的过程中，还产生了伦理意识和礼仪意识，即尊重并表达尊重他人权利的意识。尤其在美化自身形象的过程中，人们意识到美不仅仅是自己感觉舒服（美好），更重要的是他人也感觉舒服（美好）。只有让他人感觉舒服了，才能建立良好的人际关系，从而使自己真正感觉舒服。因此，人类着装又产生了第四个目的（功能）——礼仪的或伦理的目的（功能）。也就是说，人如此着装，也体现了对他人尊重与否的态度。事实上,人类有史以来,着装与礼仪和伦理的关联最为密切,或者说,礼仪和伦理在着装上的体现最为丰富。

着装的礼仪主要体现在着装(衣冠鞋)的材质、形制、颜色、花纹、层次等方面。着装的材质,主要有动物皮毛、蚕丝、棉麻、化工纤维等;形制,是指着装的形状、结构、款式;颜色,即着装的色彩;花纹,即绣、绘或印刷在着装上的纹路、图案;层次,是指着装的多层次化。人们的着装在上述几个方面会有所不同,可能因为人的不同,如性别的不同、身份地位的不同、尊卑长幼的不同等;可能因为时节的不同,如春夏秋冬的不同;可能因为所做事情的不同,如日常生活、工作、祭祀庆典等的不同;等等。人们着装的不同与这些(人、时、事)不同之间有因果关系。这种因果关系的存在当然有一定的客观性和必然性,同时也与人们在生产和生活中形成的观念有关,尤其与人们的礼仪观念有关。

例如,《周礼》记载:"王之吉服:祀昊天上帝则服大裘而冕,祀五帝亦如之;享先王则衮冕;享先公、飨、射则鷩冕;祀四望、山川则毳冕;祭社稷、五祀则希冕;祭群小祀则玄冕;凡兵事韦弁服;视朝则皮弁服;凡甸冠弁服。"[1] 周代有六种冕服,即所谓大裘冕、衮冕、鷩冕、毳冕、希冕、玄冕。这六种冕服所用的材质、章纹(花纹、图案)、色彩等都有所不同。这六种冕服都是祭祀时穿的,所以称"吉服",但不同的冕服用于不同的祭祀活动。穿冕服有身份限制,只有天子、公、侯、伯、子、男、孤、卿、大夫等人才可以穿。而且只有天子可以穿全部六种冕服,公只能穿衮冕及以下五种,侯、伯只能穿鷩冕及以下四种,子、男只能穿毳冕及以下三种,孤只能穿希冕及以下两种,卿、大夫只能穿玄冕一种。[2]

又如,我国传统丧礼中的五服制。所谓五服,即五种丧服,曰:斩衰(cuī)、齐衰(zī cuī)、大功、小功、缌麻。这五种丧服是给死者九族范围内的亲属穿的,称"服丧",其亲属则称之为"有服亲属"。所以,五服也指九族范围内的亲属。所谓九族,指父系家族中的高祖、曾祖、祖、父、己、子、孙、曾孙、玄孙九辈范围内的亲属(包括直系亲属和旁系亲属)。五服的不同,一方面在于用料和缝制方式的不同,另一方面在于穿着者与死者的亲疏关系的不同。

当代着装仍然与礼仪、伦理有着密切的关联。但同传统社会有所不同的是,传统社会强调的着装因地位等级不同而不同的观念逐渐淡化。当代社会更

---

[1] 徐正英、常佩雨译注:《周礼》上,中华书局2014年版,第459页。
[2] 参见贾玺增《中外服装史》,东华大学出版社2016年版,第33—35页。

多地强调人与人之间基本权利的平等，着装应该算是人的基本权利之一，所以，尽管人与人之间依然存在地位等级的不同，但在着装的材质、形制、色彩、花纹等方面的区别逐渐缩小，乃至消失。人与人之间地位等级的区分主要通过标识性佩饰来体现，这种标识性佩饰更多地意味着责任和义务的强调。

当代行政人员的着装礼仪主要体现在以下五个方面：遵守规制、尊重风俗、端正紧切、整齐干净、大方得体。

一、遵守规制

行政人员的着装礼仪与佩饰礼仪一样，首先要求遵守规制，即遵守相应的规范性制度。行政人员是公职人员、政府组织人员，其着装行为可能受到国家的法律法规或政府组织的制度规范的统一约束，而行政人员也应该自觉遵守其规定。行政人员着装上遵守规制的行为主要表现在两个方面：一是穿制服，二是按规定选择着装。

（一）穿制服

制服，是指由国家或组织、群体统一设计、统一样式并统一穿着规范的服装（包括帽子、鞋子、佩饰）。在一个国家或社会中，不同职业、不同组织或群体为了相互区分、便于识别，同时也是为了彰显和弘扬各自的共同理念，增强职业、组织或群体的认同感、归属感和凝聚力，往往会设计具有一定统一样式和统一穿着规范的制服。比如学生、军人、医生、护士、政府官员（行政人员）、宗教神职人员等大都有自己的制服。

我国古代行政人员有统一的制服，即所谓官服。比如，秦朝官服以黑袍为主，只有三品以上的官员身着绿衣，以冠冕区别官职。汉朝官服随季节变换，分别是"春青、夏朱、季夏黄、秋白、冬黑"。唐高祖李渊规定天子有大裘冕、通天冠、翼善冠等14种服饰，还首次规定明黄代表天子，淡黄代表太子，其他人不得使用黄色。宋朝官服有祭服、朝服、公服、礼服、丧服等；以朝服为例，绯色罗袍裙、内衬白花罗中单，腰束大带，辅以革带系绯罗蔽膝，方心曲领，脚穿白绫袜黑皮履；各级官员用官服上的花纹区别官品。明朝官服以乌纱帽配圆领袍作为常服，圆领袍前后各有一块"补子"，因此，这款常服也称"补服"；文官的补服缀以飞禽，武官的补服缀以走兽，不同的禽兽代表不同的官职。清朝的官服采用长袍马褂的形式，总体延续明朝补服样式，文绣飞禽，武绣猛兽；清朝官服最大的变化是官帽，不论君臣、军卒、差役，要戴形似斗笠的纬帽，按季度分为凉帽和暖帽，帽顶有"顶戴"，后拖孔雀翎，因级别不同，顶戴各异。

行政人员的制服有两种情况：①全部行政人员有统一的制服；②部分不同部门的行政人员有各自统一的制服。全部行政人员完全统一制服的情况在当代不多见，大都是一些特殊的行政部门有各自统一的制服。中华人民共和国成立以来没有全部行政人员统一的制服，但多个政府部门有自己的统一制服，如公安、检察、司法、质检、海关等部门有自己的统一制服。

统一制服除了统一设计、样式，还有统一的穿着规范。穿着规范一般会对制服在哪些场合应该穿、哪些场合可以穿、哪些场合不准穿等问题做出明确规定。例如，2002年由最高人民法院审判委员会会议通过的《人民法院法官袍穿着规定》（法发〔2002〕3号）①：

>为增强法官的职业责任感，进一步树立法官公正审判形象，现就法官袍穿着问题规定如下：
>
>第一条　人民法院的法官配备法官袍。
>第二条　法官在下列场合应当穿着法官袍：
>（一）审判法庭开庭审判案件；
>（二）出席法官任命或者授予法官等级仪式。
>第三条　法官在下列场合可以穿着法官袍：
>（一）出席重大外事活动；
>（二）出席重大法律纪念、庆典活动。
>第四条　法官在本规定第二条、第三条之外的其他场合，不得穿着法官袍，其他人员在任何场合不得穿着法官袍。
>第五条　暂不具备条件的基层人民法院，开庭审判案件时可以不穿着法官袍，具体办法由各高级人民法院根据当地的具体情况制定。
>第六条　法官袍应当妥善保管，保持整洁。
>第七条　有关法官袍穿着规定与本规定不一致的，以本规定为准。

行政人员如果有统一制服，应该严格遵守制服穿着规定。在应该（必须）穿的场合穿，不得找借口不穿；在可以穿的场合，选择穿或不穿；在不准穿的场合坚决不穿。另外，还应注意不得穿其他组织或群体的制服。在应该穿制服的场合不穿，有逃避责任和义务的嫌疑；在不准穿制服的场合穿，有滥用权利（权力）的嫌疑；穿其他组织或群体的制服，有冒用权利（权力）的嫌疑。这些都是不符合行政礼仪的行为。

---

① 中国法制出版社编：《2002司法解释汇编》，中国法制出版社2003年版，第137页。

（二）按规定着装

行政人员在行政过程中（工作中）的着装，如果没有统一制服，则可能有统一规定。比如规定在工作中，或某些特定场合应该穿正装，不得穿休闲装、运动装等。如果有统一规定，行政人员应该遵照规定着装。若违反规定，则意味着藐视组织，淡漠责任担当，无疑是不合乎行政礼仪的行为。

所谓正装，是指适用于严肃场合、正式场合的装束，而非娱乐、休闲或居家环境的装束。在西方国家，正装主要指西装和燕尾礼服。当前我国，正装则以西装为主，也包括中山装和夹克衫等。正装主要有以下特征：①颜色简单而不花哨。上装和下装的颜色是一致的，整套着装（包括衬衣、领带等）的颜色不会超过三种，外套以深色为主，一般不会有大红大紫的颜色。②面料平整垂直挺括。正装之"正"，在于其端正有型，要求其面料平整，有垂直感，不易打皱。③有领。正装必须是有领的，无领的服装，比如T恤、运动衫，不能成为正装。④纽扣。绝大部分情况下，正装应当是纽扣式的服装，拉链服装通常不能称为正装，只有少数比较庄重的夹克衫能被勉强列为正装。⑤皮带。男士的长裤必须是系皮带的，使用弹性松紧带的运动裤、休闲裤不能成为正装。⑥皮鞋。正装离不开皮鞋，运动鞋、布鞋和拖鞋不能成为正装的搭配。最为经典的正装皮鞋是系带式，不过随着生活潮流的改变，方便实用的无带皮鞋也逐渐成为主流。

二、尊重风俗

与佩饰相同，在着装行为上，不同时代、不同地域、不同民族、不同职业的人群可能有不同的风俗。行政人员在行政过程中，面对不同的着装风俗，其正确的礼仪态度也应该是尊重。主要表现在三个方面：顺应，赞美，不批评。

（一）顺应

行政人员如果没有统一制服，也没有明确的着装规定，而由个人自由选择着装时，应该顺应其所在地域、所处时代、所属民族、所事职业的着装风俗。也就是说，应根据大众共同的审美情趣、审美习惯来选择自己的着装，而不要别出心裁、与众不同。事实上，行政人员在着装上顺应风俗是很自然的。

比如，我国20世纪30—80年代，行政人员大都穿中山装；自80年代改革开放以来，逐渐转为穿西装。这种选择的改变是行政人员顺应着装风俗的体现。中山装是以中国革命先驱孙中山先生的名字命名的一种服装。孙中山先生于20世纪20年代，综合日式学生服装（诘襟服）与中式服装的特点，设计了这一直翻领有袋盖的四贴袋服装，被世人称为"中山装"。20世纪二三十年代，中山装开始流行，成为当时中国男子最喜欢的标准服装。中华人民共和国成立后，由于开国领袖毛泽东经常在公开场合穿中山装，所以亿万中国成年男性大多穿着中山装，中山装蔚然成为一种着装风俗。这一时代，行政人员很自然地顺应了这一风俗。西装是西式服装，是西方人的流行服装。中国人所理解的西装，主要指西式上装和西式套装。西装的主要特点是外观挺括、线条流畅、穿着舒适。若配上领带，则更显得高雅典朴。20世纪80年代以后，随着改革开放的深入，受西方文化的影响，西装开始在中国流行，并逐渐替代中山装而俨然成为新的着装风俗。这时，我国行政人员又很自然地顺应了这一风俗。

行政人员在着装上顺应风俗，意味着对公众共同价值观的认同，意味着与公众一致，与公众打成一片，意味着对公众的尊重，这是"礼"所应当的。相反，行政人员的着装如果与众不同，则可能引起行政相对人的猜疑、不信任，会让行政相对人在心理上感觉不舒服，所以，不合礼仪。试想，如果在20世纪六七十年代，行政人员穿西装上班，老百姓肯定会议论纷纷，各种猜疑，怎么看都觉得别扭。而在今天，行政人员如果穿一身中山装上班，群众也可能会感觉别扭。作为公职人员，让工作对象或服务对象感觉不舒服，这就不合"礼"。

（二）赞美

在同一时代，因地域、民族、职业等因素的不同，着装的风俗也可能有很大的不同。行政人员在工作过程中，有可能遇上不同的着装风俗。对于这种着装风俗，行政人员只是短时间相遇，不可能顺应，但又应该尊重。那么，怎么表达尊重呢？最恰当的方式是赞美，即适时对交往对象的着装给予明确的肯定和称赞。

当然不是虚伪、违心地说好话，而是真诚地赞美。美有主观性，准确地说是主体性。一种着装之所以能成为一种风俗，必定是符合着装者群体共同的审美理念。相互尊重是与人交往的基本礼仪原则，而尊重不是一句空话，必须落实在行为上。我们真正尊重交往对象时，就会相信对方认为美的事物一定是美的，尽管其美的形式与我们自己的审美情趣有所不同，但我们还是愿意站在对方的角度，相信对方的审美判断。因此，我们愿意赞美对方，也应该赞美对方。只有通过赞美，才能真正表达我们对对方风俗的尊重，从而表达我们对交往对象的尊重。

事实上，有很多不同的着装风俗是值得赞美的。比如，我国是一个多民族的国家,有很多少数民族在一定程度上保留着自己的着装风俗。面对这些着装风俗,行政人员不一定能够顺应,但这些着装风俗确实是美的,值得我们赞美。因此,行政人员也应该在适当的时机,对少数民族的着装风俗给予适当的赞美。这是对少数民族着装风俗的尊重,也是对少数民族人民的尊重。

(三)不批评

必须承认,一些着装风俗确实不仅不能顺应,也不敢恭维。但行政人员遭遇这种着装风俗时,仍然应该予以尊重,表达尊重的方式便是不批评。不批评,主要指不公开议论,不指指点点,不讥笑讽刺。

三、端正紧切

着装礼仪不仅仅体现在衣服、鞋、帽本身的色彩和样式上,还体现在穿着的方式和态度上。只有当我们以正确的方式和态度穿着,才能充分体现着装的设计理念,才能通过着装表达我们对他人的尊重,表达我们的道德和礼仪观念。

行政人员的着装,不管是穿制服,或按规定着装,还是自由选择,都有一个穿着方式和态度问题。其正确的方式和态度应该是"端正紧切"。《弟子规》说:"冠必正,纽必结;袜与履,俱紧切。"[①] 这是针对未成年人的着装方式和着装态度而说的,但毫无疑问,成年人尤其应该以身作则。这是中国传统着装方式和着装态度的经典表述,对我们今天的着装行为仍然有指导意义。

端正,即不偏、不斜、不歪。这是指行政人员着装时应注意上下、前后、左右的结构和方向,不可错乱;"紧切",即不松松垮垮、不拖泥带水。这是指应该将该扣的扣子扣好,该系的带子系紧。总之,应按着装本身的设计要求穿着,按大众共同的审美观念穿着,不可慵懒随意,不可故弄姿态。端正紧切,对行政人员而言,意味着态度严谨,一丝不苟;意味着对工作认真负责,精神饱满;同时也意味着对工作对象或服务对象的尊重。相反,行政人员如果在着装上歪斜松垮,则会给人以吊儿郎当、作风散漫的印象,会让人产生厌恶和不信任感,这无疑是不合乎行政礼仪的。

四、整齐干净

着装礼仪还体现在对衣服、鞋、帽的维护和保养上。衣服、鞋、帽在穿着过程中难免弄脏、磨破、揉皱,这就要求我们及时对着装进行维护和保养,即

[①] 蒋霞编著:《弟子规新说》,南京大学出版社2014年版,第4页。

第二章 行政仪表礼仪

清洗、修补、熨烫。如果着装有污渍、灰尘,有破损,皱皱巴巴,则可能让人不悦,遭人耻笑,这在人际交往中是有失礼仪的行为。

《弟子规》说:"置冠服,有定位,勿乱顿,致污秽。衣贵洁,不贵华。"[①]即是说,对衣服、帽子要妥善放置,要保持干净。衣服、帽子最重要的是干净,而不是华丽。俗话说:"笑破不笑补。"破破烂烂、衣衫褴褛会遭人笑话,但衣服上有几个补丁是不会有人耻笑的。这代表我国社会在着装礼仪方面的传统观念,在今天依然是颠扑不破的真理。

行政人员在行政过程(工作过程)中的着装应该是整齐干净的,不应该有污渍和灰尘,不应该有破损,不应该皱皱巴巴。这要求行政人员对着装要定期维护、保养,及时清洗、修补、熨烫。这样才能给人严谨勤恳、赏心悦目的印象,才能充分体现行政人员对交往对象或工作对象的尊重,才合乎行政礼仪。

五、大方得体

行政人员如果在着装上没有特别规定,完全可以自由选择,基本要求大方得体即可。大方得体主要是指选择的衣服、鞋、帽在款式和色彩上应该自然恰当,同事和行政相对人看着顺眼,觉得合情合理,感觉舒服。着装的大方得体大概可以总结为以下三个方面。

(一)应时

应时,是说行政人员着装的款式和色彩应该与历史时代、一年中的不同时节、一天中的不同时间相契合。不可以脱离时代潮流,不可以四季不分、早晚不分。

(二)应事

应事,是说行政人员的着装应该与其所办的具体事务及其所处的具体场合相契合。行政人员办理不同的事务,在不同的场合,其着装可以有所不同。比如,参加重要会议、庆典、谈判、外事活动等,穿着必须非常正式,一般需要穿深色西装、打领带、穿皮鞋。但如果日常在办公室上班,不一定要求如此正式,可以穿夹克,穿略微宽松一点的裤子和鞋子。如果是干部下乡,甚至可以穿牛仔裤、旅游鞋、胶鞋等。

---

① 蒋霞编著:《弟子规新说》,南京大学出版社2014年版,第4页。

（三）应己

应己，是指行政人员的着装应该与自己的性别、年龄、身型相契合。

着装上应时、应事、应己，实质上是要求着装与时代、事务、自身特征相和谐。和谐意味着交往对象看行政人员的着装顺眼，感觉舒服，也意味着行政人员对交往对象的尊重。①

---

① 参见金正昆《政务礼仪教程》，中国人民大学出版社2016年版，第17—23页。

第三章 行政仪态礼仪

仪态，指人们在社会交往中身体呈现出的各种姿态，主要体现为人的举止、脸色、谈吐等。仪态反映、传递人的思想和情感，因而成为礼仪思考的对象，产生了仪态礼仪问题。行政仪态，主要指行政人员在行政过程中或行政交往中身体呈现出的各种姿态，包括行政人员的举止、脸色、谈吐等。行政人员的举止、脸色、谈吐反映和传递行政人员的思想、情感，所以，有行政仪态礼仪。

第一节 行政举止礼仪

举止，指人在交往过程中身体的动与静，主要包括站、坐、行、手势等。行政人员在行政过程中的各种举止，我们不妨称其为行政举止。那么，怎样的行政举止才合乎行政礼仪？

一、站

人们在交往时，往往需要站立或起立，因为站立才能更有效率地完成工作任务，实现交往目标；不仅需要站立，而且需要讲究站姿和站位。人类在生产和生活的历史过程中也建立了有关站姿、站位的礼仪规范。在行政过程中，行政人员也常常需要站立或起立，而且要有合乎礼仪的站姿和站位，如此才能有效率地完成行政工作的任务，或实现行政交往的目标。行政人员合乎行政礼仪的站立、站姿、站位，主要可以从以下几个方面来理解。

（一）起立

起立，即行为主体从其他姿势转变为站立姿势。人虽然能够站立，也习惯于站立，但相对于其他姿势，如坐、卧等，站立更耗费体力，更紧张，也更累。正因为如此，人们会尽可能地避免长时间站立，更愿意保持坐、卧或其他舒适的姿势。但是，站立或起立在实践中往往更有利于人集中注意力，更有利于交往中信息的传递和接受。事实上，人们在交往中如果起立或保持站立的姿势，往往意味着行为主体对交往本身的重视，对交往对象的尊重或敬畏。所

以，起立在社会交往中，成为一种礼仪行为，成为一种礼仪规范。

我国传统礼仪文化就特别强调"起立"这一礼仪规范。《礼记》说："请业则起，请益则起。父召无诺，先生召无诺，唯而起。"① 这是说，向先生请教时，回应先生或父亲的召唤时应该起立。又言："侍坐于所尊敬……见同等不起。烛至起，食至起，上客起。"② 这是说，陪坐在自己所尊敬的人旁边时，见到同辈的人来不必起立；但是，见秉烛者来应该起立，见端饭食者来应该起立，见贵宾来应该起立。《弟子规》说："问起对，视勿移。"③ 这是说，长辈问话时，应该先起立后回答，眼睛还应看着长辈，不得东张西望。

"起立"在现代社会交往中仍然是一项重要的礼仪规范。当有宾客来访时，我们的第一反应应是起立；当我们接受指示、教诲、馈赠时，应起立；当国旗升起、国歌奏响时，我们应起立；等等。在这种时刻或情景中，不起立是很严重的失礼行为，我们会被人批评和指责的。

行政人员在行政过程中或行政交往中，无疑应特别注意遵守"起立"这一礼仪规范。比如，行政人员在接受上级指示或向上级请示汇报、迎接来访对象、回答群众咨询等情景中应起立，而不应维持原有的较放松的姿势。

(二) 立正 (立端正)

站立，还有姿势要求，即"站有站相"。关于站立，礼仪规范的基本要求是立正，即身体展开与地面垂直，适度紧张，稳定不动，注意力集中。严格的动作要领为头正，肩平，两眼平视前方，双手自然下垂，五指并拢，中指贴于裤缝，挺胸收腹，两腿靠拢绷直，两脚跟平齐，两脚向外分开约60°。这种站姿最能表达站立主体对交往对象的尊重、敬畏。实际上，一个人如果内心尊重、敬畏当前的交往对象，他会很自然地立正。

我国传统礼仪文化特别强调年轻人与人交往时应该站立端正。《礼记》说："立必正方，不倾听。"④《弟子规》说，"立端正"，"勿跛倚"⑤。为什么站立时不能"倾听""跛倚"？因为这是一种放松、分散注意力的行为，与他内心对交往对象缺乏尊重、敬畏有关。

但一般性人际交往中，并不一定要求严格、僵硬的立正姿势，尤其是站立时间较长时，可以稍微放松一点。稍微放松的姿势主要在于手和腿的状态，两

---

① 胡平生、张萌译注：《礼记》上，中华书局2017年版，第23页。
② 胡平生、张萌译注：《礼记》上，中华书局2017年版，第24页。
③ 蒋霞编著：《弟子规新说》，南京大学出版社2014年版，第3页。
④ 胡平生、张萌译注：《礼记》上，中华书局2017年版，第15页。
⑤ 蒋霞编著：《弟子规新说》，南京大学出版社2014年版，第4页。

腿可以稍微分开，重心可以悄悄在两腿间移动，双手可以自然垂放于身体两侧，也可以相握或叠放于腹前，或反向背后相握于腰际。保持稍微放松的姿势，上身依然保持挺直，算是立正姿态。

行政人员在行政过程中，面对同事（尤其是上级领导）、服务对象时，或其他庄严时刻，应该立正，因为行政人员必须尊重、尊敬同事和服务对象，在庄严时刻必须谨慎而有敬畏心。相反，如果立而不正，则意味着行政人员懈怠懒散，对同事、服务对象轻视或漠视，以及对工作和事业缺乏敬畏，这无疑是违反礼仪规范。

（三）鞠躬

鞠躬，即低头、弯身（腰）的动作和姿态，意在向交往对象表达尊敬、服从、愧疚等意情。鞠躬是一种颇为常见的礼仪行为，也是一种站姿，由立正转变而来。"鞠躬"作为一种礼仪行为，大概源于我国商代的"鞠祭"。"鞠祭"是一种祭天仪式，因其祭品牛、羊等不切成块而将整体蜷曲成鞠形（球形）而得名。鞠躬实质上是人模仿祭品弯蜷的样子，向受礼者表达情感。

鞠躬动作的基本要领是面对受礼者、立正、摘帽，男性双手放在身体两侧，女性双手合起放在身体前面，身体向前弯曲（速度适中），视线由对方脸上落至自己的脚前一米左右处，略作停顿，然后抬头直身，恢复立正姿态。鞠躬分为三种不同的姿态，以身体向前弯曲角度的不同为标准，有15°左右的鞠躬、45°左右的鞠躬、90°左右的鞠躬。弯曲角度不同，表达的情意也有所不同。一般认为，15°左右的鞠躬，表示致谢；45°左右的鞠躬，表示诚恳和歉意；90°左右的鞠躬，表示忏悔、改过和谢罪。

行政人员在行政过程中常常需要行鞠躬礼，例如，大会发言开始和结束时向听众致谢，因工作失误而向公众致歉，参加丧礼向死者致哀，等等。行政人员在行政工作中的鞠躬礼，其动作规范与其他社会成员在其他社会交往中的鞠躬礼的动作规范并无区别。

（四）点头

点头，即站立时（也可以是坐着的时候）向交往对象快速低头，随即抬头一次，或重复多次的动作，意在向交往对象致敬，或表达问候、认同、认可、允许等意思。点头时，应面向对方，与对方有眼神交流，并面带微笑。点头是一个头颈动作，不需要弯腰。

在人际交往中，点头也是一种礼仪行为。点头礼，多用于熟人，也可以用于陌生人。熟人见面，因为不方便更复杂、更隆重的礼仪行为，或为了节省时间而简化礼节，常常以点头礼致意。陌生人偶然在近距离相遇，又无须更多交流时，也可以互行点头礼。这可以让人感到温暖、和谐，避免尴尬。行政人员在行政交往中也因为类似的情况而行点头礼。

（五）"立不中门"

在人际交往中，站立不仅要讲究站姿，还讲究站立的方位，即站立的位置和方向。《礼记》说："为人子者，居不主奥，坐不中席，行不中道，立不中门。"① 就是说，人在交往过程中应根据自己的身份、地位确定行为动作（举止）在空间上的方位。作为晚辈，居家不要占据长辈的位置，不要走当中的过道（或过道当中），不要站在门口中间。孔子很注意这一礼节。《论语》记载，孔子"入公门，鞠躬如也，如不容。立不中门，行不履阈"②。

"立不中门"，实质上是说，站立时，应注意站在一个恰当的位置，不要站在不恰当的位置。那么，什么是恰当的位置？大概可以从以下三点来理解。

1. 面对交往对象

站立首先要注意的是，与交往对象或礼仪对象正面相对。这样可以正视对方，意味着"我的全部注意力在你身上"，"我非常重视你、尊重你"，避免"侧目而视"。

2. 与交往对象保持适当距离

适当距离，即不能太远，也不能太近。太远看不清，说话听不见；太近则可能产生压迫感、紧张感，说话时，唾沫星子可能溅到对方身上。

3. 不要妨碍交往对象及其他在场的人

在交往过程中，能够注意不妨碍他人，说明你为他人着想，说明你尊重他人。站立时，应注意交往对象或其他在场人在做什么或需要做什么，你所站的位置是否会妨碍他们。另外，还应注意在一定的空间里，位置往往有主次尊卑之分，比如以右为尊、以中间为尊等，不要抢占尊位。即使你的身份地位并不比交往对象及其他在场人低，也要注意谦让。

行政人员在行政交往中，无疑也应该注意"立不中门"。

二、坐

人们在社会交往中，如果过程较长，则会坐下来。而坐也有讲究，有坐的礼仪。行政人员在行政交往中也应该讲究坐的礼仪。主要可以从以下几个方面

---

① 胡平生、张萌译注：《礼记》上，中华书局2017年版，第13页。
② 陈晓芬、徐儒宗译注：《论语·大学·中庸》，中华书局2015年版，第112页。

来理解。

(一) 入座与离座

入座与离座，最主要的讲究是轻声、缓慢、稳妥，不妨碍、影响他人。入座时，应尽量不弄出声响，所以应该缓慢一点；为了确保稳妥，应先看一眼座位，看座位是否正常，是否有其他物品在座位上，确定座位正常且无其他物品后才坐下。女性穿裙装时，坐下前应将裙摆稍稍整理一下，以确保坐下时不被撩起。离座时同样尽量不要弄出声响，并注意不要突然起身，特别是与他人同坐一条凳子或一张沙发时，应知会同座者，然后缓慢起身。这样做体现了对他人的尊重，所以成为礼仪规范。

入座时还应该注意的礼仪是，该坐不该坐，以及就座的先后。《弟子规》说："长者立，幼勿坐；长者坐，命乃坐。"就是说，如果在场的长者或尊者未坐，年幼位卑者不能先坐；长者、尊者坐下后，叫坐下才能坐下。这是因为由站立而坐下是一种寻求舒适安逸的行为，所以让长者、尊者先坐，听从长者、尊者的指示，是对长者、尊者的尊重。在接待客人时，一般来说，讲究让客人先坐，只有当客人坐下后，主人才坐下。这是对客人的尊重。

(二) 坐姿

坐姿，即坐的姿态，即"坐要有坐相"。坐姿的主要礼仪规范可以概括为"端坐"，即坐得端正。

端坐的基本要求：头正，肩平，上身挺直，背部可以轻靠椅背（但头和肩不要靠椅背），两臂自然弯曲放在腿上或扶手上，掌心向下，男士双腿正放并拢或略微分开，小腿向椅子边缘收拢与地面大约呈直角，女士双腿并拢正放或侧放，小腿向椅子边缘收拢。

端坐是交往过程中适度紧张、自我收敛、注意力集中的姿态，这意味着对交往对象的重视、尊重。因此，端坐成为人际交往中的一项礼仪规范。

(三) "坐勿箕"

有些人因为缺乏修养，在人际交往中，坐姿可能较为自由散漫。最典型的错误坐姿有两种情况：一种是身体过于伸展放松，比如头仰靠椅背，两腿向前伸远、叉开，两臂张开，等等；另一种是身体不停地摇晃或抖动。《弟子规》说"勿箕踞，勿摇髀"①，就是针对这两种情况而言的。"箕踞"即坐着时两

---

① 蒋霞编著：《弟子规新说》，南京大学出版社2014年版，第4页。

腿分开像簸箕一样；"髀"指大腿，"摇髀"即抖动大腿。《礼记》也说过："坐勿箕"，"坐必安"。①

（四）"坐不中席"

在坐的礼仪中，也有一个位置和方向的问题。《礼记》说："为人子者……坐不中席……"就是说，座位有位置的讲究，不能随便坐，作为晚辈就不能坐中间的位置，因为中间的位置是尊位，只能是长辈或地位尊贵的人坐。

座位的尊卑主次大概有以下约定俗成的原则（观念）：①以右为尊。接待客人时，一般要让客人坐主人右边的位置。②以中间为尊。地位（级别、辈分）最高的人，应该安排在中间就座。③以前为尊。地位高的人，应该安排在前排就座。④以面门为尊。正对门口的位置是尊位或主位，应该安排地位最高的人就座。

还有一点须注意，尽量不与地位身份明显高于自己的人并排就座。成语"平起平坐"，意思是彼此的地位身份相当。也就是说，只有地位身份相当的人才能比肩平坐，同时起立。如果你身份地位明显低于交往对象，那么与人"平坐"就显得不恭，显得自大而不尊重交往对象，有失礼仪。

另外，坐还有方向和远近问题。一般来说，应该面向交往对象而坐，不能背对交往对象，也尽量不要斜对。如果座位本身不是与交往对象正对，那么，你应该将身体适度转向交往对象，以求"正视"。如果座位可以挪动，则应该将座位挪到正对交往对象的位置。与交往对象的距离应该适中，不远也不近。

三、行

行，行走、行动。行政人员在行政交往中，行走的礼仪主要可以从以下三个方面来理解。

（一）"行如风"

所谓行如风，是说行走时像风一样轻快自然。轻快自然的行走，是一种正常、健康的行走姿态，能给人以愉悦，能给人积极向上的精神鼓舞。所以，这也成为人们推崇的标准的行走姿势，并成为社会交往或社会活动中体现对他人尊重的合乎礼仪的行走姿势。行政人员无疑应该"行如风"，以体现对同事及服务对象的尊重，也体现对工作的热爱。

"行如风"的行走姿态大概可以描述为以下六个方面：①行走时，身体正

---

① 胡平生、张萌译注：《礼记》上，中华书局2017年版，第25、22页。

直，抬头，双目平视前方，肩平，挺胸，收腹。②手臂自然摆动，出左脚，则向前摆动右手，向后摆动左手；出右脚，则向前摆动左手，向后摆动右手。③五指自然并拢，呈空心拳状。④身体稍向前倾，膝盖自然弯伸，小腿带动大腿，脚跟、脚掌先后着地并自然用力推动身体向前。⑤行走方向明确，行走路线合理。⑥步速、步幅均匀适当。

（二）"步从容"

《弟子规》说："步从容。"① 这是说，行走时，应该保持内心镇定，从而在步态上显得不慌不忙、不急不缓。人的内在心理状态往往可以从人的外在行为上看出来，人们行走的步态也往往反映人的心态。步态从容，说明人的心态是镇定的，同时也只有保持内心镇定才能做到步态从容。为什么要求"步从容"？因为这样才不至于惊扰到他人，才有利于人群社会的有序祥和，也因此体现行走主体对他人的尊重。

"行如风"与"步从容"两者的要求是基本一致的。"行如风"所要求的方向明确，路线合理，步速、步幅均匀适当，就是一种从容的步态。

（三）"行不中道"

《礼记》说："为人子者……行不中道……"这是说，行走的时候应该注意其他在场的人，注意自己与其他在场人在身份地位上的关系。"为人子"，说明有长辈在场，有尊者在场，所以"行不中道"，即不能走当中的过道或道路的中间。这是因为人们普遍认为"中间为大"，中间是令人瞩目的、主要的场域，应该优先尊长。其实，即使没有尊长在场，我们也应该注意，行走时，尽量不要占据中间的、主要的道路，以体现我们谦虚、自律、尊重他人的礼仪精神。

四、手势

手势，即手的动作态势。手是人身体的重要部分，手势具有丰富的表现力，对人的语言表达起辅助作用，也可以脱离声音语言而独立表达思想和情感。因此，手势也成为礼仪规范的重要内容。关于手势的礼仪，主要可以从以下三个方面来理解。

---

① 蒋霞编著：《弟子规新说》，南京大学出版社2014年版，第4页。

（一）静态手势

在人际交往中，手在很多时候是需要保持安静的，是不需要有动作的。但这不等于说，手可以乱放，随便放。这样便产生了静态手势问题，即手在不需要动作时如何放置。一般来说，大概有以下两种人们普遍感觉舒服的、习惯的、合"礼"的手势。

1. 站立时的手势

前文已述，在人际交往中合乎礼仪的站立姿态应该是立正，其手的姿势为双手自然下垂，掌心向内，置于身体两侧；或双手自然相握于腹前；或双手掌心向内叠放于腹前；或双手反向背后，相握于腰际（背手）。

2. 坐下时的手势

前文已述，在人际交往中合乎礼仪的坐姿为端坐，其手势为两臂自然弯曲放在腿上或扶手上，掌心向下；或两手自然相握，放在腿上或腹前。

（二）动态手势

在人际交往中，手可以动，也有必要动，但不能乱动。合乎礼仪的动态手势主要有以下四种方式。

1. 鼓掌

鼓掌，是指两手互拍，表达认可、赞同、鼓励、欢迎等情感的一种动态手势。"鼓掌"，亦称"拊掌""拍手"，之所以称为"鼓掌"，大概是因为两手相拍，其声如鼓。鼓掌的标准动作为双手置于胸前，左手掌心向上，右手掌心向下，用右手掌击打左手掌，有节奏地持续若干次。鼓掌应注意时机，在该鼓掌时鼓掌，不该鼓掌时不乱鼓掌。

2. 夸赞

夸赞，指向交往对象表达夸奖、赞赏的动态手势。其标准动作为伸出右手，跷起拇指，指尖向上，指肚面向夸赞对象。注意：切勿将指尖指向自己，那样就变成自夸了。

3. 指引

指引，是向交往对象指示方向的一种动态手势。其标准动作为立正面向交往对象，右手或左手（多用右手）抬到略高于腰带位置的高度，五指并拢，掌心向上，以肘为轴，缓慢转向某一方向。注意：手臂转向指示方向时，目光应跟随手臂的转动同时转向指示方向，整个身体亦可以同时向指示方向转动。如果需要向交往对象特别表达敬意时，身体应同时稍向前倾，有微度鞠躬动作，并注意微笑，说："请！"

4. 举手礼与拱手礼

举手礼与拱手礼，是向交往对象表达敬意的两种动态手势。举手礼动作要领为面向受礼者，立正，右手五指并拢伸直，举至眉梢附近，手心向下，微向外张，手腕伸直，右大臂与两肩略成一线，同时注视受礼者。举手为什么会成为一种表达敬意的礼仪？据说，这源自欧洲中世纪骑士比武时的一个动作。欧洲中世纪的骑士们常常在公主和贵妇人面前比武，在经过公主或贵妇的座席时，骑士们要吟唱一首赞美的诗，其诗里往往把公主或贵妇比作炫目的太阳，因此，骑士们要把手举起来做遮挡阳光的姿势，以此表示虔敬。这一动作渐渐演变成为见到尊敬的人就举手齐眉的"举手礼"。

拱手礼，又称揖礼，是我国传统的相见礼。《礼记》说："遭先生于道，趋而进，正立拱手。"① 意思是说，路上遇见先生，应快速上前，立正行拱手礼。《论语》说："子路从而后，遇丈人，以杖荷蓧。子路问曰：'子见夫子乎？'丈人曰：'四体不勤，五谷不分，孰为夫子？'植其杖而芸。子路拱而立。"② "子路拱而立"，即子路站立行拱手礼。《弟子规》说"揖深圆"，"揖"即拱手礼。

拱手礼的基本动作是"拱手"，即两臂环抱向前伸出，双手在胸前相捧或叠合，其形如拱。但在不同情况下，拱手礼的动作有所不同。

（1）双手相捧或叠合，一般讲究右手在内，左手在外。中国古人以左为敬，行拱手礼时，以左示人，表示真诚与尊重；若遇丧事行拱手礼，则正好相反。而女子行拱手礼与男子相反，左手在内，右手在外；遇丧事行礼，又反之。

（2）身姿有直立和向前躬身两种。《礼记》中的"正立拱手"，《论语》中的"子路拱而立"，都是身姿直立，不仰不俯。《弟子规》中的"揖深圆"则是说拱手的同时向前躬身，与鞠躬结合在一起。

（3）拱手的高度有所不同。地位身份基本相当者相互行拱手礼，拱手高度一般为正对胸口，不高于颌，不低于胸，称"平揖"。地位较低者向地位较高者行礼，则往往举手过额，称"上揖"。

（4）拱手有动与不动两种形式。行拱手礼时，一种形式是两臂环抱，两手相捧，向前伸出保持不动；另一种形式是双手相捧在胸前，自上而下，或由内而外，有节奏地晃动一下或几下。这两种形式似乎并无情感差别，只是习惯而已。

---

① 胡平生、张萌译注：《礼记》上，中华书局2017年版，第16页。
② 陈晓芬、徐儒宗译注：《论语·大学·中庸》，中华书局2015年版，第223—224页。

（5）"抱拳礼"与"拱手礼"相似，人们大都认为抱拳礼即拱手礼的一种形式。抱拳礼的动作姿态为并步站立，左手四指并拢伸直，拇指曲拢，右手握拳，左手掌紧贴右拳，双臂相抱如环，与胸口齐。抱拳礼一般为军人或习武者所用，所以也称"武揖"。

（三）不合"礼"手势

在人际交往中，有些手势是不合"礼"的，应注意避免。主要有以下三个方面：①不卫生的手势，如搔头皮、掏耳朵、挖鼻孔等；②不稳重的手势，如双手在身体上乱摸，或乱放等；③不尊重他人的手势，如以食指指点他人，勾动食指或拇指以外的四指招呼他人等。

第二节　行政脸色礼仪

脸色，即人的面部表情。人的面部表情往往与面部皮肤色泽的变化有关，所以也将人的面部表情称之为"脸色"。人的面部表情又往往与人的内在思想和情感联系在一起，是人内在思想、情感的反映。所以，在人际交往中，脸色也往往与人们内心是否尊重交往对象有关，从而成为一个重要的礼仪问题。一般来说，我们在与人交往的过程中，应该给人以好脸色，或者说给人以恰当的脸色，否则有失礼仪。行政人员在行政过程中或行政交往中无疑也应该给行政相对人或行政交往对象以好脸色或恰当的脸色，而不应该是"脸难看，事难办"，否则有失行政礼仪。那么，如何才算是好脸色或恰当的脸色？如何才能保持好脸色或恰当的脸色？对于这两个问题，主要可以从以下四个方面来理解。

一、和颜悦色

一般来说，人们所说的好脸色是指和颜悦色。和颜悦色的意思是脸色和蔼、喜悦。颜、色都是指人的脸色；和，平和，而不是凶狠刻薄；悦，愉快，而不是伤心难过或忧心忡忡等。人们普遍喜欢平和，喜欢愉快，而讨厌、惧怕凶狠刻薄、伤心难过、忧心忡忡等，所以人们也普遍认为，和颜悦色是好脸色。

《论语》说："子夏问孝，子曰：'色难。有事，弟子服其劳；有酒食，先生馔，曾是以为孝乎？'"[①] "色难"即是说，侍奉父母（孝）经常保持和颜悦

---

① 陈晓芬、徐儒宗译注：《论语·大学·中庸》，中华书局2015年版，第18页。

色最难。而仅仅替父母效劳，供父母吃喝，却不能做到和颜悦色，还不能算是孝。《弟子规》在论及孝道时也强调，对待父母应该"怡吾色，柔吾声"①。"怡吾色"即是说，要和颜悦色。怡，高兴、愉快的意思。

那么，怎样的脸色可称得上是和颜悦色？微笑。笑是人最明显的面部表情，或者说是最能表现人的内心情感的脸色。但笑有很多种，有微笑、大笑、狂笑、冷笑、狞笑、耻笑、讥笑等。只有微笑最能表现人内心的平和、友善，最能表现人的谦逊、自律，最能表现人的真诚、自然，所以是和颜悦色。其他的笑，或者是不怀好意的笑，或者是旁若无人的、放纵的笑，或者是刻意假装的笑，都不能算是和颜悦色。

微笑的主要特征有6个方面：①嘴角微向上扬，嘴巴呈向上月牙状；②不露牙齿，或自然露出上颌4～8颗牙；③面部肌肉略微收缩向上提起；④两眼微眯，眉毛微向下弯，呈月牙状曲线；⑤面部皮肤微红，有光泽；⑥不发出笑声。

微笑，人们是可以自然做到的，但如果加以练习或训练，则可以做得更完美。一般来说，人如果心平气和、心情喜悦，没有怨怼仇恨，则会自然露出微笑。也正因为如此，微笑才被称为和颜悦色，才成为人际交往中的一种礼仪规范。其实，他人真正需要的是你内在的心平气和、心情喜悦。但内在的心理状态必须通过外在的面部表情才能被他人识别。

练习或训练微笑主要有以下4种方法。

（1）树立微笑意识。这是说我们要明确为什么微笑，即微笑的目的、微笑的必要性和重要性。微笑可以有效地消除人与人之间的沟通障碍，可以弥合人与人之间的隔阂，可以促进人与人之间的合作与协同，可以使我们的社会生活更加和谐、更加美好。

（2）顶书训练法。即训练微笑时，头上顶一本书。这是为了确保微笑时头正，既不上仰，也不低头。人们笑的时候常常会不自觉地扬头或者低头，扬头容易被人误解为骄傲，而低头又让人觉得不够落落大方。微笑时头正，目光平视，与他人有眼神交流，可以增添微笑的魅力。

（3）含筷训练法。即训练微笑时，用牙齿横咬住一根筷子。这样可以确保微笑时嘴巴有足够的弧度，笑意非常明显。在人际交往的过程中，有时候我们觉得自己在微笑，但因为笑意太浅，他人看不出你在微笑而误解你。

（4）对镜自省法。即对着镜子观察自己的微笑，看自己的微笑是否符合标准，反思自己微笑时心理和面部肌肉的细微感受，以确保自己的微笑更加自

---

① 蒋霞编著：《弟子规新说》，南京大学出版社2014年版，第2页。

然、完美。

二、"正颜色"

《论语》说:"曾子言曰:'……君子所贵乎道者三:动容貌,斯远暴慢矣;正颜色,斯近信矣;出辞气,斯远鄙倍矣。'"① 这段话的意思是说,曾子认为,君子应该重视的道德有三条:①能够让自己的脸色严肃起来,这样就可以避免粗暴和放肆;②能够让自己的脸色庄重起来,这样就接近于坚守信用;③能够让自己说话的言辞与语气和顺起来,这样就可以避免粗野和悖理。曾子所提的"容貌""颜色",都是指人的面部表情,即脸色。这就是说,在人际交往中,并不一味地要求和颜悦色,有时,恰当的脸色应该是正颜色或正色,即庄重、严肃的脸色。

《论语》还记载说,孔子"君召使摈,色勃如也,足躩如也","入公门,鞠躬如也,如不容。……过位,色勃如也,足躩如也,其言似不足者"②。这两段话的意思是说,国君召孔子去接待宾客,孔子的脸色立马变得庄重起来,脚步也快起来。孔子走进朝廷的大门,显得小心谨慎,好像没有容身之地。……经过国君的座位时,脸色立即变得庄重起来,脚步也快起来,说话都好像气不足的样子。这说明,在孔子看来,做重要事情,与重要人物打交道时,脸色应该是庄重的、严肃的。《礼记》也说:"长者不及,毋儳言。正尔容,听必恭……"③ 意思是说,与长者在一起,长者没有同你说话,就不要东拉西扯地乱说话。听长者说话要恭恭敬敬,脸色(表情)要庄重。

那么,庄重的脸色是一种什么样的脸色?为什么说庄重的脸色是正颜色或正色?庄重,从内在心理而言,是一种注意力高度集中以至于全神贯注的状态,是一种对其所面对的人或事物非常敬畏、谨慎的状态。这样一种心理状态反映在面部表情或脸色上,是一种无表情的表情状态,是面部皮肤本色或正常色泽的状态。为什么会是无表情呢?因为注意力集中在所面对的人或事物上了,不再有多余的力量支持身体的其他动作,所以,庄重往往意味着面部没有更多的、丰富的表情,身体的其他部位也停止了更多的、更频繁的动作,整个人仿佛僵住了、凝固了。也正因为面部无表情,其脸色便恢复为皮肤本色或正常色泽,所以称正颜色或正色。

---

① 陈晓芬、徐儒宗译注:《论语·大学·中庸》,中华书局2015年版,第90页。
② 陈晓芬、徐儒宗译注:《论语·大学·中庸》,中华书局2015年版,第111、112页。
③ 儳(chán),杂乱不齐的意思。胡平生、张萌译注:《礼记》上,中华书局2017年版,第22页。

行政人员在行政过程或行政交往中，其面部表情并不总是需要和颜悦色的微笑，也需要正颜色或正色，因为其所面对的人或事物可能是非常重要的、重大的，需要注意力高度集中，需要足够的谨慎和敬畏。而其他的脸色，比如微笑，往往说明你注意力不够集中，不够谨慎，不够敬畏。

三、"临丧而哀"

脸色及决定脸色的内在思想、情感，应该与人所处或所面临的情境相一致。和颜悦色和正色是经常性的脸色，但并不是在什么情况下都要求和颜悦色，也不是在什么情况下都要求正色。除和颜悦色和正色之外，还有一种脸色或许不是经常要求的，但同样非常重要，丝毫不能苟且，便是哀色。当你处理丧事或面临丧事时，应该面有哀色，"临丧而哀"。

我国传统礼仪非常重视这一点。孔子曾说："……临丧不哀，吾何以观之哉！"[1] 这就是说，参加丧礼时，没有悲痛哀伤的情感和脸色，是让人看不下去的。《论语》还记载说，孔子"见齐衰者，虽狎必变"[2]。孔子看见穿丧服的人，即使是平日往来密切的熟人，也一定会改变脸色以示哀悼。《礼记》则说："临丧不笑"，"望柩不歌"[3]。又言："临丧则必有哀色。执绋不笑"，"邻有丧，舂不相；里有殡，不巷歌"[4]。

哀色是一种与笑、和颜悦色相反的脸色，与无表情的正色也有明显不同，它有表情。它是一种悲痛、哀伤情绪的表露，其最典型的面部特征为嘴角向下弯伸，面部肌肉微有抽搐，常伴有流泪、哽咽反应。

"临丧"，人之所以面有哀色，或者说之所以有悲痛、哀伤情绪，一方面是因为对死者有感情，其哀色，或悲痛、哀伤情绪，基于对死者生命价值的肯定，为其所肯定的生命价值的坠失而哀，从而也意味着对死者的尊重；另一方面则是对与死者有密切关系的生者的同情。面临丧事，你可能与死者并无任何情感关联，但你与因死者而悲痛、哀伤的生者有情感关联，你同情生者，所以也产生了悲痛、哀伤的情绪，所以面有哀色。你这种悲痛、哀伤情绪，这种哀色，主要意味着对生者的尊重。

人如果尊重死者，肯定死者的生命价值，或者尊重与死者有关系的生者，同情与死者有关系的生者，那么，自然会有悲痛、哀伤的情绪，面有哀色。也

---

[1] 陈晓芬、徐儒宗译注：《论语·大学·中庸》，中华书局2015年版，第38页。
[2] 陈晓芬、徐儒宗译注：《论语·大学·中庸》，中华书局2015年版，第121页。
[3] 胡平生、张萌译注：《礼记》上，中华书局2017年版，第46页。
[4] 胡平生、张萌译注：《礼记》上，中华书局2017年版，第46页。

正因为如此,"临丧而哀"成为一条极重要的礼仪规范。而"临丧不哀",则是非常失礼的行为,会让人看不下去,会被人指责。

行政人员在行政过程中应特别注意,不仅应该在一般性的社会生活中"临丧而哀",更应该在面临公共性灾难,面对因公共利益而献身的牺牲者时,有悲痛、哀伤的情感,面有哀色。否则,将有失行政礼仪,将会被人谴责。

四、察言观色

在人际交往中,人的脸色应该是恰当的。如何才能保证有恰当的脸色?除了上文说到的应该注意观察所处或所面临的情境,还应特别注意观察交往对象的脸色,即常言所说的察颜观色或看脸色(谚曰:"出门看天色,进门看脸色")。

《论语》说:"子张问:'士何如斯可谓达矣?'……子曰:'……夫达也者,质直而好义,察言而观色,虑以下人。……'"① 孔子认为,通达者应是品质正直、爱好礼义、对人谦让、善于分析别人言论、善于观察别人脸色的人。善于观察别人的脸色,即察"颜"观色,这在人际交往中是非常重要的。孔子还说过:"侍于君子有三愆:言未及之而言谓之躁,言及之而不言谓之隐,未见颜色而言谓之瞽。"② "未见颜色而言谓之瞽"即是说,与人交往一定要观察对方的脸色。

在人际交往中察言观色,所强调的也是对他人的尊重。我们应该充分考虑他人的关切,考虑他人的情感、思虑,要看看他人的脸色,尤其是交往对象的身份地位高于自己时。如果与人交往,特别是与长者、尊者交往时,全然不顾对方的关切,不顾对方的情感、思虑,不看对方的脸色,则无疑是以自我为中心、自傲自大、自私自利、目中无人,是一种无礼的表现。当然,我们所谓的察言观色,并不是说在人际交往中应该毫无原则地随声附和、人云亦云,即谄媚。尊重是出自内心地、诚恳地对他人的正当权利的承认和维护,谄媚则往往是违心的、假意的奉承,真正的目的是算计、侵略他人的利益。

在行政过程中,我们强调民主,强调"以人民为中心",强调看"人民满意不满意,人民高兴不高兴,人民答应不答应",实质上就是要求察言观色,看人民的脸色,也是充分尊重人民的权利。作为行政人员,在行政过程或行政交往中,不善于察颜观色,只顾自说自话,搞"一言堂",不关心民间疾苦,

---

① 陈晓芬、徐儒宗译注:《论语·大学·中庸》,中华书局2015年版,第146页。
② 愆(qiān),过失的意思。陈晓芬、徐儒宗译注:《论语·大学·中庸》,中华书局2015年版,第201页。

无疑是不合乎行政礼仪的。

第三节　行政谈吐礼仪

谈吐，即人际交往中的语言表达。行政人员在行政过程或行政交往中的语言表达，不妨称为行政谈吐。语言表达既是一个遣词造句的心理过程，又是一个"摇唇鼓舌"的身体过程。所以，在人际交往中，谈吐也表现为人的一种仪态。语言表达反映人的思想和情感，反映人对交往对象尊重与否的态度，所以，谈吐也成为仪态礼仪的内容。行政人员的行政谈吐无疑是行政仪态的重要方面，因而也是行政仪态礼仪的重要内容。行政人员在行政谈吐中的仪态礼仪，我们称之为行政谈吐礼仪。行政谈吐礼仪问题，可以从说与不说、说普通话、说话的腔调、说话的措辞四个方面来讨论或理解。

一、说与不说

在人际交往中，说话似乎是不可避免的，但显然也不应该是什么时候都说，什么话都说。行政谈吐礼仪，首先面临的问题是"说与不说"的问题。不该你说话的时候，你说话了，便属于失礼；该你说话的时候，你不说话，也属于失礼；该你说话，说了不该说的话，还是失礼。那么，什么情况下你不应该说话？什么情况下你应该说话？什么是你不应该说的话？

（一）不该说话

在人际交往中，不该说话的情况大概有两种：一种是交往情境不宜说话。《论语》说："食不语，寝不言。"① 吃饭、睡觉的时候，其情境是不宜说话的，所以尽管有交往对象在场，也不应该说话。有人可能说，在餐会上，主人或主宾不是应该说话吗？是的。但是，餐会上主人或主宾说话时，一般都应该停止进餐；否则，属于失礼。

另一种情况是，未轮到你说话或交往对象未要求或未允许你说话。在人际交往中，说话也常常是一种权利，它往往与人的身份地位联系在一起，以交往对象的相互认可、同意为前提。因此，当你受身份地位限制而尚未取得说话权利时，交往对象未要求或未允许你说话时，你不应该说话。《礼记》说："长者不及，毋儳言。……毋剿说，毋雷同。"② 意思就是说，与长者在一起，长

---

① 陈晓芬、徐儒宗译注：《论语·大学·中庸》，中华书局2015年版，第117页。
② 胡平生、张萌译注：《礼记》上，中华书局2017年版，第22页。

者没有同你说话,你就不要东拉西扯地乱说话。长者说话的时候,你不要随便插嘴,亦不要随声附和。《礼记》又言:"侍坐于先生:先生问焉,终则对。"① 这是说,陪先生坐,要等先生问话终了再回答,先生没有问完,你不要急着说话。

行政人员在行政管理过程中或行政交往中,无疑应该注意不该说话的时候不要说话。毛泽东在《调查工作》(《反对本本主义》)一文中曾经说:"没有调查,没有发言权。"这是说,说话之前要有充分的调查研究,没有调查,不了解情况,就不要信口开河,就不要迫不及待地抢着说话。行政人员还应该特别注意,在没有得到主持人允许或领导允许时,不要抢着说话;否则,有失行政礼仪。

(二) 应该说话

说话既是一种权利,也是一种义务或责任。因此,该你说话时不说话,便可能是逃避责任和义务,也是不合礼仪的。《论语》说:"侍于君子有三愆:言未及之而言谓之躁,言及之而不言谓之隐,未见颜色而言谓之瞽。"② 其所谓"言及之而不言谓之隐",即当身份地位较高的人说到某件事或某个问题,希望(或要求)你说说你所了解的情况,或说说你的看法时,你却不说,这便是隐瞒,是不合乎礼仪的。

行政人员在行政过程中常常有责任和义务说话,这时应该说话,不说话则意味着逃避责任和义务,缺乏担当。例如,领导向你了解情况,或与你探讨行政问题时,你应该说话,应该知无不言,言无不尽。又如,群众向你咨询,或要求你就某项政策、措施等进行解释说明时,你应该说话,而不能三缄其口。在诸如此类的情境中,你不说话则有失行政礼仪。

(三) 该说的话

什么是该说的话?这大概难以尽言。一般来说,在人际交往中,我们应该说真话,说他人想听的话(即传达他人希望获得的信息),说有利于团结的话,等等;而不要说假话,不要说伤害他人的话,不要说废话,等等。《弟子规》说:"见未真,勿轻言;知未的,勿轻传。"③ 这就是说,我们说的话都应该是真实的,是自己确切知道的,否则不要随便说。《论语》记载,孔子曾

---

① 胡平生、张萌译注:《礼记》上,中华书局2017年版,第23页。
② 陈晓芬、徐儒宗译注:《论语·大学·中庸》,中华书局2015年版,第201页。
③ 蒋霞编著:《弟子规新说》,南京大学出版社2014年版,第5页。

说:"中人以上,可以语上也;中人以下,不可以语上也。"① 这意思是说,要说对方能够理解的话,资质中等以上的人,可以给他讲高深的道理;资质中等以下的人,则不可以给他讲高深的道理。

在行政管理或行政交往中,行政人员应特别注意说真话,说实话,说有利于群众利益的话;而不要说假话,不要说大话,不要说不切实际的"漂亮话"等。否则,有失行政礼仪。

二、说普通话

说话(语言表达),无疑应该使交往对象听得懂。一方面,在思想逻辑上听得懂;另一方面,在发音和语法上听得懂。后者无疑是更基本的,这也是我们所要讨论的问题。

一般来说,人们如果在一个地方长期相处,彼此熟悉,那么他们听懂彼此说的话是没有问题的。语言本来就是人们在交往实践中创造的,其发音标准和语法规范是人们在交往实践中约定俗成的。但是,随着社会的快速发展,人们交往的圈子会迅速扩张,他们的交往对象不一定来自同一个地方,说同一种方言、俚语的熟人了,因此,彼此对话就不一定能听懂了。为了满足人们广泛交往的需要,势必要求设立一种超越地域局限,超越方言、俚语的共同语言。这样就产生了普通话,即普遍共通的、大多数人都能听得懂的语言。

今天的普通话,是中华人民共和国成立后国家规定的通用语言,是指"以北京语音为标准音,以北方话为基础方言,以典范的现代白话文著作为语法规范的现代汉民族共同语"。中华人民共和国成立之前,民国时期的普通话称国语,国语的前身是明清时期的"官话",更早之前则称为"雅言"。普通话的产生往往需要借助公共权力,如国家权力或政府权力。《中华人民共和国宪法》第十九条规定:"国家推广全国通用的普通话。"《中华人民共和国国家通用语言文字法》第三条规定:"国家推广普通话。"

普通话产生后,人们在交往中,为了让不太熟悉的交往对象能听懂彼此说话的意思,便常常会使用普通话。事实上,你说普通话,让不太熟悉你的人或所有在场的人听懂你说话的意思,往往体现你的文化修养,体现你对交往对象的尊重;同时也"有利于维护国家主权和民族尊严,有利于国家统一和民族团结"②。因此,讲普通话渐渐成为时尚,成为一种礼仪规范。《论语》说:

---

① 陈晓芬、徐儒宗译注:《论语·大学·中庸》,中华书局2015年版,第69页。
② 参见《中华人民共和国国家通用语言文字法》(中华人民共和国第九届全国人民代表大会常务委员会第十八次会议于2000年10月31日通过,自2001年1月1日起施行)第五条。

"子所雅言，《诗》、《书》、执礼，皆雅言也。"① 孔子平时说话大都用鲁国方言，诵读《诗》《书》和行礼时，则用"雅言"（即普通话）。这说明，在孔子看来，在一些正式的、重要的场合，使用普通话才是合"礼"的。

公众以讲普通话为荣，以讲普通话为礼仪规范，履行公共事务的国家行政人员无疑也应该讲普通话。行政人员讲普通话，体现行政人员的文化修养，体现行政人员对同事、对人民群众的尊重。因此，讲普通话自然成为行政礼仪规范，成为行政仪态礼仪中的行政谈吐礼仪规范。2002年2月21日，由国家人事部（现人力资源和社会保障部）颁发的《国家公务员行为规范》明确规定，公务员应该"语言文明，讲普通话"。

三、说话的腔调

说话，是人的发音器官发出的具有一定社会意义的声音。说话的声音可以分为两部分：一部分是词汇的声音，另一部分是腔调的声音。说话的腔调，是指其词汇声音之外的声音特征，如声音的高低、语调的硬软（柔）、语速的快慢等。在人际交往中，说话的腔调也往往体现说话人对交往对象尊重与否的态度，所以是一个谈吐礼仪问题。行政人员说话的腔调则是一个行政谈吐礼仪问题。

（一）声音的高与低

声音的高与低，也可以说是声音的大与小，它有两方面的意思：一方面是指声音频率的高低；另一方面是指声音响度的大小，即音量的大小。声音频率，指发音体在每秒钟内振动的次数。振动的次数多，频率大，声音就高；反之，则低。声音的响度，由振幅以及耳朵与声源的距离决定。振幅，即发音体振动的幅度。振幅越大，离声源的距离越近，响度越大；反之，越小。就人的听觉感受而言，声音太大或太小，都会让人感觉不舒服。声音太大觉得刺耳，甚至有耳膜振痛的感觉；太小，则听得费劲。只有声音不大不小，才让人觉得悦耳，让人心情舒畅。

说话的声音频率和响度，首先与人的身体特性、身体状况有关。说话声音频率的大小，与发音体（声带）的长短、厚薄、松紧有关。声带短、薄、紧，发音时音频就大，声音就高；反之，则低。女人、儿童的声带较成年男子的声带短、薄、紧，因而振动频率较成年男子大，声音较成年男子高。说话声音振幅的大小，与说话时用力的大小成正比。说话时用力大，呼出的气体对声带冲

---

① 陈晓芬、徐儒宗译注：《论语·大学·中庸》，中华书局2015年版，第80页。

击力强,振幅大,声音就大(响);反之,则小。其次,说话的声音频率与响度,与人的情绪、情感有关。当人情绪激动时,声带振动频率会加大,其声音变高;而当人情绪低落时,声带频率会降低,其声音会变低。当人情绪激动时,说话力气变大,致使声带振幅变大,声音也就变大;当人情绪低落时,说话力气变小,声带振幅相应变小,声音也变小。

因为人们对声音的大小有不同的心理感受,也因为说话人的声音大小与其情绪有关,在一定程度上是自由、可控的,所以,在人际交往中,说话人如何将声音大小控制在恰当的范围内就成为一个礼仪问题。一般来说,我们说话时,应充分考虑听者听觉的舒适性,恰当控制自己的情绪,尽可能地使自己说话的声音既不太大,也不太小。这样才体现我们对交往对象的尊重。《弟子规》说:"尊长前,声要低;低不闻,却非宜。"① 在尊长面前,说话声音略低,体现你的收敛自制,体现你对尊者、长者的尊敬。但也不要低到让人听不清,尊长听不清你在说什么,显然也是不恰当的。

行政人员在行政管理或行政交往中,无疑应该注意恰当控制自己说话时声音的大小。一般来说,在上级面前,要特别注意说话时声音不要太小;在下级、群众面前,则要特别注意说话时声音不要太大。在上级面前,该你说话时,应该将该说的话大声说清楚,不要慑于"官威"而不敢放声;在下级、群众面前,则不要高人一等,放纵情绪,大声教训或呵斥。总之,应该视交往对象、交往情境的不同而控制说话声音的大小,只有将声音大小控制在恰当的范围内,让听者(听众)感觉舒服,才合乎行政礼仪。

(二)语调的硬与柔

语调,是指说话声音抑扬顿挫的旋律模式,以及说话声音高低、快慢、轻重、停顿等各种形式变化配合的特征。语调有生硬与柔和的区别。生硬的语调,是指声音的高低、快慢、轻重、停顿等各种形式变化配合不好,抑扬顿挫的旋律不流畅、不平滑,给人心理、精神带来不舒适感。柔和的语调则相反,声音高低、快慢、轻重、停顿等变化配合极好,抑扬顿挫的旋律似行云流水,让感觉非常舒服,犹如春风拂面。

语调的生硬与柔和在很大程度上是可控的,是我们每个人可以通过人生经验习得的,也是可以通过专门训练而使之完善的。在人际交往中,我们说话时要考虑到听者的听觉感受,而将说话的声音控制在柔和的范围内,避免生硬。正因为如此,在人际交往中,说话的语调柔和也成为一种礼仪规范,体现我们

---

① 蒋霞编著:《弟子规新说》,南京大学出版社2014年版,第3页。

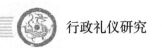

对交往对象的尊重或敬畏。《弟子规》强调,对待父母应"怡吾色,柔吾声"。"柔吾声",即在父母面前说话的语调应柔和,这样才能体现你对父母的孝道,才合乎孝的礼仪规范。

行政人员在行政过程中或行政交往中,如果要体现其对同事或行政相对人的尊重,无疑应该在说话时注意语调柔和,尽量避免生硬。这是行政谈吐礼仪的一项礼仪规范。

(三) 语速的快与慢

语速,即说话的速度,一般以单位时间内(每分钟)说出的字数(音节)表示。语速有快与慢的区别。正常情况下,使用汉语表达意义和传播信息,语速约为每分钟240字,广播电视新闻播音员的语速是在每分钟300字左右。语速的快慢,一方面是由客观因素决定的,如语言表达的情境、人的思维能力和表达能力等;另一方面是由主观因素决定的,如人的情绪、人对语速的自觉控制等。

在人际交往中,语速快慢是一个谈吐礼仪问题。在与人说话时,其语速该快时快,该慢时慢,快慢得宜才合"礼"。所谓得宜,主要在于让交往对象或听者(听众)听得清楚、听得舒服。《弟子规》说:"凡道字,重且舒;勿急疾,勿模糊。"[①] 这就是说,说话时每个字都应该发音清晰、舒展,不要太快,不要模糊不清。说话时充分考虑听者(听众)是否听得清楚、听得舒服,这无疑是尊重听者(听众)的表现,所以是合"礼"的。

行政人员在行政过程或行政交往中说话,也应注意语速的快慢,充分考虑听者(听众)的感受,既不能太快,也不能太慢。太快,让人听不清楚,也让人感觉有失谨慎、从容;太慢,则可能让人觉得你装腔作势、故弄玄虚,故意打"官腔"。

四、说话的措辞

措辞,指说话人为了语言表达的准确、恰当而对词语的选择。在人际交往中,说话的措辞无疑也是一个谈吐礼仪的问题。如果我们要考虑交往对象的心理感受,要体现对交往对象的尊重,要塑造自身彬彬有礼的谈吐形象,就必须在说话时注意措辞。行政人员在行政过程或行政交往中,说话时尤其应该注意措辞,以表达对同事或行政相对人的充分尊重,以塑造自身良好的行政谈吐形象,从而提高行政效率,实现善政。说话的措辞也是一个艺术问题,其中道理

[①] 蒋霞编著:《弟子规新说》,南京大学出版社2014年版,第5页。

颇为复杂,难以尽言。从谈吐礼仪,特别是行政谈吐礼仪的角度来说,主要应该措辞文明,注意使用敬辞、谦辞和委婉语。

(一) 措辞文明

措辞文明,主要是指说话(行文)时选择的词语能被绝大多数人认可和接受(理解),符合人类共同的精神追求,合乎语言的公共(共识性)规范,而不是选择那些非正式的、不符合公共规范的、不被大多数人接受和认可的词语,比如乡村市井中的俚语、粗话、脏话、黑话,以及现代社会的网络用语等。《弟子规》说:"刻薄语,秽污词;市井气,切戒之。"①

(二) 使用敬辞、谦辞和委婉语

敬辞,是向人表达敬意的词;谦辞,则是向人表达谦逊、自谦态度的词。在人际交往中,善于使用敬辞和谦辞无疑可以帮助我们树立良好的谈吐形象,可以帮助行政人员树立良好的行政谈吐形象。

我国汉语常用的敬辞、谦辞大概如下。

1. 敬辞

拜读、拜访、拜见、拜识、拜托、拜会、拜谢、拜望、拜辞(告辞)、拜贺、拜服。

垂爱、垂青、垂问(垂询)、垂念。

大伯、大哥、大姐、大妈、大爷、大人、大驾、大名、大庆、大作、大札(称对方的书信)。

芳龄、芳邻、芳名。

奉达、奉复、奉告、奉还、奉陪、奉劝、奉送、奉赠、奉迎、奉托。

俯察(称对方或上级对自己的理解)、俯就、俯念、俯允。

高见、高就、高龄、高寿、高足、高论。

光顾、光临。

贵干、贵庚、贵姓、贵恙、贵子、贵国、贵校。

恭贺(祝贺)、恭候、恭请、恭迎、恭喜。

华诞、华堂、华翰(称对方的书信)。

敬告、敬贺、敬候、敬请、敬佩(佩服)、敬谢不敏(表示推辞做某件事)。

惠存、惠临、惠顾、惠允、惠赠。

贤弟、贤侄。

---

① 蒋霞编著:《弟子规新说》,南京大学出版社2014年版,第5页。

屈驾、屈就、屈居、屈尊。

雅意、雅正。

玉体、玉音、玉照、玉成。

令爱（媛）、令郎、令亲、令堂、令尊、令弟、令兄、令侄。

2．谦辞

敝人、敝姓、敝校、敝处。

鄙人、鄙见、鄙意、鄙老（老朽）。

卑弁（旧时下级武职对上级的自称）、卑寒（位卑家贫）、卑陋（低矮简陋）、卑职。

小店、小弟、小儿、小女。

不才、不佞、不肖、不敢当。

愚、愚兄、愚老、愚晚、愚怀（谦指己见）、愚见、愚意。

拙见、拙笔、拙著、拙作、拙荆（旧时谦称自己的妻子）。

敢问、敢请、敢烦。

见教、见谅。

家父（家尊、家严、家君）、家母（家慈）、家兄、家姐、家叔。

老朽、老夫、老汉、老拙、老粗、老脸。

晚生、晚学、晚辈。

舍侄、舍弟、舍亲、舍间（舍下）、舍亲。

寒舍、寒门。

贱恙。

过奖、过誉。

后学、后生（后辈学生的谦称）。

犬子、小女。

3．委婉语

委婉语，是指用含蓄、婉转、温和的词语来表达某些事实或思想，以减轻其造成听者（听众）心里不快的程度，以确保人际交往的顺利愉快。委婉语是一种社会文化现象，它出现在人们日常生活的方方面面，反映人们相互尊重、相互包容、相互谅解、相互关心的善良情怀。善于使用委婉语，是人所具有的一种谈吐礼仪修养。行政人员在行政过程或行政交往中善于使用委婉语，体现行政人员的行政谈吐礼仪修养，有利于提高行政效率。

常用委婉语举例如下。

死——牺牲、仙逝、驾鹤西去、逝世。

临死——弥留。

坟墓——阴宅。
拉屎、撒尿——解手、洗手、上厕所、方便。
失业——赋闲。
穷——拮据。
胖——丰满。
瘦——苗条。

第四章 行政过程中的书信、公文与电话礼仪

在行政交往中,信息沟通的方式除了面对面的口头交流(说话),还有不见面的书信(包括电子化的短信和微信)、公文、电话等方式。这些沟通方式存在着诸多礼仪问题,是行政礼仪研究必须关注的内容。

第一节 书信礼仪

书信是一种向特定对象传递信息、交流思想感情的应用文书。书信由笺文、封文两部分构成。笺文,即写在信笺上的文字,包括称呼、问候、述事(论理、叙情)、结尾祝颂等内容,是书信的主体部分。封文,即写在信封上的文字,包括收信人和寄信人的地址、姓名等。书信的各个部分都有一定的礼仪规范,了解这些礼仪规范,可以帮助我们更好地利用书信这一沟通形式,以提高沟通效率(行政效率)。

书信的笺文分为首部、中部和尾部三个部分。笺文首部包括称谓、提称语、启事敬语、开头寒暄语等内容(现代的短信、微信会省略部分内容,比如省略启事敬语和开头寒暄语,甚至省略整个首部内容)。笺文首部相关礼仪规范如下。

一、笺文首部礼仪

(一)称谓

称谓,是写信人对收信人的称呼,一般包括名字、公职位(职务、职称、衔级等)、私关系、尊词等内容。

名字,即一个人的姓名或称号。我国古人有名和字的区分,名是古人出生后不久父母给取的称号,字则是古人成年后取的一个正式称号。成年有正式称号后,朋友等人不能再称呼其名,只能称呼其字。《礼记》说:"幼名,冠字,

五十以伯仲,死谥,周道也。"① 意思是说,年幼称名,成年后称字,50岁以后只能按他的排行称其为伯、仲,死后称其谥号,这是周朝定下的制度。例如,孔子名丘,字仲尼,谥号有"文宣王""至圣文宣王""大成至圣文宣王""至圣先师""大成至圣先师"等。公职位,是一个人在社会组织、公共机构中的职务、职称、衔级等,它代表一个人的社会地位和荣誉,往往成为一个人的称呼。私关系,是指与对方的血缘、亲属关系,区分尊卑长幼,所以也成为一种称呼。尊词,指向对方表达尊敬、爱等情感的词,比如尊敬的、亲爱的、敬爱的先生、大人、老师、君、贤等。

写信时如何称呼对方?我国传统礼仪讲究不能直呼其名,尤其是对尊者、长者。这一礼仪规范在当代社会依然被人们广泛遵循。因此,写信时称呼对方时,较多地使用公职位或私关系,如主席、教授、局长、爸爸、妈妈、大哥;或姓名加公职位,如郑教授、李局长;或姓名加尊词,如王涛先生、希哲老师;或私关系加尊词,如母亲大人、亲爱的弟弟、敬爱的父亲大人;或姓名加公职位加尊词,如尊敬的张局长。一般不单独使用姓名称呼对方。

称谓在书写格式上讲究"顶格",即从信笺最顶端的格子开始书写(竖排),或从信笺的最左边的格子开始书写(横排),不低格(空格)。这是我国书信的传统书写礼仪,称"双抬",在现代书信中仍被普遍遵守。

(二) 提称语

提称语,是用来提高称谓,对收信人进一步表达尊敬和抬举的词语,也有恭请收信人阅览此信的意思。我国传统书信中常用的提称语很多,如尊鉴、赐鉴、钧鉴、青鉴、台鉴、青览、收览、芳鉴、如面、如晤等。② 现代书信大都省略提称语,在称谓后加冒号":"代替提称语,如"希圣老师:"。

(三) 启事敬语

启事敬语(启事敬辞、启辞),是信文中表示开始叙说事理的敬辞。最常见的传统启事敬辞为"敬禀者""敬复者"等,意思是说"我恭敬地禀告的事情如下"或"我恭敬地回复的事情如下"。现代书信大都省略这一礼节,在称呼后即问候、寒暄,即言事理。

---

① 胡平生、张萌译注:《礼记》上,中华书局2017版,第141页。
② 参见彭林《中国古代礼仪文明》,中华书局2013年版,第325页。

（四）开头寒暄

开头寒暄，是在称谓之后、正文之前向收信人表达问候、思念、仰慕等情感的语言，也称"思慕语"。开头寒暄大多从时令、气候、分离时日等客观因素切入，发表感慨，倾吐思念之情，如"分手多日，别来无恙""岁月不居，时节如流""一别累月，思何可支""海天在望，不尽依依""别后萦思，愁肠日转""离别情怀，今犹耿耿""别来良久，甚以为怀""近况如何，念念""前上一函，谅达雅鉴，迄今未见复音，念与时积"等。

现代书信大都以问候语"您好"或"你好"代替开头寒暄，比较简单干脆。但在问候语之后寒暄几句，也同样让人觉得自然亲切，如"时间过得真快，多日不见，甚为思念"之类。

二、笺文中部礼仪

笺文中部，即书信的正文，亦即书信讲述事理的文字。正文讲述事理首先讲究语言通顺、条理清晰、简洁明了。但这主要是一个技术问题，与礼仪关系不大。其礼仪要求主要体现在正文的措辞上，即行文时词语的选择。写信人应根据收信人身份地位的不同，以及本人与收信之间关系的不同，而恰当措辞。

所谓恰当措辞，主要体现为措辞时，充分考虑收信人的感受，给收信人以充分的尊重或尊敬，而不能让收信人感觉被轻视、藐视、蔑视，或被污辱、戏弄、嘲笑、谩骂等。恰当措辞的原则主要有两个方面：①措辞文明；②注意使用敬辞、谦辞和委婉语。这与"说话的措辞"是一致的，本书第三章已有讨论，在此不重复。

书信正文在书写格式上也讲究礼仪（规范），有"平"和"阙"或"平抬"与"挪抬"的处理方式。所谓平或平抬，是指书写时虽未写到信笺尽头却另起一行，与上一行开头平齐书写；所谓阙或挪抬，是指在某个词后空两格或一格书写，而不是连续书写。这是一种表达敬意的方式。书信正文中凡提及父母、祖父母、曾祖、高祖等文字，或与慈颜、尊体、起居、桑梓、坟垄等有关的文字，都可以采取后一种方式来处理。这是我国书信中的传统礼仪规范，大概形成于唐代。近代以后，书信中的平抬方式逐渐减少，但挪抬依然普遍使用。今日，中国台湾和香港、韩国、日本文人写信时，还常用抬的方式表示敬意。①

---

① 参见彭林《中国古代礼仪文明》，中华书局 2013 年版，第 327—328 页。

三、笺文尾部礼仪

笺文尾部，包括结尾应酬语、问候祝颂语、自称、署名、礼告敬辞、时间、地点等内容。这些内容在我国传统书信中普遍存在，在现代书信中仍然存在，只不过其表达的方式较之于传统有所创新。

（一）结尾应酬语

写信与人，说完正事便戛然而止，不顾而去，显得不太礼貌，因此需要再说上一两句客气话，宣布结束叙谈的同时，表达敬意。这一两句客气话，即书信结尾的应酬语，如"因故迟复，请谅""恕不详叙，望早日面谈""乞赐指示，俾便遵循"等。

（二）问候祝颂语

书信结尾除了一两句应酬语，往往还要有问候语和祝颂语进一步表达敬意，如"向你全家问好""祝身体健康""祝你进步""祝你成功"等。这是现代书信中常用的问候语和祝颂语。传统书信中常用的问候语有"春光明媚，想必合家安康""时欲入夏，愿自珍重""赤日炎炎，万请珍重""入秋顿凉，幸自摄卫""汗暑无常，伏维珍重自爱"等；常用的祝颂语有"恭请福安""叩请金安""恭请崇安""敬请福祉""敬颂颐安""敬请教安""敬请教祺"等。祝颂语较为复杂，针对不同的对象有不同的表达方式。现代书信将这一礼节简化了，一律为"此致敬礼"。

另外，祝颂语在书写格式上也讲究礼仪，要求将祝颂语中表达祝颂的词顶格书写。例如，"此致敬礼"中的"敬礼"、"恭请福安"中的"福安"、"敬请教安"中的"教安"等，均须提头顶格书写，以示尊敬。

（三）自称与礼告敬辞

书信结尾必须署名，这无疑是"礼"所当然的；否则，收信人不知道是谁的来信。除此之外，一般还要求在名字前有相应的自称，在名字之后有适当的礼告敬辞。相应的自称和适当的礼告敬辞，主要依据为写信人与收信人之间的关系，两者间的关系不同，其自称与礼告敬辞便应有所不同。长辈给晚辈或上级给下级写信也常常省略自称和礼告敬辞。自称往往有自谦之意，而礼告敬辞则有抬举、尊敬收信人的意味。自称，比如：学生对老师自称"生""小生""受业"，儿女对父母自称"儿""男""女""不孝儿（女）"等。礼告敬辞，比如：对直系尊亲说"谨禀""敬禀""叩禀""叩上"等，对长辈说

"谨上""敬上""拜上""敬启""谨启""谨肃""肃上"等，对平辈说"敬启""谨白"等，对晚辈说"手书""手谕""字""示"等。

书信例1：鲁迅致母亲书。①

母亲大人膝下，敬禀者，日前寄上海婴照片一张，想已收到。小包一个，今天收到了。酱鸭酱肉，略起白花，蒸过之后，味仍不坏；只有鸡腰是全不能吃了。其余的东西，都好的。下午已分了一份给老三去。但其中的一种粉，无人认识，亦不知吃法，下次信中，乞示知。

上海一向很暖，昨天发风，才冷了起来，但房中亦尚有五十余度。寓内大小俱安，请勿念为要。

海婴有几句话写在另一张纸上，今附呈。

专此布达，恭请

金安。

^男树叩上　广平及海婴同叩　一月十六日

书信例2：毛泽东致老师符定一先生书。②

宇澄先生夫子道席：

既接光仪，又获手示，诲谕勤勤，感且不尽。德芳返平，托致微物，尚祈哂纳。世局多故，至希为国自珍。

肃此。敬颂

教安。不具。

受业　毛泽东

书信例3：习近平主席给意大利罗马国立住读学校师生回信。③

雷亚莱校长，各位同学：

你们的来信收到了，看到同学们能用流畅的中文表达自己的所思所

---

① 鲁迅：《母亲大人膝下》，中国青年出版社2019年版，第137页。
② 中共中央文献研究室编：《毛泽东书信选集》，中央文献出版社2003年版，第257页。
③ 新华社：《习近平主席给意大利罗马国立住读学校师生回信》，载《人民日报》第1版，2019年3月19日。

第四章 行政过程中的书信、公文与电话礼仪

想,我很高兴。

你们学校成功开办中文国际理科高中,培养了一批有志于中意友好事业的青年。同学们在信中介绍,通过孔子课堂项目有机会近距离了解中国,看到了世界的广阔与多元文化的价值。这是你们通过学习实践得来的收获。你们立志促进中意青年思想对话和文化交流,促进中意人民友谊,我对此十分赞赏。希望你们做新时代的马可·波罗,成为中意文化交流的使者。

青春总是与梦想相伴而行。你们即将高中毕业,迈入大学校园。愿你们青春正好、不负韶华,都能成就梦想。欢迎你们来华学习和工作,希望中国也能成为你们的圆梦之地。

中华人民共和国主席　习近平
2019 年 3 月 17 日

书信例 4:习近平给牛犇同志的信。①

牛犇同志:

你好!得知你在耄耋之年加入了中国共产党,实现了自己的夙愿,我为此感到高兴。

你把党当作母亲,把入党当成神圣的事情,60 多年矢志不渝追求进步,决心一辈子跟党走,这份执着的坚守令人感动。

几十年来,你以党员标准要求自己,把为人民创作作为人生追求,坚持社会效益至上,塑造了许多富有生命力、感染力的艺术形象,受到人民群众高度评价和充分肯定。希望你发挥好党员先锋模范作用,继续在从艺做人上作表率,带动更多文艺工作者做有信仰、有情怀、有担当的人,为繁荣发展社会主义文艺贡献力量。

顺祝身体健康、生活幸福!

习近平
2018 年 6 月 25 日

---

① 新华社:《习近平给牛犇同志的信》,载《新华每日电讯》第 1 版,2018 年 6 月 27 日。

 行政礼仪研究

四、封文礼仪

封文，即写在信封上的文字。封文主要包括收信人的地址和姓名、寄信人的地址和姓名，以及邮政编码等内容。封文礼仪大致如下。

（一）准确书写收信人的地址和邮编

书信需要通过邮递员之手交到收信人手中。为了确保书信能够及时到达收信人手中，同时也为了减少邮递员的麻烦，写信人首先应该在信封上准确书写收信人的地址及邮政编码。

就我国而言，收信人的地址，如果是城市家庭，一般要写明收信人所在的省（直辖市、自治区）、市（县）、城区、路、街和门牌号码。如果是高层建筑，还应写上室号；如果是农村家庭，则要写明省、县、乡（镇）、村、组；如果是寄往收信人工作单位的，不仅要写上收信人的详细地址，还应写明单位全称和具体部门。此外，应注意书写格式，收信人地址写在信封正面上（或右）半部约四分之一处。

邮政编码（postal code），是一个国家邮政投递区域的专用编号，目的是实现邮件分拣自动化，加快邮件传递的速度。邮政编码于1963年在美国诞生，目前，世界上已有很多国家先后实行邮政编码制度，我国从20世纪80年代开始实行邮政编码制度。因此，信封上除了收信人的地址，还必须准确填写邮政编码。书写邮政编码时应注意，收信人所在地的邮政编码填写在信封正面左上方，收信人的地址写在邮政编码之下；发信人所在地的邮政编码填写在信封正面右下方，发信人的地址写在邮政编码之上。标准信封一般会在应填写邮政编码的地方印有6个方框，写信人应将邮政编码工整地填写在方框内，以方便自动识别。

（二）收信人的姓名、称谓与敬辞

在信封中间部位写收信人的姓名。收信人的姓名应为全名，即姓和名齐全，而且应是收信人正式使用的全名，不能省略，不能写成可能让人错递或错收的非正式称呼，如老王、小杨、大张等。

在收信人姓名后面空两个字的距离，可以写上"同志""先生""小姐"加"收"等字样，或"处长""教授""博士"等称呼加"收"字，也可以不写。注意：信封上不要使用写信人对收信人的私关系称谓，这是因为信封主要是给投递员看的，如写上"×××伯父收""××爷爷收"等，有可能引起投递员的不悦。

第四章 行政过程中的书信、公文与电话礼仪

我国传统封文书写，也讲究在姓名、称谓之后使用一些表达尊敬的词语，如"俯启""赐启"等，表示请求对方开启信封。俯启，有显示对方高大，必须俯下身来开启信封的意思。赐启，是请对方赏光、恩赐启封的意思。

（三）寄信人的地址和姓名

寄信人的地址和姓名必须写在信封上，当由于某种原因这封信不能寄达收信人时，邮局需要根据此信息退还所寄信件。所以，"本市王寄""内详"之类做法不可取。寄信人的地址、姓名写在信封的下半部靠右处，在姓名后往往写一个"缄"字。缄，封的意思。在寄信人的地址、姓名之下靠右处须工整填写邮政编码，这样做主要是告诉收信人你的邮政编码，以方便对方回信时使用。

上述情况主要针对邮政信件。若是托人捎带的信件，则可以在信封上方偏左的地方，视具体情况写上"请交""烦交"等字样。若捎信人熟悉收信人的地址，则不必写出收信人的地址。写信人的地址一般也省略，只写"××托""×××拜托"即可。

第二节　公　文　礼　仪

公文，即公务文书，亦即公务活动的文书形式，或文书形式的公务活动。公文有广义和狭义之分。广义上的公文，泛指各种机关、社会团体、企事业单位等在各自的公务活动中形成的各种类型的应用文书。狭义上的公文，特指公共行政过程中的法定公文，是党政机关依法实施领导、履行职能、处理公共事务的具有特定效力和规范体式的文书。① 本书公文主要指狭义上的公文。

公务活动需要礼仪规范，所以公文也有礼仪。公文礼仪实质上是公文作者（发文机关）对公文读者（受文机关及相关人员或公民个体）和公共权威（法定权威）的尊重与敬畏问题。公文礼仪主要体现在公文的格式规范、行文规则和措辞等方面。

一、公文格式规范中的礼仪

公文格式，即公文的规格样式，主要指公文外形构成的组织与安排，以及书写、字体、用纸规格等，即公文的整体格局和外部组织形式，是公文严肃性、规范化、标准化的重要标志，也是公文的法定权威性和约束力在形式上的

---

① 参见《党政机关公文处理工作条例》（中办发〔2012〕14号），2012年7月1日起施行。

体现。公文的格式规范,即有关公文格式的规定和要求,包括公文格式的构成规范、排版规范和特定格式规范三方面内容。

我国现行的法定公文有 15 种:决议、决定、命令(令)、公报、公告、通告、意见、通知、通报、报告、请示、批复、议案、函、纪要。现行法定公文包含 18 个构成要素:份号、密级和保密期限、紧急程度、发文机关标志、发文字号、签发人、标题、主送机关、正文、附件说明、发文机关署名、成文日期、印章、附注、附件、抄送机关、印发机关和印发日期、页码。① 公文格式规范中的礼仪主要可以从以下三个方面来理解。

(一) 红头文件

公文文字颜色大都为黑色,但版头部分的发文机关标志、版心与版头及版记的分隔线、发文机关印章和签发人的签名章等,均为红色。所以,老百姓称公文为"红头文件"。红色,醒目、美观、庄重,彰显党政机关的严肃性和权威性,也代表发文机关和受文机关及社会公众对公共权威的尊重和敬畏。

将红色与权威联系在一起,也可以说是我国历史上长期形成的一种文化心理。我国古代皇帝批阅臣工的奏折用朱笔(蘸红色的毛笔),称"朱批谕旨",简称"朱批"。老师批阅学生的作业,用红笔。文人评校书籍,也用红笔在书页上写批语。因此,人们普遍认为,红色字体是权力(权威)的象征,一般性文字或私人性文字不会使用红色书写,随便用红色书写也有失礼仪。

(二) 白纸黑字

"白纸黑字"是一个汉语成语,意思是白纸上写着黑字,证据确凿,不容置疑。公文用纸一般为白色,即"白纸";而文字颜色除"红头"外,为黑色,即"黑字"。之所以用白纸黑字,一方面是因为黑白分明,易于辨认,显得庄重大气,体现公文作者对公文读者的尊重;另一方面则是彰显公权的可信,体现公文作者的诚信和担当。

我国《党政机关公文格式》(国家标准 GB/T 9704—2012)对公文用纸、文字颜色、字体字号等有明确的规定。例如:"公文用纸一般使用纸张定量为 60g/㎡～80g/㎡ 的胶版印刷纸或复印纸。纸张白度 80%～90%,横向耐折度 ≥15 次,不透明度≥85%,pH 值为 7.5～9.5。""公文用纸采用 GB/T 148 中规定的 A4 型纸,其成品幅面尺寸为:210mm×297mm。""公文用纸天头(上

---

① 参见《党政机关公文处理工作条例》(中办发〔2012〕14 号),2012 年 7 月 1 日起施行;《党政机关公文格式》(国家标准 GB/T 9704—2012),2012 年 7 月 1 日起施行。

白边）为 37mm±1mm，公文用纸订口（左白边）为 28mm±1mm，版心尺寸为 156mm×225mm。""公文格式各要素一般用 3 号仿宋体字。""一般每面排 22 行，每行排 28 个字，并撑满版心。""如无特殊说明，公文中文字的颜色均为黑色。""黑色油墨应当达到色谱所标 BL100%。"

（三）主送顶格

主送，即主送机关，指公文的主要受理机关。公文书写或排版时，一般要求将主送机关编排于标题下空一行位置，居左顶格。将主送机关居左顶格，代表公文作者（发文机关）对公文读者（受文机关）的尊重、尊敬，也代表公文作者对公权力的敬畏。

居左顶格是我国传统文书中抬头礼制的革新。所谓抬头礼制或抬头制度，是指在缮写文书时，将特定的词句或空一至数格，或另起一行平格，或另行高出数格书写，以示尊敬。其中，采用空格书写的，称为"空抬"；另起一行平格书写的称为"平抬"；另起一行高出一格书写，称"单抬"；高出两格书写，称"双抬"；高出三格书写，称"三抬"。文书中的抬头制度大概始于秦代，秦代文书中的"皇帝""始皇帝""成功盛德"等词，皆提行抬写。此后，汉、魏、唐、宋、明、清历代皆沿袭文书抬头制度，明清时期的文书抬头制度尤为繁复。例如，清道光二十九年（1849）的《科场条例》甚至对科举考试试卷的抬头格式做了详细规定："祖、宗、列圣、世德、圜丘、方泽、宗庙俱系三抬字样，敬谨书写。圣天子、圣主、一人……圣谟、圣训、帝德、圣朝……以上俱系双抬字样，谨略举其概，行文时各宜检点。朝廷、国朝、国家、龙楼……以上俱系单抬字样。"[①]

封建社会文书的抬头制度体现对皇帝的尊敬、对封建皇权的敬畏，是封建等级观念的反映。这无疑是一种陈旧的、腐朽的礼仪制度，今天不可能继续沿用。但人与人之间，以及人与组织之间、组织与组织之间的相互尊敬，以及人和组织对法定权威的敬畏，是合理的，值得继承。所以，我国现行公文仍然要求将主送机关居左顶格，以示礼敬。居左顶格虽然与抬头制度在形式上相同或相似，但在内涵上完全不同，它不再是封建等级观念的反映，不再是表达对封建皇帝、皇权的尊敬和敬畏，而是现代平等观念的反映，表达公共组织、公务人员相互尊重、尊敬，以及对法定的公共权力（公共权威）的敬畏。

---

① 参见冯惠玲《我国封建社会文书抬头制度》，载《历史档案》1985 年第 1 期，第 126—131 页。

二、公文行文规则中的礼仪

公文行文，即公文制作与传递的行为。公文行文有规则，不可随便。公文行文规则中蕴含着公文作者对公文读者的尊重，以及对法定权力（公共权力）的敬畏，这是公文行文的礼仪所在。所以，公文行文规则也是公文行文的礼仪规范。

我国现行法定公文的行文规则主要如下。

（一）总体要求

(1) 行文应当确有必要，讲求实效，注重针对性和可操作性。

(2) 根据隶属关系和职权范围确定行文关系。

(3) 逐级行文，一般不得越级行文，若遇特殊情况需要越级行文，应当同时抄送被越过的机关。

（二）上行文规则

(1) 主送一个上级机关，原则上要根据需要，同时抄送相关上级机关和同级机关，不抄送下级机关。

(2) 党委、政府的部门向上级主管部门请示、报告重大事项，应当经本级党委、政府同意或授权；属于部门职权范围内的事项，应当直接报送上级主管部门。

(3) 下级机关的请示事项，若需要以本机关名义向上级机关请示，应当提出倾向性意见后上报，不得原文转报上级机关。

(4) 请示应当一文一事，不得在报告等非请示性公文中夹带请示事项。

(5) 除上级机关负责人直接交办的事项，不得以本机关名义向上级机关负责人报送公文，亦不得以本机关负责人名义向上级机关报送公文。

(6) 受双重领导的机关向一个上级机关行文，必要时抄送另一个上级机关。

（三）下行文规则

(1) 主送受理机关，根据需要抄送相关机关。重要行文应当同时抄送发文机关的直接上级机关。

(2) 党委、政府的办公厅（室）根据本级党委、政府授权，可以向下级党委、政府行文，其他部门和单位不得向下级党委、政府发布指令性公文或者在公文中向下级党委、政府提出指令性要求。

(3) 须经政府审批的具体事项，经政府同意后可以由政府职能部门行文，文中须注明已经政府同意。

(4) 党委、政府的部门在各自职权范围内可以向下级党委、政府的相关部门行文。

(5) 涉及多个部门职权范围内的事务，部门之间未协商一致的，不得向下行文；擅自行文的，上级机关应当责令其纠正或者撤销。

(6) 上级机关向受双重领导的下级机关行文，必要时抄送该下级机关的另一个上级机关。

（四）非隶属机关之间行文的规则

(1) 同级党政机关、党政机关与其他同级机关必要时可以联合行文。
(2) 属于党委、政府各自职权范围内的工作，不得联合行文。
(3) 党委、政府的部门依据职权可以相互行文。
(4) 部门内设机构除办公厅（室）外不得对外正式行文。

三、公文语言中的礼仪

语言是公文的基本要素。公文语言是公文中使用的语言，是语言在公文中的运用。公文语言因其应用领域和应用目的的特殊性，逐步形成了自身的特点，或者说，逐步形成一种特殊语体——公文语体。公文语体（语言）的特点可以概括为准确、简明、朴实、庄重。① 实际上，这既是公文语言的特点，也是对公文语言的规范和要求。对公文语言的规范和要求，是对公文作者语言行为的规范和要求，也就是一种礼仪。

（一）准确

公文语言必须是准确的，只有准确才能保证公文读者对公文的理解是正确的，才能保证发文机关与受文机关之间的沟通是有效的，才能确保行政效率的实现。公文语言的准确，一方面，要求对客观事物或客观事实的反映和描述是准确的，而不是错误的、片面的、歪曲的；另一方面，要求对发文机关意图的表达是准确的，而不是模糊的、不确定的、有歧义的。

公文语言是否准确，首先取决于公文作者的语言技术或语言能力。公文作者对语词、语法、语言逻辑等的理解和把握，是公文语言准确的基本条件。同时，也取决于公文作者的态度。公文作者制作公文时是否严肃、认真，是否尊

---

① 参见冯春、祝伟、淳于淼泠主编《公文写作》，北京大学出版社 2015 年版，第 22—26 页。

重公文读者，是否对公共权威有所敬畏，等等，是公文语言准确的重要条件。

（二）简明

简明，即简单明了。公文语言应该是简单的，而不是深奥、复杂的；公文语言应该是明了的，把话说明白，让公文读者一目了然，而不应该拐弯抹角，令人费解。简单是为了明了，而要明了就必须尽可能简单。

公文语言要做到简明，主要应该注意以下四个方面：①慎用或尽可能少用多义词或易产生歧义、误解的词，不得已需要使用某个多义词，或容易产生歧义、误解的词，应该做必要的解释或说明；②尽量使用短句和较为精练的词语，可以适当采用文言词语；③多用词语的基本义，少用词语的引申义或比喻义；④适当使用约定俗成的缩略语，如"十一届三中全会""三个代表""四项基本原则"等。有些事物名称较长，在公文中重复出现，又尚未约定为缩略语，则可以在公文中第一次出现时用全称，然后用括号注明简称（缩略语），继而再次出现时使用缩略语。

（三）朴实

公文语言应该是朴实的，即平直自然，无渲染，无矫揉造作，无夸饰。这主要有两个具体要求：①慎用形容词、修饰语。公文基本不用夸张、婉曲、双关、反语等修辞手段，所以极少使用形容词和修饰性语言，即使使用也是极为谨慎的，因为形容词、修饰语容易使公文语言变得复杂、模糊。②实话实说，直截了当。公文不像文学作品那样需要铺陈、渲染，需要运用曲笔含蓄达意。公文需要的是开门见山，直述事实，直陈意见，直提要求，力戒说假话、说大话、说空话。所以，公文一般都在开头讲清缘由后，即分条列项，直接分述有关内容。

（四）庄重

公文语言应该是庄重的，即端庄、郑重、严谨。公文中不能使用戏谑语，不追求诙谐、幽默，一般不使用口语、方言、俚语、网络用语等。公文语言的庄重主要体现在以下三个方面。

1．客观、理性

公文代表发文机关说话，或者说代表公共权力和公共利益说话，而不是代表任何个人或个人利益说话。所以，公文的叙述、阐释、评价都应该是客观的、理性的，不带有个人感情色彩。

2. 使用规范化的书面语言

公文语言必须准确、简明、朴实，这决定了只能使用规范化的书面语言，其他语言，如口语、方言等是做不到的。

3. 使用公文专用语

公文专用语是人们在长期的公文写作实践中形成和使用的相对固定的、十分简洁的语言。它保留有某些古汉语的特色，能使公文获得言简意赅的效果。公文专用语主要有以下四类。

（1）称谓用语，包括自称用语，如我省、我局、我地、本公司、本企业、本人等；对称用语，如贵市、贵公司、你厂、你校等；他称用语，如该市、该地区、该局、该厂、该员等。

（2）领起用语，指居于段落之首，起带出主要内容作用的用语。常用的有"全会认为""大会审议了""会议强调指出""代表们一致认为""国务院要求""党中央号召"等。

（3）承启用语，指出现在公文开头（前言、导语）部分结束、主体部分之前的位置，起承上启下作用的过渡性语言。常用的有"特作如下通知""现就这项工作的开展提出如下建议""特命令你们""现将有关情况报告于后"等。

（4）结尾用语，指公文结尾时表示收束、祈请、指示、强调的用语，如"以上各项希各地遵照执行""以上规定希各有关方面切实贯彻""当否，请批复""以上意见如无不妥，请批转各地执行""特此通知""望予函复"等。

第三节 电 话 礼 仪

电话，是一种借助电流传送和接受声音的远程通信设备。电话是美国人A．G．贝尔于1876年发明的。早期电话主要是有线的固定电话，今天的电话除了有线固定电话，还有无线移动电话。电话礼仪，指人们在使用"电话"这种通信设备进行信息交流时所表现出来的相互尊重，以及对其他在场人尊重的方式。或者说，人们在使用电话这种通信设备时，应该遵循的体现相互尊重以及对其他在场人尊重的行为规范。行政人员在行政过程中为了提高行政效率，无疑会大量地使用电话，行政人员在使用电话的过程中无疑也应该遵循一定的礼仪规范，即电话礼仪。行政人员的电话礼仪与普通社会公众的电话礼仪没有太大差别，主要有以下七个规范。

一、及时接听

你的电话响了,意味着有人请求与你通话,你应该尽可能地及时接听。及时接听,体现了你对来电人的尊重。行政人员在工作时间及时接听工作电话,还体现了其对本职工作的尽责和热爱。相反,如果故意拖延,则反映你对来电人的怠慢。行政人员如果故意拖延,还反映其对本职工作的冷漠和亵渎。

及时接听,一般指电话铃响三声以内接听。如果电话响时,你确因手头正忙,未能在三声以内接听,则你在接听电话后应首先向对方道歉,说:"对不起,刚才正有事,未能及时接听您的电话!"或者,因为太长时间未接听,对方已挂断,则应尽快根据来电显示给对方回电话。回电话时,同样应先向对方道歉,说明原因。迟接或未接电话而不道歉、不回电话,会显得你傲慢无礼。相反,如果你道歉,及时回电话,则会给人以谦虚、自律而彬彬有礼的印象。

二、慎打电话

主动给人打电话,不管是给上级、长辈,还是给下级、平辈或晚辈,都应该谨慎,不可随意。因为电话打过去,一定会给对方造成惊扰,会影响对方正在进行的工作或休息。这种谨慎,体现了你的自律,体现了你对他人的尊重。

谨慎,一方面,要认真考虑是否应该或是否有必要给对方打这个电话。如果没必要或不应该,那就坚决不打;另一方面,要考虑打电话的时机是否合适。比如晚上9点以后的休息时间,中午午休时间,用餐时间,或明知对方正在参与重要会议、重要活动的时间等,这些时间是不宜轻易打扰的。如果时机不合适,那也尽量不要给人打电话,除非有非常紧急的事情,或事先与对方有约定。

三、勿碍旁人

打电话时除了要考虑电话对方的感受,对电话对方有礼,还要考虑你近旁人的感受,应尽量不妨碍旁人。不妨碍旁人,体现了你的自律,也体现了你对他人的尊重,体现了你的礼仪修养。

不因打电话而妨碍旁人,主要体现在以下两个方面。

(1)尽量不在有他人在场时使用电话。这主要是指使用移动电话。一般来说,如果你在与人见面谈事,或开会,或参加重要活动时,应关闭移动电话(手机)或设置为静音,而不主动使用电话。如果有重要电话打进来,不得已必须接听,则应向在场人道歉,说明原因后,找一个尽可能避开其他人的位置通话。通话应尽可能在最短的时间内结束,然后回到原来位置。如果电话确需较长时间，则应向电话对方说明情况，稍后再通电话，尽量不要让在场的人等你太长时间。另外，如果置身于人口拥挤、密集的场所，也尽量不要使用电话，尤其不要主动打电话。

（2）不要大声通话。不得已在有他人在场的情况下打电话，则应尽量控制自己的声音，不要大声通话，不要让你的声音惊扰到你近旁的人。

四、主动问好

问好或问候，是一种关怀和祝愿，体现了你对交往对象的尊重和敬爱。在人际交往中，彼此问好或问候，是一种重要且普遍奉行的礼仪规范。不过，在不同时代、不同文化背景，人们彼此问候、问好的语言表达可能是不一样的。我国较普通的问候语有"别来无恙""一向可好""你（您）好""忙吗""忙啥呢""你吃了吗"等。今天人们用得最多的是"你好"或"您好"。

打电话也是一种人际交往的方式，无疑也应该彼此问候，以体现相互间的尊重和敬爱。但打电话时，双方不见面，开始时不知道对方是谁，人们不习惯向陌生人问好，所以只是"喂"一声来"喂"一声去，然后开始说话。这样显然不妥，不合礼仪，双方也多少感觉尴尬。打破僵局的办法只能是主动问候，学会并习惯向陌生人问好，用"你好"或"您好"代替"喂"。无论主叫或被叫，也无论是熟人还是陌生人，当电话接通时主动向对方问好，是最为妥当的，也是最合乎礼仪的行为。

五、自报家门

自报家门，本意是指某些戏曲演员一出场就把角色的名姓、家世、来历介绍给观众，现用来比喻人们在初次交往时做自我介绍。打电话因为互不见面，所以在打招呼、问候之后，即应"自报家门"，告诉对方你是谁。如果是不熟悉的人，还应该告诉对方与交往（打电话）目的有关的其他信息，如职务等。这种自报家门应该是相互的，但主叫方应该率先主动，随后被叫方也应该告诉对方你是谁，并做必要的自我介绍。

告诉对方你是谁和你的相关信息，可以让对方在最短的时间内明白交往的目的，从而做合理的、恰当的应答，而不至于做不妥当的回答，流露不应该流露的信息，浪费时间还可能造成尴尬。所以，主动自报家门，体现对交往对象的尊重，是合乎礼仪的行为。反之，让人"猜猜你是谁"是不礼貌的行为。

六、热情友好

在人际交往中，我们应该待对方热情友好，这是一条基本的礼仪规范。无缘无故冷淡对方，或恶声恶气、脸色难看，是不合礼仪的行为。在电话交往中，双方不见面，但同样应该通过你的声音行为表现你的热情友好。如何在电话交往中表现你的热情友好？除了上述及时接听、主动问好、自报家门外，还应注意以下四个方面。

（1）打电话时坐立端正。人们在面对面交往时，坐、立都应该端正，这才合"礼"。但打电话时彼此不见面，看不到对方的姿态，为什么要求端正？这是因为坐立端正可以促使你集中注意力，可以保证你情绪饱满，可以让对方从你的声音中感受到你的热情。相反，如果你坐立不端正，让身体处在一种较为懒散放松的状态，你的情绪、注意力都将受到影响，而这些也会很自然地通过你应答时的语言组织、语气和声音特征传达给对方，对方很可能会感受到你对他的怠慢。

（2）声音柔和而有力度。打电话时应特别注意，你的声音应该柔和有力。声音柔和，说明你有耐心，说明你愿意与对方说话。如果声音生硬、仓促，说明你不耐烦，不情愿与对方交流。声音有力，说明你注意力集中，说明你情感"在线"。如果你说话底气不足，有气无力，软绵绵的，对方一定会感受到你的敷衍。

（3）保持微笑。人际交往中，你的热情也往往体现在你的微笑上。所以，保持微笑也是一种礼貌。电话交往中，对方看不到你的微笑，为什么还要保持微笑？这是因为微笑实际上是可以通过你的声音传递给对方的。经验告诉我们，我们保持微笑时，情绪一定是爽朗的，即使情绪本来不好，也会变得爽朗一些，而我们的情绪一定会影响到我们的声音，我们的爽朗的情绪一定会使我们的声音变得悦耳动听一些。相反，如果我们的情绪不好，也一定会在我们的声音中有所流露。

（4）尽量满足对方的合理求助。热情友好不仅仅体现在语言和表情上，也体现在行动上，表示愿意或乐意帮助对方。在电话交往中，对方可能会对你有所求助，比如请你帮忙叫办公室其他人或附近的某个人接电话，或请你转告某人某事，或向你咨询某件事情，等等。这种求助是合乎情理的，我们每个人都可能遇到，也可能向对方求助，所以不管对方是我们熟悉的人还是陌生人，都应该尽可能地满足对方的要求。当然，如果对方的求助超越了情理界限，是你所不能做或做不了的事，则可以婉言拒绝。

七、述事简洁

在人际交往中，说话给对方听（述事）应该尽可能简洁。珍惜对方的时间，实际上就是尊重对方。因此，述事简洁也是一种礼节。电话交往尤其如此，因为打电话不仅占用对方的时间，还占用与电话有关的公共资源。另外，打电话比面谈更累人，更容易使人疲劳。所以，在电话交往中，不管你是主叫还是被叫，都应该尽可能述事简洁。主要应注意以下三个方面。

（1）想好了打，听清了说。怎样做到述事简洁？最关键的是"想好了打，听清了说"。如果你是主叫，应在打电话前考虑好自己想说的话，理清思路，"删除"不该说、不必说的话。如果你是被叫，应先仔细听对方说话，理解对方的意图，等对方说完后再回应对方，说对方想知道的事，不说对方不想知道、不感兴趣的事。切忌还没想好怎么表述，就匆忙给对方打电话；或还没明白对方的意思，甚至对方话还没说完，就匆忙回应对方。

（2）不在电话里闲聊。打电话时简单的问候、寒暄是必要的，但无关正事的闲聊就不必了。闲聊起来没完没了，对方未必乐意，极可能是勉强陪你聊，更重要的是浪费时间、占用资源。要确保述事简洁，不闲聊是一项重要规则。

（3）不在电话里讨论复杂问题。复杂问题往往需要长篇大论，一般不宜在电话里讨论。不得已需要在电话里讨论较复杂的问题，比如开电话会议，应先跟对方商量，征得对方同意，约定好时间。打电话时，贸然提出一个复杂的问题与对方讨论，是不尊重对方的表现，是不合礼仪的行为。

第五章　行政见面礼仪

在社会生活中，见面是一种重要的交往方式。见面一般会涉及称呼、寒暄、介绍、握手、交换名片等礼仪问题。行政人员在行政过程中当然也会与人见面，我们将其称之为行政见面。行政见面时，行政人员应该遵循怎样的礼仪规范？这是本章所要讨论的主要问题。

第一节　称　　呼

见面遇到的第一个问题是如何称呼对方。称呼主要由交往双方的关系（如亲缘关系、业缘关系、学缘关系、地缘关系等）、交往对象的身份和地位（如年龄、性别、职务、职衔等）、约定俗成的敬辞和谦辞等因素决定。合"礼"的称呼意味着对交往双方关系及交往对象身份、地位的承认和重视，意味着对交往对象的尊敬。行政人员主要面临的是行政系统内部成员之间的称呼问题，但同样面临对主要亲属的称呼问题，以及对一般社会成员的称呼问题。

一、对主要亲属的称呼

亲属，指与自己有血缘关系、姻缘关系及扶养关系等法定关系的人。主要亲属则是指与自己关系较近的亲属，一般指上下五代（"五服""九族"）以内的亲属。主要亲属包含人们常说的"家人"，即饮食起居经常在一起的人。"家人"的边界较为模糊。

对主要亲属的称呼，主要指自己如何直接称呼主要亲属（即"对称"），但也涉及主要亲属如何称呼自己（即"自称"），以及如何向他人称呼自己的主要亲属（谦称），如何向他人称呼他人的主要亲属或他人如何称呼我的主要亲属（敬称）等问题。我国有关主要亲属的称呼见表5-1，对两个以上主要亲属的合称见表5-2，民间对主要亲属的不同称呼见表5-3。

表5-1　有关主要亲属的称呼

主要亲属	对称	自称	谦称	敬称
父亲	父亲（爸）	儿子、女儿	家父（家严）	令尊
母亲	母亲（妈）	儿子、女儿	家母（家慈）	令堂
父亲再妻	继母（妈）	继子（女）	家继母（家慈）	令堂
母亲再夫	继父（爸）	继子（女）	家继父（家严）	令尊
父亲的兄（嫂）	伯父（母）	侄、侄女	家伯父（母）	令伯（伯母）
父亲的弟（弟妇）	叔父（叔母、婶母、婶娘）	侄、侄女	家叔父（母）	令叔（叔母）
父亲的姐妹	姑母（姑妈）	内侄（侄女）	家姑母	令姑母
父亲姐妹的丈夫	姑父（姑爷）	内侄（侄女）	家姑父	令姑父
父亲的堂兄（嫂）	堂伯父（伯母）	堂侄（侄女）	家堂伯父（母）	令堂伯（伯母）
父亲的堂弟（弟妇）	堂叔父（叔母、婶母）	堂侄（侄女）	家堂叔父（母）	令堂叔（叔母）
父亲的堂姐妹	堂姑母（姑妈）	内堂侄（侄女）	家堂姑母	令堂姑母
父亲堂姐妹的丈夫	堂姑父	内堂侄（侄女）	家堂姑父	令堂姑父
父亲的表兄（嫂）	表伯父（伯母）	表侄（侄女）	家表伯父（母）	令表伯（伯母）
父亲的表弟（弟妇）	表叔父（叔母）	表侄（侄女）	家表叔父（母）	令表叔（叔母）
父亲的表姐妹	表姑母（姑妈）	表侄（侄女）	家表姑母（姑妈）	令表姑（姑妈）
父亲表姐妹的丈夫	表姑父	表侄（侄女）	家表姑父	令表姑父
父亲的父亲	祖父（爷爷）	孙儿（女）	家祖父	令祖
父亲的母亲	祖母（奶奶）	孙儿（女）	家祖母	令祖母
父亲的伯父（母）	伯祖父（母）	侄孙儿（女）	家伯祖父（母）	令伯祖（祖母）
父亲的叔父（母）	叔祖父（母）	侄孙儿（女）	家叔祖父（母）	令叔祖（祖母）
父亲的姑父（母）	姑爷爷（奶奶）	内侄孙儿（女）	家姑祖父（母）	令姑祖父（母）
父亲的舅父（母）	舅爷爷（奶奶）	外孙（女）	家舅祖父（母）	令舅祖父（母）

续表 5-1

主要亲属	对称	自称	谦称	敬称
父亲的姨父（母）	姨爷爷（奶奶）	姨外孙（女）	家姨祖父（母）	令姨祖父（母）
父亲的祖父（母）	曾祖父（母）	曾孙（女）	家曾祖父（母）	令曾祖（祖母）
父亲的伯祖父（母）	曾伯祖父（母）	曾侄孙（女）	家曾伯祖父（母）	令伯祖（祖母）
父亲的叔祖父（母）	曾叔祖父（母）	曾侄孙（女）	家曾叔祖父（母）	令叔祖（祖母）
母亲的兄弟（嫂、弟妇）	舅父（舅妈、舅母）	外甥（女）	家舅父（舅母）	令舅父（舅母）
母亲的姐妹（姐丈、妹夫）	姨母、姨妈（姨父）	姨外甥（女）	家姨母（姨父）	令姨母（姨父）
母亲的堂兄弟（嫂、弟妇）	堂舅父（舅母）	堂外甥（女）	家堂舅父（舅母）	令堂舅父（舅母）
母亲的堂姐妹（姐丈、妹夫）	堂姨母、堂姨妈（姨父）	堂姨外甥（女）	家堂姨母（姨父）	令堂姨母（姨父）
母亲的表兄弟（嫂、弟妇）	表舅父（舅母、舅妈）	表外甥（女）	家表舅父（舅母）	令表舅父（舅母）
母亲的表姐妹（姐丈、妹夫）	表姨母、表姨妈（姨父）	表姨外甥（女）	家表姨母（姨父）	令表姨母（姨父）
母亲的父（母）	外祖父、外公（外祖母、外婆、姥姥）	外孙	家外祖父（母）	令外祖父（母）
母亲的伯父（母）	外伯祖父（母）	外侄孙（女）	家外伯祖父（母）	令外伯祖父（母）
母亲的叔父（母）	外叔祖父（母）	外侄孙（女）	家外叔祖父（母）	令外叔祖父（母）
母亲的姑父（母）	外姑祖父（母）	外侄孙（女）	家外姑祖父（母）	令外姑祖父（母）
母亲的姨父（母）	外姨祖父（母）	外姨孙（女）	家外姨祖父（母）	令外姨祖父（母）
我的兄弟	兄（哥哥）、弟	弟、兄、妹、姐	家兄、舍弟	令兄、令弟

续表 5-1

主要亲属	对称	自称	谦称	敬称
我兄弟的妻子	嫂、弟妇（弟媳）	夫弟（兄、妹、姐）	家嫂、舍弟妇	令嫂（尊嫂）、令弟妇
我兄弟妻子的父母	姻家父（母）	姻家侄	家姻翁（母）	令姻翁（母）
我的姐妹	姐、妹	弟、兄、妹、姐	家姐（家姊）、舍妹	令姐、令妹
我姐妹的丈夫	姐（妹）丈（夫）	弟、兄、妹、姐	家姐丈、舍妹夫	令姐丈、令妹夫
我姐妹丈夫的父母	姻家父（母）	姻家侄	家姻翁（母）	令姻翁（母）
我的堂兄弟	堂兄（嫡兄）、堂弟（嫡弟）	堂弟（兄、妹、姐）	家堂兄、舍堂弟	令堂兄、令堂弟
我堂兄弟的妻子	堂嫂、堂弟妇	夫堂弟（兄、妹、姐）	家堂嫂、舍堂弟妇	令堂嫂、令堂弟妇
我的堂姐妹	堂姐、堂妹	堂弟（兄、妹、姐）	家堂姐、舍堂妹	令堂姐、令堂妹
我堂姐妹的丈夫	堂姐（妹）丈（夫）	内堂弟（兄、妹、姐）	家堂姐丈（夫）、舍堂妹夫	令堂姐丈（夫）、令堂妹夫
我的表兄弟	表兄（弟）	表弟（兄、妹、姐）	家表兄、舍表弟	令表兄（弟）
我表兄弟的妻子	表嫂、表弟妇	表弟（兄、妹、姐）	家表嫂、舍表弟妇	令表嫂、令表弟妇
我的表姐妹	表姐（妹）	表弟（兄、妹、姐）	家表姐、舍表妹	令表姐、令表妹
我表姐妹的丈夫	表姐（妹）丈（夫）	表弟（兄、妹、姐）	家表姐丈、舍表妹夫	令表姐丈、令表妹夫
我的妻子	妻	夫	我爱人（拙荆、内人）	尊夫人

续表 5-1

主要亲属	对称	自称	谦称	敬称
妻子的父（母）	岳父（母）	女婿	家岳父（母）	令岳父（母）
我的丈夫	夫	妻	我爱人（先生）	尊先生（夫）
丈夫的父（母）	公公（婆婆）	儿媳	家公、家翁（婆）	令公、令翁（婆）
我的儿子	儿子	父亲、母亲	小儿、犬子	令郎
我的女儿	女儿	父亲、母亲	小女	令媛、令爱
儿子的妻子	儿媳	父亲、母亲	小媳	令媳
女儿的丈夫	女婿	父亲、母亲	小婿	令婿
儿子的岳父母	亲家、姻翁（姆）	姻弟、姻室		
女儿的公婆	亲家、姻翁（姆）	姻弟、姻室		

表 5-2　对两个以上主要亲属的合称

合称对象	合称	谦称	敬称
祖父与孙子（女）	公孙	愚公孙	贤公孙
父亲与母亲	父母	家父母	令（尊）父母
父亲与儿子	父子	愚父子	贤父子（贤乔梓）
父亲与女儿	父女	愚父女	贤父女
父亲与长兄	父兄	家父兄	令父兄
母亲与儿子	母子	愚母子	贤母子
母亲与女儿	母女	愚母女	贤母女
叔父与伯父	叔伯	家叔伯	令叔伯
叔父伯父与侄儿侄女	叔侄	愚叔侄	贤叔侄（贤竹林）
公公与婆婆	公婆（翁姑）	家公婆（翁姑）	令公婆（翁姑）
阿公与媳妇	翁媳	愚翁媳	令翁媳
婆婆与媳妇	婆媳	愚婆媳	令婆媳
岳父（母）与女婿	翁婿	愚翁婿	贤翁婿
舅父（母）与外甥	舅甥	愚舅甥	贤舅甥
哥哥与弟弟	兄弟	愚兄弟	贤兄弟（贤昆玉）

续表 5-2

合称对象	合称	谦称	敬称
哥哥与嫂嫂	兄嫂（哥嫂）	家兄嫂	令兄嫂
丈夫与妻子	夫妻（夫妇）	愚夫妇	贤夫妇（贤伉俪）
兄妻与弟妇	妯娌	愚妯娌	贤妯娌（贤娣姒）
哥哥与妹妹	兄妹	愚兄妹	贤兄妹
姐姐与弟弟	姐弟	愚姐弟	贤姐弟
姐姐与妹妹	姐妹（姊妹）	愚姐妹	贤姐妹
哥哥与姐姐	兄姐	家兄姐	令兄姐
弟弟与妹妹	弟妹	舍弟妹	令弟妹
弟弟与嫂嫂	叔嫂	愚叔嫂	贤叔嫂
姐（妹）与嫂（弟媳）	姑嫂	愚姑嫂	贤姑嫂
姐妹的丈夫	连襟（娅婿）	愚连襟	贤连襟
兄弟与姐妹的丈夫	郎舅	愚郎舅	贤郎舅
儿子与女儿	子女	贱子女	贵子女
儿子与侄儿	子侄	贱子侄	贵子侄（令兰玉）
学生或学徒	弟子	愚弟子	贤弟子
姑父母与内侄（侄女）	姑侄	愚姑侄	令姑侄
儿子与媳妇	子媳	贱子媳	贵子媳
儿子与孙子	子孙	贱子孙	贵子孙

表 5-3 民间对主要亲属的不同称呼

普通称呼	不同称呼
祖父	大爷、爷爷、公公、阿翁、王父
祖母	奶奶、王母、大母
外祖父	外公、老爷、大父、外翁、外祖、外爷、外大父
外祖母	外婆、好婆、姥姥、老娘、家母、家婆
父亲	爷、爹、大、阿爹、爹爹、阿爸、爸爸
母亲	阿母、阿娘、姆妈、阿妈、娘

续表 5-3

普通称呼	不同称呼
伯父	大伯、大爷、伯伯、在父、从父
伯母	大妈、大娘、伯妈、在母、大大、伯娘
叔父	叔叔、阿叔、爷叔、仲父、季父、从父
叔母	婶、婶母、婶子、婶娘、季母
姑父	姑夫、姑丈
姑母	姑、姑妈、姑娘、姑儿、姑姑
姨父	姨夫、姨丈、姨爹
姨母	姨儿、姨妈、阿姨、姨娘、从母
舅父	舅舅、娘舅、母舅、舅氏、阿舅
舅母	舅妈、舅娘、妗子、妗母
公公	公爹、老公公、阿公
婆婆	婆母、老婆婆、阿婆、阿姑
岳父	岳丈、岳翁、丈人、丈人（阿）爸
岳母	丈母娘、岳母娘、外姑、外母
丈夫	夫、爱人、先生、老公、家主公
妻子	妻、爱人、夫人、老婆、太太、妻室、家主婆、拙荆、贱内、内眷
哥哥	兄、兄长、阿哥、昆
弟弟	弟、兄弟、阿弟、仲氏、棣
姐姐	阿姐、姊、阿姊、女兄
妹妹	阿妹、妹子、女弟、娣
嫂子	嫂、嫂嫂、阿嫂、大嫂、姆姆
弟妇	弟姊、婶、阿婶、叔姆、弟妹
姐夫	姐丈、姊夫、姊丈、姊婿
妹夫	妹婿、妹丈
儿子	儿、子嗣、囝、男
女儿	女、闺女、闺爱、姑娘、囡
媳妇	儿妇、儿媳、儿媳妇儿、子妇、媳

续表 5-3

普通称呼	不同称呼
女婿	子婿、婿郎、娇客、半子、女夫
侄子	犹子、从子、贤阮、阿咸
侄女	犹女、从女
外甥	甥、外男、外侄

二、对一般社会交往对象的称呼

一般社会交往对象，指除主要亲属外的交往对象，主要有老师、同学、同事、朋友及偶然交集的陌生人等。对这些交往对象的称呼涉及对称、自称、他人敬称（或对他人交往对象的敬称）等问题，一般不存在对他人谦称自己的非主要亲属的"一般社会交往对象"问题。对一般社会交往对象的称呼见表5-4。

表5-4 对一般社会交往对象的称呼

交往对象	对称	自称	敬称
老师（师傅）	老师、师傅	学生、门生、小徒	令师、尊师
老师（师傅）妻	师母、师娘	学生、门生、小徒	令师母（娘）
老师的父（母）	师祖父（母）	孙辈学生	令师祖父（母）
同学	师兄（弟）、师姐（妹）、同学	师弟（兄）、师妹（姐）、同学	令师兄（弟）、令师姐（妹）
朋友	某兄（姐）、姓名	某弟（妹）、姓名	令友
同年	同年、老同、老庚、年兄（弟）	同年、同庚、庚弟（兄）	令同年、令老庚、令年兄（弟）
父母的朋友	父执、某叔（伯）、某阿姨	友侄、友侄女	令父执
陌生长者	老伯、大叔、大爷、大妈、阿姨、大婶	晚生、晚辈	—

续表 5-4

交往对象	对称	自称	敬称
陌生同辈（年龄相当）	大哥（姐）、兄弟、小姐（妹）、老哥（姐）、老弟（妹）	小弟、小妹、兄弟	—
同事	职务、某同志、某兄（弟）、姓名	姓名	令同事

三、行政系统内部交往时的称呼

行政系统内部交往，也是一种同事之间的交往，其称呼主要涉及对称和自称，不存在对他人谦称自己在行政系统中的同事的问题。

行政系统内部交往时对称，主要以职务相称，如处长、局长、市长、省长、书记等。为了避免混淆，往往在职务前冠以姓，或姓名，或名，如张处长、李局长，或张强文处长、李明波局长，或强文处长、明波局长等。除以职务相称外，也常常以"同志"相称。"同志"在古汉语中指志趣相同的人，而现当代主要指政治理想一致的人。同在行政系统内的人，其志趣、政治理想大都是一致的，所以适合以"同志"相称。同样，为了避免混淆，也往往在"同志"称呼前冠以姓、姓名、名，如张同志，或张强文同志，或强文同志。也可以在"同志"前冠以职务，如处长同志、市长同志。

行政系统内部交往时，也往往使用"长官"或"首长"两种称呼。这是级别较低者对级别较高者的称呼。"长官"一词在古汉语中指上级官员、上司、众官之长，或泛指官吏，或特指县令（唐宋时期）。国民党政府系统内部官员交往时较多使用"长官"称呼。"首长"是中华人民共和国成立后政府系统内部，特别是军队（解放军）内部使用较多的称呼。"首长"的意思是最高级别的官员。所以，"首长"往往是对一定范围内或在场的官员中级别最高的官员的称呼，对级别高于自己但不是在场官员中级别最高者不以"首长"称呼。在政府系统中，"首长"不仅是在场级别最高者，还必须是"高级干部"。对于中低级干部，即使是在场官员中级别最高者，也大都不使用"首长"称呼。但军队不然，不管其级别高低，只要是在场军官中级别最高者，都可以称呼为"首长"。

行政系统内部交往时自称，一般用本人姓名；或省去姓，只以名自称；或自称"我"或"吾"（古代多用）；或在姓名或名前加"我"，如"我王小强"

或"我小强"。在非常正式的场合，也往往以职务或级别加姓名自称，如"处长李强""科长王小明"等。另外，行政系统内部自称时，往往加上某些谦辞，或直接以某些谦辞自称，如"在下""卑职""下官""属下"等。中华人民共和国成立后，因为强调民主、平等，这些谦辞基本不用了。

四、称呼中的敬辞与谦辞

称呼中往往就包含尊敬或谦逊的意蕴，但为了突出、强调对交往对象的尊敬，或为了突出、强调本人的谦逊，往往还在称呼中特别添加某些敬辞或谦辞。如前文提到的"令""大"等即为敬辞，"家""舍""小"等即为谦辞。

（一）汉语常用的敬辞

现当代称呼中常用的敬辞有尊、贵、大、台、玉、宝、老、令、贤、您、兄、公、先生、女士、小姐等。

尊，本意为盛酒的器具。《说文解字》："尊，酒器也。"作为敬辞，"尊"的意思是地位、辈分高的人。在称呼对方（对称）时，一般表达方式为"尊敬的某某某"，如尊敬的李处长、尊敬的王小强同志等。"尊"也常常用来称与对方有关的人或事物，以向对方表示敬意，如尊府（或贵府）、尊意、尊驾、尊姓、令尊等。

贵，价值高、分量重、值得珍惜与重视的意思。作为敬辞，"贵"用来形容一个人在社会生活中的重要性、优越性，但一般不用来直接称呼对方，而用来称与对方有关的人或事物，间接向对方表示敬意，如贵乡、贵土、贵体、贵姓、贵恙、贵单位、贵国、贵党、贵庚（高寿）等。

大，与小相对，指其面积、体积、容量、力量、强度、重要性等方面超过与之相比较的对象。作为敬辞，"大"用来形容对方的重要性、优越性，如大爷、大伯、大哥、大将、大师、大小姐、大王、大人等。"大"也常用来称与对方有关的事物，以向对方间接表示敬意，如大作、大名、大手笔、大笔等。

台，本意为一种建筑形式，其状高且平。作为敬辞，"台"常用来尊称对方或与对方有关的事物，如兄台、台鉴、台览（请对方阅览）、台甫（询问对方表字）、台表（尊称对方或某人的字）、台驾、台屏（尊称对方的家）等。

玉，本指玉石，也用来形容人或事物的洁白美丽。作为敬辞，"玉"主要用来尊称对方的身体或身体的某个部位，或尊称对方的行为，如玉体、玉指、玉趾、玉成等。

宝，本指珍贵的东西，如国宝、宝刀、宝剑、宝石、宝物等。"宝"作为敬辞，主要用来尊称对方的家眷、铺子等，如宝眷（玉眷）、宝号、宝刹等。

老，本指人年龄到了50～70岁，头发、胡须变白了。"老"作为敬辞，主要表达对人年高望重、年老位尊的肯定和尊敬，如老太太、老先生、老大人、老大爷、老人家、老伯等。另外，有将人姓氏或姓名冠于"老"前的，如赵老、孙老、李老、陈叔老（陈叔通）、黄任老（黄炎培，字任之）等，这是对德高望重的老人的敬称，不轻易使用。将"老"冠于姓氏前，如老赵、老钱、老李等，则大多是年龄、地位基本相同者相互间的称呼，含有轻微敬意，比较亲切随和。

令，善和美的意思。称呼中的"令"为敬辞，是对交往对象亲属表示尊敬的意思，同时也是对交往对象表示尊敬。

贤，指有才能、有品德的人。作为敬辞，"贤"主要用来称呼晚辈或平辈，如贤弟、贤侄、贤契（老师称呼学生，或长辈称呼晚辈）等。

您，"你"的敬称。"您"的原形为"恁"，演变成新造字"您"。该字原为山东个别地域使用的方言字，于近代融入普通话，在全国广泛使用。"您"由"心"和"你"组成，暗含"心上有你"的意思，故而代替"你"字而表示对"你"的敬意。

兄，本指同父母所生而年长于己的男性。"兄"作为敬辞，常用于朋友、同事、同学等关系之间的相互称呼，以表示友好与尊重，意思是"我把你当兄长看"，如师兄、恩兄（有恩于己者）、世兄（世交同辈或晚辈）、大兄、仁兄、尊兄、兄、兄长等。

公，基本义为共同的、共有的。"公"作为敬辞，用作尊称成年男性，如周公、庄公等，古人在交往中常用，现当代较为少用。

先生，本指出生比自己早，年龄比自己大的人。"先生"作为敬辞，主要用于对男性的尊称，如鲁迅先生、胡适先生等；也用于称呼有较高学识与地位的女性，如李清照先生、张爱玲先生、杨绛先生等。

女士，对成年女性的尊称。"士"，在上古时期，指掌刑狱的官员。商、西周、春秋时期，"士"多为卿大夫的家臣。春秋末年以后，"士"逐渐成为统治阶级中知识分子的统称。中国古代的"士"一般为男性，但也偶有女性能为"士"者，所以有"女士"之称。我们今天对一切成年女性都尊称为"女士"，是受西方女权文化影响的结果。西方在20世纪前，只对已婚女性称"女士"，未婚女性则称"小姐"。从20世纪后期开始，因为女权运动高涨，要求男女平等，认为既然男性有不反映婚姻状况的"先生"称谓，女性也应有相应的不反映婚姻状况的称谓，因而产生了"女士"这一普遍性尊称。

小姐，原本是旧时有钱人家里，仆人对主人家女儿的尊称，现演变为对任何年轻女子或未婚女子的尊称。

（二）汉语常用的谦辞

汉语常用的谦辞有家、舍、愚、敝、鄙、拙、寒等。

家，本义是屋内、住所。作为谦辞，"家"用于对他人谦称比自己辈分高或同辈年纪比自己大的亲属，如家父、家兄等。

舍，指简易居所、路边客店。作为谦辞，"舍"用于对他人谦称比自己辈分低或年纪小的亲属，如舍弟、舍妹等。

愚，形声，从心，从禺。"心"指心智、性格。"禺"意为"（山）角落"，引申为"（道路）不通达"。所以，"愚"字的意思是，某人常年野居，很少和世人接触，因而消息闭塞，性格孤僻，不谙人情世事。作为谦辞，"愚"常用来谦称自己或与自己有关的事物，如愚下、愚、愚兄、愚老、愚臣、愚意、愚怀、愚见等。

敝，本义指破旧，引申为败坏、衰败。作为谦辞，"敝"常用于谦称自己或与自己有关的事物，如敝人、敝姓、敝处、敝校、敝国等。

鄙，本义为我国周代地方组织单位之一，五百家为一鄙。"鄙"引申义有郊野、边远的地方（边鄙），粗俗（鄙陋、鄙俗、鄙夫、鄙近），品质低劣、阴险狡诈（卑鄙），轻蔑（鄙视、鄙夷、鄙弃、鄙薄）等。作为谦辞，"鄙"常用于谦称自己或与自己有关的事物，如鄙人、鄙老、鄙见等。

拙，本义是笨拙、不灵活，引申义是不善于。作为谦辞，"拙"主要用来谦称与自己有关的事物，如拙作、拙见、拙笔、拙著、拙政等。

寒，本义为冷、冻，与暑相对。作为谦辞，"寒"主要用来谦称与自己有关的事物，如寒舍、寒门、寒窗等。

第二节　寒　暄

寒暄，即问寒问暖、嘘寒问暖。在人际交往中，见面大都因为有事需要讨论，需要交换信息或意见。但人们并不是一见面即谈事，而总是会有一番寒暄："最近好吗？""最近忙吗？""在忙什么呢？"等等。这样一种寒暄体现了人与人之间相互关怀的人本精神，意味着"我"把"你"的生活状况（"你"是否健康、快乐、幸福）放在第一位，而将我们要谈论的事情放在第二位。因此，寒暄在人际交往中成为拉近人与人之间情感距离的必要环节，成为人们见面后必不可少的礼仪环节（在信函、电话等交往形式中，寒暄也是一个必要的、重要的礼仪环节）。行政人员在行政见面时也免不了寒暄，其寒暄的方式内容与普通人没有太大区别。那么，人们是如何寒暄的？或者应该如何

寒暄?

一、问候式寒暄

寒暄最典型的方式无疑是问候,因为寒暄的本意就是嘘寒问暖。"你好吗?""最近身体好吗?""最近忙吗?""忙什么呢?""你好!""你们好!""您好!",这些是问候式寒暄中用得最多的语言。

问候式寒暄,从形式上看是"问",体现对交往对象的关心,实际上也蕴含着真诚祝愿。比如问"你好吗?"就蕴含着我希望你好好的。所以,这一问候语也常常简化为"你好!",将问号去掉,直接换成了饱含热情的感叹号。意思是,不用问,你肯定好。但不是在任何情况下,都应该将问号去掉,将问候简化。一般来说,如果见面的时间紧迫,没有太多时间用于寒暄,或大家相互之间很熟悉,而且经常见面或分别时间不长,则可以不问"你好吗?"而只是说"你好!"(电话、信函中常常采用这种方式寒暄)。如果见面时间从容,可以有较多时间用于寒暄,而且大家不太熟悉,需要较长时间"暖场"(缩短心理距离);或大家虽熟,但较长时间未见,需要了解彼此近况,则应该保留问号,这样更有人情味,更合理。

问候式寒暄是相互的,当对方问候你时,你应该热情回应对方。一般来说,对方问:"你好吗?"应该回:"好!好!"(有时也说:"谢谢!好!好!")并同时回问:"你好吗?"如果对方说:"你好!"("您好!")则可以同样简洁回应对方:"你好!"(您好!)

寒暄时的问候,往往需要考虑交往对象的具体情况及环境、场合等因素。例如,对老年人可以问:"身体好吗?"对成年人可以问:"工作忙吗?"对学生可以问:"成绩好吗?"对老师可以问:"今天有课吗?"对作家可以问:"最近有大作问世吧?"等等。除了可以问候对方本人,还可以问候与对方有密切关系的人或事物。例如:"家里老人都好吧?""小孩好吗?""生意好吧?""昨晚睡得好吗?""吃了吗?"等等。应该注意的是,不要将寒暄时的问候(祝愿)变成琐碎的甚或令人尴尬的询问。或者说,问候不要太过于具体,或涉及对方的隐私与忌讳。比如,不要问:"你每月多少工资?""你家住哪个村几栋几号?""你体重多少?""你得了什么病啊?"等等。

二、即景式寒暄

即景式寒暄,是以见面时的情景或近日发生的事件(新闻)为话题的寒暄。例如:"今天天气真好啊!""昨晚看球了吗?"即景式寒暄不直接问候对方,而是通过谈论对方熟悉或感兴趣的话题而间接了解对方的近况,从而体现对对方的关心与热情。

需要注意的是，这种寒暄不能谈论过于复杂或敏感的话题，或对方不太熟悉、不太感兴趣的话题。否则，对方不好接话，就会冷场、尴尬。

三、夸赞式寒暄

夸赞式寒暄，即以赞美对方为主题的寒暄。例如："你今天真漂亮！""你越来越年轻了！""我昨天读了你的文章，写得真好！"人都是需要或欢迎他人赞美的，获得他人的赞美，人们一般都会感到开心。因此，用赞美的方式寒暄或在寒暄中赞美对方，一定会有效拉近双方的心理距离，使见面的气氛和谐愉快。

寒暄中的赞美应该注意两个方面：①真诚。寒暄中夸赞对方不一定是严谨的评估，也不一定会产生什么重大社会效应，但这不等于可以随便，可以信口开河、言不由衷，而应该是出自内心的、真诚的赞美。只有真诚赞美，才能真正感动对方，达到寒暄的目的。真诚赞美，要求我们善于发现对方的优点、亮点，善于捕捉对方值得赞美的地方。②对方需要。赞美应该是对方所需要的、所希望得到的，如果不是对方需要的赞美，则徒劳无功，寒暄的目的不能达到，甚至适得其反。那么，对方可能需要什么样的赞美？这往往需要我们根据对方的年龄、职业、兴趣、爱好等因素来进行判断。同时还要求我们根据社会共同的价值标准、价值理念来进行赞美，因为人们所需要的赞美大都是社会的、共同的赞美。

寒暄时获得对方赞美，应及时回应对方。当代回应对方赞美的方式，一般是"谢谢"，同时以类似的赞美回敬对方。这种回应方式是西方文化主张的方式，我国自20世纪80年代改革开放以来，逐渐接受了这一回应方式。应该说，这种回应方式确实是合理（礼）的。当对方赞美我，我说"谢谢"，表示我欣然接受对方的好意，同时顺从对方、尊重对方的判断，因此，对方也会很高兴。这样双方和谐，寒暄的目的就顺利实现了。我国传统回应对方赞美的方式一般为"哪里！哪里！""见笑了！""献丑了！"等。这种方式突出了中国人谦逊、低调，"自卑尊人"，不在人前自高、自美的儒雅气质。这其实也是合理（礼）的。

四、搭讪式寒暄

搭讪，即找寻话头，主动和陌生人交流。唐朝诗人崔颢有诗曰："君家何处住？妾住在横塘。停船暂借问，或恐是同乡。"这首诗所描写的便是一种典型的搭讪情景。

搭讪，实际上也是一种寒暄，不过搭讪的寒暄是与陌生人的寒暄。而所谓搭讪式寒暄，则不一定是与陌生人寒暄，也可能是熟人之间的见面寒暄。搭讪式寒暄的特点在于其话题有点突兀，有点"没话找话"的小尴尬。出现搭讪式寒暄，往往是因为不期而遇，又需要交流沟通。一般有两种情况：一种是与陌生人偶遇，需要交流、谈事情，不得不搭讪；另一种是与熟人偶遇，需要交流、攀谈，仓促间寒暄的话头有点突兀，类似搭讪。

需要注意的是，无论是真搭讪还是类似搭讪，都应该向对方充分展现自己的善意。主要应做到以下三个方面。

（1）面带微笑。自然、落落大方的微笑，是一种友善的表达，会打消对方的疑虑，解除对方的戒备，让人感到轻松愉快，从而减轻搭讪的尴尬。

（2）自我介绍，给对方以必要的信息。与对方寒暄，如果是陌生人，对方一定想先了解你是谁；如果是熟人，对方也想先了解你想干什么。因此，当你开口引起对方注意之后，应立刻做自我介绍，告诉对方你的意图、目的。前文提到的崔颢的诗，是最好的诠释。第一句问："君家何处住？"第二句即告诉你"妾住在横塘"。接下来还告诉你，之所以问你"何处住"，是想知道我们是不是"同乡"。这样的搭讪，自然而然，合情合理，没有尴尬。

（3）问得适宜。搭讪式寒暄中难免有所问，应特别注意问得适宜，即问对方好回答、愿回答的问题。好回答，是指问题简单，不假思索即能回答；愿回答，是指问题不涉及隐私，不涉及重大利害关系，不具有政治敏锐性，等等。问得适宜，对方回应时感到轻松，没有难度和压力，也充分体现了你对对方的尊重，充分展现了你的善意；反之，会引起对方警觉、抗拒，其搭讪或寒暄有失礼仪，也必然导致交往失败。

第三节 介　　绍

所谓介绍，是指一种使人与人相互认识、了解的行为。介绍也往往与寒暄联系在一起，甚或是寒暄的一部分。行政见面时，介绍往往是必不可少的一个环节。那么，介绍时需要遵循哪些礼仪规范？或者说，如何介绍才是合乎礼仪的？这是本节所要讨论的问题。

一、介绍的形式

介绍一般可以区分为三种形式，即自我介绍、他人介绍和集体介绍。自我介绍，即自己将自己介绍给他人或众人。他人介绍（介绍他人），即将他人介绍给他人或众人，或被他人介绍给他人或众人。集体介绍是介绍他人的一种特殊情况，即被介绍者不是个人而是集体。

这三种介绍形式是根据介绍人和被介绍人的不同而做的区分。另外，也可以根据介绍的目的或介绍内容的不同而将介绍分为不同的形式。例如，有人将自我介绍的方式分为应酬式介绍、工作式介绍、礼仪式介绍、问答式介绍等[1]；有人将介绍区分为正式介绍和非正式介绍等[2]。

二、介绍的时机

无论是自我介绍还是他人介绍（介绍他人），都应该注意时机。在恰当的时机进行介绍，这本身也蕴含着对他人的尊重，蕴含着礼貌。那么，什么是介绍的时机？主要应注意以下三个方面。

（一）轮到你说话的时候

见面时，说话必须有先后次序。谁先说，谁后说，有一定的规则或某种默契。介绍首先须遵守说话的次序，你不能抢先，不能打断别人，只有轮到你说话时，才是介绍的时机；没有轮到你说话时，介绍的时机还未到。所谓轮到你说话，一方面是说等着与对方说话的人很多，排着队，你必须遵守排队次序；另一方面是说你与对方谁先谁后，该对方说话的时候，你不能抢先说，或打断对方的话而自己先说。

排队次序，一般根据先来后到、地位高低、男女排列。讲究先到者先说，后到者后说；地位高的人先说，地位低的人后说；女士先说，男士后说。至于与对方谁先谁后，则主要看谁是见面的主动方，一般是主动方先说，被动方后说。

（二）对方注意到你的时候

轮到你说话的时候，不一定是介绍的时机，还必须看对方是否注意到你，只有确定对方已经注意到你，才可能是介绍的时机。所以，一般来说，在交往中，轮到你说话时，你往往需要先跟对方打招呼，获得对方回应，确定对方将注意力转向你了，才视情况进行介绍。

（三）对方需要介绍的时候

介绍的时机还要看对方是否需要你的介绍。对方是否需要介绍，主要有两

---

[1] 徐凌主编：《公共服务礼仪》，北京大学出版社2014年版，第103页。
[2] 于立文主编：《礼仪全书》，黑龙江美术出版社2009年版，第431—433页。

个判断标准,一是对方明确提出"请你介绍",二是看交往的目的和场合。比如因为工作联系而进行的交往,对方将与你有长期的工作往来,第一次交往时往往需要互相介绍,你需要对方的介绍,对方也需要你的介绍。

三、介绍的顺序

介绍的顺序有两种情况:一种是自我介绍的顺序,另一种是介绍他人的顺序。无论哪种情况,一般的原则是让尊者(最受尊重的人)优先了解交往对象的情况,也就是说,应该将位卑者先介绍给位尊者。

需要自我介绍时,位卑者(或年轻者)应主动先做自我介绍。但如果是位尊者(或年长者)主动寒暄,则其先做自我介绍也是合"礼"的。男女交往时,一般讲究男士先做自我介绍。但是,如果女士明显年轻、位卑,则女士应主动先做自我介绍。

介绍他人时,应先将年轻、位卑者介绍给年长、位尊者,先将男士介绍给女士(如果女士明显年轻、位卑,则应先将女士介绍给男士),先将个人介绍给集体。如果被介绍方有多人,应先介绍位尊者和女士。你可能问,在介绍女士与位尊者先后顺序有冲突时先介绍谁?这要看是什么场合。如果是正式的、工作的场合,应该以位尊者为先;如果是非正式的、与工作无关的社交场合,则可以女士为先。

四、介绍的内容

无论自我介绍还是介绍他人,其介绍的内容一般包括被介绍人的姓名、职业、工作单位(部门)、籍贯、职务、职称、学衔、突出事迹等内容,介绍他人时,往往还须特别介绍被介绍人与介绍人之间的关系。在不同的交往场合,因为交往对象和交往目的不同,介绍的内容会有所不同。

一般性工作交往中,无论是自我介绍还是介绍他人,主要介绍自己或被介绍人的姓名、工作单位(部门)、职务(负责范围)等内容。如果是学术研究性交往,往往还需要特别介绍自己或被介绍人的职称和学衔,甚至研究领域和突出的学术成就,等等。

介绍时应该注意:①尽可能简洁,不要将介绍弄得过于复杂冗长;②自我介绍时不要自夸、炫耀或给人以自夸、炫耀的印象(感觉),有关职称、职务、学衔或其他涉及荣誉和地位的内容应尽可能地简略,只有在非常必要或应交往对象要求时才做介绍;③介绍他人时,不要介绍他人的弱点、缺点,只介绍其正面形象。

五、介绍时的姿势

无论自我介绍还是介绍他人都应该郑重其事,这种郑重除了体现在介绍的顺序和内容方面,也体现在介绍时的姿势上。

自我介绍时,介绍者(我)一般应该起立,面对、正视交往对象,上身略向前倾(以示谦虚),右手轻抚左胸,面带微笑,语气自然亲切,语速适中,语音清晰。

他人介绍(介绍他人)时,介绍人一般应该起立,面带微笑,行至被介绍人之间,向被介绍人打招呼并声明"我来介绍"。开始介绍某人时,应先将视线转向其人,同时抬起右手,五指并拢,掌心向上,指向被介绍人,说话时将视线转向接受介绍人(被介绍人的交往对象)。被人介绍时,被介绍人应该同时起立,面带微笑,先与介绍人对视,向介绍人致意,然后将视线转向接受介绍人,正视接受介绍人。

接受介绍人在接受他人介绍时,一般也应该起立,面带微笑,正视介绍人或被介绍人,认真倾听介绍。在听取介绍后,应主动与被介绍人或自我介绍者握手,并说"很高兴认识你!""幸会!""久仰!"等,以示对被介绍人的尊重。

六、介绍人的选择

他人介绍时,有一个谁来介绍的问题,或者说有一个介绍人的选择问题。在各种社会交往中,充当介绍人,往往也是一种权利和荣誉。所以,恰当选择介绍人也是一种礼仪规范。选择介绍人,一般应考虑其是否具备这样三个条件:第一,对被介绍双方都比较熟悉;第二,有一定的社会地位,被介绍双方都比较尊重和信任;第三,在符合前两个条件的人选中社会地位最高、最受双方尊重和信任。在交往实践中,人们选择的介绍人主要有以下四种类型。

(一)主人

在一些私人聚会上,请来的客人可能互不认识,主人往往会充当介绍人,让他们互相认识。

(二)主持人

在一些正式的、官方的聚会上,或一些较大的私人聚会上,往往会安排专职主持人。参加聚会的人员(客人)可能互不认识,主持人往往会充当介绍人,使大家相互认识、了解。

（三）主要领导

有些聚会、见面可能是两个或多个团队之间的会见，团队主要领导可能相互认识和了解，但彼此对对方的随行人员不认识、不了解。在这种情况下，团队的主要领导需要充当介绍人，向对方主要领导及团队成员一一介绍己方的随行人员。

（四）双方共同的朋友

在各种社会活动中，如果没有主人介绍，没有主持人介绍，没有领导介绍，则可以选择双方共同的朋友作为介绍人。

第四节　握　手

在现代社会，人们见面时，尤其是行政见面时，大都要行握手礼。握手礼据说源于欧洲中世纪骑士的一种和平表示。欧洲中世纪的骑士全身披戴盔甲，只有眼睛没有遮挡。如果两位骑士相遇，欲表示友好，须先脱去右手的甲胄，并伸出右手给对方摸一下表示没有武器。这一行为被模仿沿习，便有了所谓握手礼。我国传统社会没有握手礼，见面致意大都行拱手礼或鞠躬礼。大概从20世纪初期开始，受西方文化的影响，渐渐以握手礼取代拱手礼和鞠躬礼，握手礼成为一种经常的、普遍的礼仪形式。

握手礼的基本含义是和平、友好，但在交往实践中经过人们的不断演绎，握手礼的含义变得极为丰富。除了表示和平友好，还可能用来表示欢迎、惜别、欣喜、支持、鼓励、祝贺、感谢、同情、安慰等意义。关于握手礼，需要关注和研究的问题主要有以下四个方面。

一、握手的场合、时机与意义

人们常常会握手，行握手礼，但握手的场合、时机与意义是有所不同的。那么，人们一般在哪些场合握手？握手所表达的意义是什么？大概可以归纳如下。

（1）修好言和。人们往往会在消弭分歧、化解矛盾、达成合作时，比如在签订合同或协议时行握手礼，以示修好言和。成语"握手言和"，意思就是人们会在"言和"的时候"握手"。

（2）迎来送往。作为主人（东道主），在迎接或送别客人（来访者）时，一般要行握手礼，以表示欢迎或欢送。但送别不一定都是主人送别客人，也可能是朋友或亲人出门远行前的送别，这种送别也往往行握手礼，以表示惜别和祝福。①

（3）久别重逢。与亲人、朋友、同事、同学等分别有日而再度相逢时，一般会行握手礼，以表示高兴和问候。

（4）初与相识。与人相遇，经自我介绍或他人介绍而与之相识的时候，一般应行握手礼，以表示自己乐于结识对方。

（5）与人道谢。因他人热情招待或给予帮助、关怀等而向人道谢时，一般应行握手礼，以示诚恳。比如应邀参加宴会、舞会后告辞时，应主动与主人握手，表示衷心感谢。

（6）道喜祝贺。亲人、朋友、同事等有喜事，向其道喜祝贺时，一般应与其握手，行握手礼以示诚意。

（7）支持鼓励。在某些重要时刻或关键时刻，向朋友、同事、亲人等表示支持或鼓励时，人们往往会主动与对方握手。

（8）看望安慰。当朋友、同事、亲人等遇不幸事，比如本人生病，遭遇很大的困难挫折，或家人病丧，等等，你前往看望安慰时，应该主动与对方握手，以示同情和慰问。

二、握手的顺序

人际交往行握手礼时，应注意握手的顺序。这一方面是指握手双方由谁主动，谁先伸手；另一方面是指需要连续与多人握手时，与谁先握，与谁后握。

（一）握手双方谁有主动权

在握手的时间、场合，握手由谁掌握主动权，一般有以下四项原则。

（1）尊者优先原则。这是说，交往时是否握手，由社会地位较高者决定，由尊者先伸手。比如上下级交往时，握手应该由上级先伸手；长幼交往时，握手应该由长者先伸手。如果位尊者没有先伸手，位卑者一般不应该先伸手，尤其不应该强行与尊者握手。

（2）女士优先原则。现代社会特别强调男士对女士的尊重，在社交场合逐渐形成了"女士优先"这一普遍性礼仪原则。根据这一原则，男女之间行握手礼，应由女士先伸手决定是否握手。而男士一般不应该先伸手，尤其不应

---

① 我国古人有"折柳送别"的礼俗，其"折柳"也是留恋、惜别和祝福的意思。《诗经》有"昔我往矣，杨柳依依；今我来思，雨雪霏霏"的佳句，而且"柳"与"留"谐音，所以折柳相送代表依依惜别。另外，柳条生命力强，随处可活，所以折柳相送也有祝福朋友或亲人一切顺利的意思。

该强行与女士握手。

（3）主人优先原则。主客之间握手，一般应由主人先伸手，由主人掌握握手的主动权。但也有例外，如果客人提出告辞，则可以先伸手主动与主人握手，以示告别和感谢。

（4）顺应对方原则。在可以握手或应该握手的社交场合，如果有人已主动伸手明确表示要与你握手，那么一般来说，你应该顺应对方与之握手，而不应该回避拒绝。你不能说，我年长、位尊，我是女士，应该由我先伸手，由我决定是否握手。在某种情况下，对方先伸手或许有所不妥，礼有不周，但如果你拒绝对方，让对方难堪、尴尬，那你的行为就显得有失谦逊、大度、随和了。

（二）与多人握手的先后次序

当你需要连续与多人握手时，与谁先握，与谁后握，一般有以下三项原则。

（1）先尊后卑原则，即先与多人中社会地位最高者握手，后与社会地位较低者握手。

（2）先女后男原则，即先与女士握手，贯彻"女士优先"原则，突出对女士的尊重。

（3）先近后远原则，在等候握手的人比较多，情况比较复杂时，也可以先与离你最近的人握手，由近及远依次而行。

（三）原则冲突时如何处理

无论是谁先伸手还是与谁先握手，都可能遇到多原则冲突的情况，其中，最典型的冲突是女士优先原则与尊者优先原则的冲突。当位尊者为男士，位卑者为女士时，是由男士先伸手还是等女士先伸手？或者，是与男士先握手还是与女士先握手？大概有以下两种处理方式。

（1）看工作交往还是非工作交往。如果是工作交往，一般应强调尊者优先原则，由职位较高的男士先伸手，或与职位较高的男士先握手。如果是非工作交往，则应强调女士优先原则，一般应由女士先伸手或与女士先握手。

（2）看年龄差别。如果男士年龄明显比女士大很多，那么，不管什么场合都应该坚持尊者优先原则。

三、握手的方式

握手的方式主要有三种，即单握式、双握式、单握加扣式。

（一）单握式

单握式，即单手与人相握。动作要领：双方面对，靠近（略小于两臂距离），各伸出右手，肘关节微屈，手臂抬高至腰部，四指并拢，拇指张开，手掌与地面垂直，与对方手掌接触后五指略用力握拢（与女性握手一般只轻握对方手指，不满握，不接触手掌），上下摇晃三五下。这是最常见的握手方式。这种方式显得比较稳重理性、彬彬有礼，属于一般性平等交往时的握手方式。

（二）双握式

双握式，即双手与人相握。动作要领：两手同时伸出，捧住对方右手上下晃动，或伸右手与对方右手相握的同时，用左手托住对方右手前臂，或用左手扶住对方右上臂或对方肩膀。这是一种非常热情而略显激动的握手方式，常见于同性好友久别重逢时的握手，异性之间一般不会有或不宜用这种握手方式。

（三）单握加扣式

单握加扣式，即单手与人相握的同时，用左手从上而下加扣在对方右手背上。这种握手方式在一些西方国家被称之为"政治家的握手"，因其常见于外交场合政治家们相互握手的方式。这也可以说是一种表达政治热情和政治友谊（或国家友谊）的握手方式，普通社交场合少见。如果是对方主动以单握加扣式握手，你也应该以同样的方式回应，可以将左手加扣在对方左手背上。不做回应则略显失礼。

四、握手时的姿势及注意事项

（一）握手姿势

与人握手时应有恰当的姿势，否则也有失礼仪。要领如下。

（1）站立或起立。无论主动与人握手，还是被动与人握手，一般应该站立或起立。坐着与人握手显得随意、应付，不够礼貌。尤其当他人主动与你握手时，你稳坐不起，会让人觉得你傲慢、冷淡，非常失礼。如果确有不便，则应该向人说明情况并表达歉意。

（2）神情专注。与人握手时应该注视对方，与对方目光交汇。如果一边握手，一边看着别的地方，或与他人说话，则显得敷衍冷淡，非常失礼。

（3）面带微笑。与人握手时，应该面带微笑，以示热情友好。神态严肃，面无表情，会让人觉得握手是多余的，你根本不想与他人握手，因此失礼。

（二）注意事项

与人握手时有以下事项须注意。

（1）与人握手时，手要干净，不要用有污迹、灰尘、湿水的手与人握手。如果你的手脏时，有人欲与你握手，应向对方说明情况、道歉，将手洗净拭干后再与人握手。

（2）一般不要戴手套与人握手。如果你戴着手套，有人欲与你握手，或须与人握手，应先脱去手套再与人握手。戴手套与人握手，让人觉得你不够坦诚和信任，甚至有些勉强和抗拒，所以有些失礼。但如果女士戴薄纱手套与人握手，则是允许的，可以接受的。

（3）不要戴墨镜与人握手。如果你戴着墨镜，有人欲与你握手，或须与人握手，应先摘下墨镜再与人握手。戴着墨镜与人握手，会让人觉得你不够真诚，有紧张防备的意味，所以有些失礼。

（4）不要争先恐后地与人握手。有多人欲与同一对象握手时，应遵守秩序，耐心等候。握手本为礼仪，而与人争先则是失礼行为，也显得虚荣轻佻，所以不可取。

（5）不要用左手与人握手。这一方面是因为用右手与人握手是习惯，偶用左手会让人觉得不自然、别扭；另一方面则是因为有些民族或有些国家的人（如阿拉伯人、印度人等）认为左手不洁或不吉利，用左手与人握手是犯忌讳的。

（6）不要在与人握手后即当着对方的面洗手或擦拭手部，这会让人误认为你嫌他手脏，因而失礼。

第五节 名　片

名片是一种印有个人姓名、职务、地址、电话号码等信息，在人际交往中用于自我介绍的小卡片。在行政交往中，名片也是一种用来自我介绍的工具。

名片可以说是我国古代社会的一种发明。大概从秦汉时期开始，就已经有类似于名片的东西，当时称"谒"。东汉时，谒又叫"名刺"。在挖掘的汉墓中发现，这种谒或名刺为木简，长22.5厘米，宽7厘米，上有执名刺者名字，还有籍贯，与今天的名片大抵相似。至唐代，因为纸的普遍使用，木简"名刺"改为"名纸"；晚唐时，名纸又称作"门状""门启"。元代称"名纸"为"拜帖"，明代则称之为"名帖"。明代的"名帖"为长方形，一般长七寸、宽三寸。清朝正式有"名片"称呼，又称"片子"。

古代"名片"除了各时期的称呼不同，内容和规矩也有一些差别。比如身份和地位相近的人交往时，"名片"上一般写官职、郡里、姓名，在有些社交场合，也可以只写姓名。下级拜见上级，内容多为谦恭之词，如"某谨上，谒某官，某月日"或"某谨祗候""某官谨状"等。明清时期等级不同的人，使用的名片也不同，最明显的区别是颜色。位高权重的人往往使用红色，如果是皇亲国戚就更加与众不同，例如，亲王的名片上会写有"王"字或者别号，以此来显示自己的尊贵。

名片的使用与一些习俗、礼仪也有关联，如家中有丧事，名片左上角会写上"制"字或四周画上黑边框。古代名片还有一个用处，即用来拜年。年关将至，亲戚朋友过多，不能一一拜访，可以遣派仆人携名片去拜年，称"飞帖"（与今天的贺年卡相似）。而各家都会在门前贴一红纸袋，用来接"飞帖"，意为接福。

当代社会，名片已是一种社会交往中全球普遍使用的自我介绍的工具。西方社会的名片文化是从中国传过去的，还是西方社会自生的？暂无人查考。这也许并不重要，我们关心的是名片使用中有一些什么样的礼仪规范。

一、名片的种类

当代社会人际交往中的名片五彩纷呈，有不同的种类。一般来说，按名片用途的不同，可以分为商务名片、公务名片、个人名片等类型；按排版形式不同，可分为横式名片、竖式名片、折叠式名片等；按印刷技术和材质的不同，可分为数码名片、胶印名片、特种名片等；按色彩的不同，可分为单色名片、双色名片、彩色名片、真彩色名片等。除此之外，数字化时代的今天，还有所谓数字名片等。

二、名片制作中的礼仪

名片的制作除了必须遵循一定的技术规范，还应遵循一定的礼仪规范。行政人员在制作名片时，应遵循的礼仪规范主要可以从以下三个方面来理解。

（一）规格与材料

名片的规格，即名片的大小尺寸。当代社会的名片规格，一般长9厘米左右，宽5.5厘米左右。各个国家、各个地方可能有所不同，没有绝对标准，但又基本上在这一范围之内，不可能太大，也不可能过小。这是由名片所承载的内容及书写方式决定的。我国古代社会用毛笔书写，字体线条较粗，所占空间

较大，因此，名片的规格稍大一些。现当代社会的印刷技术发达，印刷的文字线条纤细，笔画清晰，所占空间较小，所以名片的规格相对小一些。

制作名片的材料也没有绝对规定，一般为各种质地的纸，如布纹纸、白卡纸、合成纸、皮纹纸等，但也有人使用不锈钢、塑胶、光导纤维、黄金等作为制作名片的材料。

无论规格还是材料，其选择的基本礼仪原则应该是适宜、适用、方便、美观、廉价。适宜、适用、方便、美观，主要是为名片接受方考虑，是尊重交往对象的体现。廉价，则不完全是为自己省钱，也是为了节省资源，为了绿色环保，是自律、低调的体现。行政人员（公务员）在制作名片时，尤其应该注意在确保适宜、适用、方便、美观的前提下，尽可能地选择廉价材料，以弘扬节俭美德，保持自律、低调的姿态。

（二）色彩与图案

名片的色彩、图案以简洁素雅为宜。行政人员制作名片，宜选用米白、米黄、浅蓝等庄重朴素的颜色，且以单一颜色为好。一般来说，名片上除了文字以及与工作有关的标志性图案外，不宜有任何没有实际意义的图案，以免给人纷乱、虚华的感觉，有损行政人员严谨务实的形象。

（三）文字与排版

行政人员的名片，一般应采用标准的简体汉字。从事涉外工作或与少数民族有关的工作的行政人员，其名片可以同时使用相关外文或少数民族文字。名片上的汉字字体，一般应采用易于辨认的楷体或仿宋体，不宜采用行书或草书。名片上的外文字体一般采用黑体或罗马体，也不宜采用草书。

排版有横排与竖排两种模式，现在通行的是横排模式。① 行政人员制作名片时，宜顺应时代潮流，采用横排模式。这体现了对大多数人阅读习惯的尊重，更为合"礼"。

---

① 中国古代汉字是竖行书写的，这大概与当初的书写材料有关。最早的书写材料是狭长形的甲骨、木简、竹简，便于从上往下书写，因此形成了竖行书写方式。这一习惯一经形成便长期沿袭下来。直到清朝末年，一些知识分子学习西洋文化，出现了引用外文、使用阿拉伯数字和新标点符号等情况，汉字竖写就显得很不方便了。于是，知识界开始提倡汉字改革，主张改变传统的竖行书写方式，改用横排模式。1909 年，我国有了用"横行"排版的书，它是提倡文字改革的刘世恩写的《音韵记号》一书。1915 年出版的《科学》周刊创刊号，也采用横排模式。新文化运动的先驱者、《新青年》杂志编辑钱玄同于 1919 年公开发文倡导"竖改横"，认为"横行"书写更合理、更方便。随着新文化运动的兴起，汉字竖写改横写渐渐为国人所接受。中华人民共和国成立后，从 1956 年 1 月 1 日开始，《人民日报》和地方报纸一律改为横排。

除了横排、竖排模式的选择，还有名片信息的排版问题。一般来说，姓名是名片最重要的信息，宜摆放在名片正面中间位置，而且字号较其他信息大一些。这不是自大，而是为了让交往对象一眼就看清楚你的名字，体现了对交往对象的尊重。我国古人也有这样一种礼仪观念，认为名片上名字写得比较大，是谦虚而尊敬他人的表现，而名字写得小是狂傲的表现。所在单位或部门信息的重要性仅次于姓名，往往被安排在名片上方偏左或正上方的位置，字号略小于姓名，或与姓名一般大。为了与姓名区别，字体往往略有不同。身份信息，如职务、职称等，一般安排在姓名之后的位置，字号较小。其他信息，如电话、通信地址等，一般安排在名片下方偏右的位置，字号较小。

三、名片使用中的礼仪

（一）名片使用的时机

名片是一种自我介绍的工具，无疑是在需要自我介绍时使用。与人初次见面时，需要自我介绍。与人见面次数多了，熟悉了，不用自我介绍了，也就不用名片了。但这也不是绝对的，如果某些重要信息有变动，如电话号码换了、工作单位变了等，那么熟人之间也可能需要再次交换名片。

使用名片往往是在与人初次见面的时候，但是，并非所有初次见面的人都会使用名片。是否使用名片，还要看双方是否有可能继续交往。如果大家只是萍水相逢，今后不可能再有交集，那么没有必要使用名片。所以，使用名片的时机，除了初次见面，往往是在见面坐定，大家有了初步了解之后。人们不会（不宜）一见面没说上一句话就先交换名片。

除了见面时需要使用名片进行自我介绍，有时不见面也可能需要使用名片来自我介绍。比如，通过他人给某人送礼物，往往需要附上名片，以让对方知道礼物是谁送的。古人讲究在求见某人时，先通过他人（一般为对方仆从）递上名片，自我介绍，让对方知道来者何人。贸然登门，有失礼貌。

（二）名片递交的姿势

向他人递交名片，实际上是向他人介绍自己，应注意姿态稳重、谦恭。稳重即稳定而庄重。向人递交名片时，身体应适度紧张，保持稳定，而不应前后、左右晃动；神情应诚恳、笃定，注视对方，面带微笑，而不应慌乱、木讷，或随意散漫等。谦恭即谦虚而恭敬对方。向他人递交名片时，一般应起立，立正，身体略向前倾，有微度鞠躬的意思。双手拇指与食指轻持名片左右两上角，将名片正对对方，递送至对方胸前方便接收的位置。同时，应有明确

的语言表达,一般应说:"很高兴认识您,这是我的名片,请指教。""很高兴认识您,这是我的名片,希望以后多联系。"

（三）名片接收的姿势

接收他人递过来的名片,同样应该注意姿态稳重而谦恭,有以下四个要点。

(1) 同样应起立,立正,身体略向前倾,鞠躬回礼。

(2) 双手接过对方递送的名片。

(3) 当对方说"很高兴认识您,……请指教"时,你应回敬说:"很高兴认识您,向您学习!"当对方说"希望以后多联系"时,你应回答说:"谢谢!一定!一定!"

(4) 名片接收完毕,应对名片进行浏览,然后妥善放置或收藏,不可随意乱丢。

（四）如何向他人索要名片

在人际交往中,不应轻易向他人索要名片,确有必要或有可能今后与他人联系,需要向他人索取名片,应注意方法,注意给他人考虑的时间,注意给他人选择的空间。贸然向他人索要名片,或强行向他人索要名片,都是对他人不够尊重的表现,有失礼仪。

向他人索要名片前,一般应先向对方递送名片,或向对方介绍自己,同时应向对方说明索要名片的正当理由。没有向对方递名片或介绍自己之前,对方还不了解你,你就向对方索要名片,显然是不合"礼"的。没有正当理由,或没有向对方说明索要名片的正当理由,也显得不够尊重对方,因而也是失礼的。

（五）如何拒绝他人索要名片

在社会交往中,如果有人明确向你索要名片,一般不应拒绝对方。因为拒绝会让对方尴尬,有失礼仪。如果确实觉得不适合给对方名片,不希望今后与对方有过多联系,也可以拒绝,但应讲究方式,应委婉而不是生硬,尽量避免让对方觉得尴尬、没面子。这是尊重对方的体现,也是一种礼仪规范。

第六章　行政接待礼仪

行政交往中的接待，称之为行政接待，是行政组织对公务活动中的来访者所进行的迎接和招待活动。行政接待不是行政交往的核心内容，不是行政交往的主题，它只是行政交往中的辅助性环节，但它对行政交往的成功有至关重要的作用。行政接待的好与坏，主要不在于排场大小，不在于美酒佳肴，而在于为来访者提供必要的帮助，给予应有的关怀和尊重。这种帮助、关怀、尊重，有其约定俗成的或组织制定的、应当如何的规范，有所谓行政接待礼仪。主要可以从迎宾、会见、宴请和送别四个环节来讨论。

第一节　迎宾礼仪

迎宾即主人在一定的时间地点，以一定的仪式迎接宾客，这是主人向宾客表达欢迎和尊重的一种方式。这种方式蕴含着一定的礼仪规范（或规律），即所谓迎宾礼仪。迎宾礼仪主要可以从迎宾地点、迎宾（欢迎）仪式、引导进入工作（会见）地点三个方面来讨论。

一、迎宾地点

宾客来访，主人一般应起身（动身）迎接，这是人际交往基本的礼仪规范。宾客已至，主人如果原地不动，不往迎接，则意味着主人不欢迎客人的到来，是非常失礼的行为。但主人迎到什么地方，则可能有所不同。"乡饮酒之义：主人拜迎宾于庠门之外。"①《礼记》说，乡人饮酒聚会，主人一般在乡学门外拜迎宾客。

在行政接待中，主方迎接来访者的地点会有所不同。这种地点选择的不同，一方面可能因为宾客到达地点的不同而不同，如机场、码头、火车站、汽车站等；另一方面则可能因为宾客的身份地位、来访的目的和意义、关系的友好程度、来访旅途远近等因素的不同而有所不同。

从礼仪角度看，迎宾地点选择的不同，主要区别在于主方出迎距离不同，

---

① 胡平生、张萌译注：《礼记》下，中华书局2017年版，第1191页。

而这种出迎距离不同意味着主方给来访者礼遇的不同。一般来说,出迎距离越远,意味着礼遇等级越高。但是,并不是说出迎距离越远越合"礼",越近则越不合"礼"。出迎地点选择的远近有一定的礼仪逻辑,大概应遵循以下四项原则(规律)。

(一)远道来的宾客远迎

远道来的宾客远迎,是相对于近道来的宾客而言的,主方出迎的距离会比较远一点。远道而来不容易,宾客也不会轻易来,必因重要事情而来,主方自然较为重视,出迎距离也自然会远一些。另外,远道而来的宾客往往对所来之地不太熟悉,会有更多的困难,需要主方给予更多的帮助,所以主方出迎距离也会相对远一些。

(二)级别高的宾客远迎

级别高,更为尊贵。对于尊贵的宾客,主方自然会更重视一些,会给予更高的礼遇,因此,出迎的距离也会远一些。有人可能会问,我们不是讲平等吗?为什么还会有尊卑贵贱之分?这是一个有关公平正义的问题,伦理学上有过专门讨论。简而言之,平等或公平不是绝对平均,我们不能将一切价值,或将一切有价值的东西平均分配给每个人。平等、公平、正义所要求的是给每个人以应得的权利。柏拉图说:"正义就是给每个人以恰如其分的报答。"① "应得的权利"或柏拉图的"恰如其分的报答"意味着你所得到的与你的付出和贡献有关,付出多所以得到的多,付出少所以得到的少。一个人的尊卑贵贱,也是与一个人的贡献、付出有关的。因此,根据一个人的尊卑贵贱的不同而给予不同的礼遇,也是应该的、合理的,与我们的平等理念,或与我们的公平正义理念并不矛盾。

(三)关系友好的宾客远迎

"关系友好"从行政交往来说,主要指国家与国家之间的交往,即国际交往而言的。一般来说,一个国家内部行政机构或部门之间不大存在"友好"程度的差别。对于特别友好的国家,其领导人来访时,主方出迎距离往往比较远一些。比如,一般的出迎地点可能在首都机场或车站,而对于特别友好国家的来宾,出迎地点会延伸到首都以外的地方,甚至边境线附近。

---

① [古希腊]柏拉图著,郭斌和、张竹明译:《理想国》,商务印书馆1986年版,第7页。

（四）来访目的重要的宾客远迎

来访目的重要，是说宾客来访对双方利益有重大意义。因此，主方会更加重视来访宾客，出迎距离自然会远一些。相反，如果来访目的一般，不是特别重要，主方会轻松随意一些，出迎距离也可能相对近一些。

二、迎宾仪式

迎宾仪式，即按一定程序和规范进行的向宾客表示欢迎的一系列行为。不同时代、不同地域、不同文化背景的迎宾仪式有所不同。比如，新西兰毛利人举行迎宾仪式时，会选取部落里跑得最快的人，一边挥舞长矛，一边在宾客面前做各种鬼脸。然后，妇女们边唱边跳迎宾的"哈卡舞"。最后，部落中德高望重的长者缓步走向客人，向他们致以毛利人最高的敬礼——碰鼻子，碰鼻子的时间越长，说明客人受到的礼遇越高。我国土家族人举行迎宾仪式，讲究贵客到来要放铁炮以迎。铁炮如大鞭炮一般大小，竖立于铁匣上，放起来震天动地。如果一时没有铁炮，也可鸣放猎枪表示欢迎。听见炮声，寨上的老人、青年、儿童，要一齐出来迎接贵宾。主人则煨茶、装烟，做油茶汤，大摆酒席。席上，要喝大碗酒，吃大块肉。同时，还要请寨上的老人或头面人物陪客把盏。

当代行政交往中的迎宾仪式也可能因地域、文化不同而有所不同，但基本的程序、规范是大致相同的，一般有握手、拥抱、寒暄、献花、夹道欢迎、鸣礼炮、走红毯、检阅仪仗队等。

（一）握手

迎宾仪式的第一个动作，大都是握手，主方主动伸手与客人握手，表示友好、欢迎。这一习惯应该说是从西方传入的，中国人的传统方式是行拱手礼，即所谓作揖。

（二）拥抱

拥抱是较握手更为热情的动作，朋友间的拥抱表示心贴心的信任。拥抱也往往成为迎宾仪式的第一个动作或第二个动作，有些人可能在握手之后再来一个拥抱。中国人比较含蓄，较少行拥抱礼，尤其是不太熟悉的人之间或异性之间。

心理学的研究表明，拥抱和触摸有利于心理健康。那些经常被接触和拥抱的人，心理素质要比缺乏这些的人健康得多。人与人之间最好的身体接触方式

 行政礼仪研究

就是拥抱，因为它既简单又明确地表达着人与人之间最真的关爱。拥抱也会帮助人消除沮丧，消除疲劳，增强勇气，注入活力。正因为如此，在迎宾仪式上，拥抱礼是仅次于握手礼的常规动作。

拥抱的动作要领为双方相互靠近，张开双臂，与对方相拥。相拥有三种姿势：①手过肩。当对方身材较你矮小时，你可以用手过肩的方式与其拥抱。②手不过肩。当对方身材比你高大时，你可以用手不过肩的方式与其拥抱。③十字式。双方张开双臂，一只手臂高，一只手臂低，高的手臂越过对方肩膀，低的手臂穿过对方腋下，靠近相拥时，下颌抵住对方肩头。这是最常见的拥抱方式，尤其当双方身材高矮差不多时。双方相拥时，可以用手轻轻拍打或抚摸对方背部，3～5秒后松开，结束拥抱。

（三）寒暄

寒暄，即相互之间嘘寒问暖。迎宾时，握手、拥抱的同时或之后，应热情问候对方："你好（您好）！""欢迎！""一路辛苦了！""路上顺利吧？"等等。这种问候体现主方对来访宾客的关怀和尊重，是必不可少的礼仪行为。

（四）献花

迎宾时，向宾客献上一束鲜花，意味着祝福与欢迎，是一种较为隆重的迎宾礼仪。在行政接待中，国内行政交往一般会省略这一环节，以示俭朴。国际友人来访，常常有献花礼。一般献花礼在正式的欢迎仪式上举行，主方代表与来宾握手、拥抱、寒暄后，即由专职礼仪人员（儿童或青年）手捧鲜花敬献客人。

（五）夹道欢迎

夹道欢迎，是指宾客到达时，有群众（自发）站在道路两旁热烈欢迎。陈毅在《纪念宁沪解放十周年》一诗中有说："至今犹忆入城日，夹道献花万巷空。"① 这是一种非常隆重的欢迎礼仪，国内行政交往一般不会有这一环节，国际交往中也较少使用这一礼仪。

（六）鸣礼炮

鸣礼炮是一种盛大的迎宾礼仪，一般只在迎接国宾时使用。国内行政交往大都不会使用这一礼仪。我国民间有放鞭炮、放火铳迎宾的习俗，与鸣礼炮类

---

① 中共中央文献研究室编：《陈毅诗词集》下，中央文献出版社2012年版，第437页。

似。鸣礼炮这一礼仪据说起源于英国。相传，400多年前，英国海军舰船进入另一国港口之前，或在公海与外国舰船相遇时，往往放空炮以示没有敌意，而对方也相应以鸣炮回敬。久而久之，鸣炮成了国际惯例，成为盛大庆典或隆重的迎宾仪式上经常应用的一种礼节。按国际惯例，鸣礼炮21响为最高规格，每每用于国家大典或迎送外国元首的仪式；19响为二级规格，多用于迎送外国政府首脑的仪式；17响是三级规格，多用于迎送外国政府首脑副职的仪式。

（七）奏乐

奏乐，即演奏乐曲。主人在接待客人时，为了营造欢乐愉快的氛围，表达主人对客人的热情，除了鸣礼炮，往往会演奏一些节奏明快、悦耳动听的乐曲。行政接待中奏乐主要出现在欢迎国宾的礼仪程序中。按当今国际惯例，在欢迎外国元首或政府首脑时，须演奏两国的国歌及其他迎宾曲。国内行政接待大都没有奏乐这一环节。

（八）走红毯

走红毯，即主方在迎接客人的地点铺上一段红色地毯，让客人从红地毯上走来。红色象征热情、喜庆，代表主方对客人表示热烈欢迎和崇高的敬意，是主方给予客人的一种极高礼遇。行政接待中的走红毯主要用于国际交往，用于接待外国元首或政府首脑等重要国宾，国内行政接待一般不设走红毯环节。

（九）检阅仪仗队

仪仗队是军队中执行礼仪任务的分队，一般由陆、海、空三个军种的人员组成，也可能由某一军种人员单独组成，执行任务时配有军乐队。检阅仪仗队，即对仪仗队进行检查、阅览。这是迎接国宾时的重要礼仪环节，代表国家的最高礼遇。国内行政接待中，大都不设检阅仪仗队环节。

三、引导进入工作（会见）地点

迎宾的最后一个环节是引导客人进入工作地点。其中，须注意的礼仪行为主要有三个方面：指引、居左或居右、并行或先后。

（一）指引

迎宾仪式结束后，正式会谈（工作）就要开始了。会谈位置在哪儿？客人不熟悉，自然需要主人引导。这时主人应有一个指引动作，即右手（或左手）抬到略高于腰带位置的高度，五指并拢，掌心向上，以肘为轴，缓慢转

向前往会谈的方向,身体同时稍向前倾,有微度鞠躬动作,并注意微笑,说:"请!"

(二)居左还是居右

在指引并行进的过程中,主人是居客人右还是居客人左?以我国传统礼仪规范而言,应该是居客人右。我国传统礼仪尚左,以左为大,让客人走在左边,是对客人的尊重。《礼记》说:"主人入门而右,客入门而左;主人就东阶,客就西阶。客若降等,则就主人之阶;主人固辞,然后客复就西阶。"① 这段话说得很明白,主人引导客人时,主人应在客人右边,客人走在主人左边。但西方礼仪尚右,以右为尊,所以引导客人时,应该在客人的左边,让客人走在右边。当前我们选择与国际接轨,统一以右为尊,引导时应走在客人左边。

(三)并行还是先后

引导客人时,一般来说,应与客人并行,以示主客平等、齐头并进。但这也不是绝对的,有时应让客人优先,有时则可以略先于客人。有些狭窄的地方,不便于两人同时通过时,可以请客人先通过,但如果需要先排除障碍或提供帮助时,则主人应先客人一步。比如乘电梯,讲究先进后出,主人先进去,按住开门键以方便客人从容进入;而出电梯时,主人也应按住开门键以方便客人出电梯,所以后出。《礼记》也说过这事:"凡与客人者,每门让于客。客至于寝门,则主人请入为席,然后出迎客。"② 凡与客人一同进门时,每到门口都应谦让请客人先进;但到起居室门口时,主人应先进去铺座位,然后迎接客人。

这里应该注意的是,如果你是客人,在被主人引导时则应略后于主人,不要大摇大摆地走到主人前面去,以示尊重主人、客随主便。《礼记》说:"主人与客让登,主人先登,客从之,拾级聚足,连步以上。"③ 这是说,上台阶时,主人与客人相互谦让,最后还是主人先登,而客人跟着,主人跨上一级,客人亦跨上一级,客人的前足步刚好合着主人的后足步,这样连步上去。

---

① 胡平生、张萌译注:《礼记》上,中华书局2017年版,第19页。
② 胡平生、张萌译注:《礼记》上,中华书局2017年版,第18—19页。
③ 胡平生、张萌译注:《礼记》上,中华书局2017年版,第19页。

第二节 会见礼仪

会见是接待的核心环节。客人来的目的无非与主人见面、交谈、协商，如果主人不愿意与客人会见，客人大都不会上门，接待就不存在了。会见礼仪主要可以从会见人员、会见场所、座次安排等方面来讨论。

一、会见人员

与客人会见时首先要考虑的是参与会见的人员问题。在行政接待中，会见礼仪中的人员考虑主要有三个原则：对等原则、略高原则、最高原则。

（一）对等原则

对等原则，是说会见时，主方人员或主方带队领导的行政级别与客人或客方带队领导的行政级别应该相当。比如，客人如果是一个正处级官员（公务员）或带队领导是一个正处级官员，那么主方会见人员或主方会见人员的带队领导也应该是一个正处级官员。如果主方安排一个副处级甚至更低级别的官员会见客方，则显得对客人不够尊重，有失礼仪。

另外，对等原则也有人数和业务方面的考虑。一方面，主方参与会见的人数应与客方人数大致相当，客方来多少人，主方也应该安排多少人参与会见。如果主方人数明显少于客方人数，就会显得主方不够隆重。另一方面，主方应考虑客方人员的职务情况安排相同或相似职务的官员参与会见，即业务上对口，也称对口接待。如果参与会见人员在业务上不对口，则可能难有共同话题，也会显得主方不够重视，有敷衍应付之失。

（二）略高原则

略高原则，是指在有些情况下，会见时主方人员的行政级别应该略高于客方人员的行政级别。哪些情况下应该略高？大概有三种情况：①上级主管部门来人；②客方虽然行政级别低，但资历老、威望高、影响大；③会谈内容重要。在这三种情况下，如果主方仍以对等原则处理，也可能有失礼仪。

（三）最高原则

最高原则，是指来访客人行政级别较高，主方最高领导的行政级别也不及客方高，在这种情况下，主方应由最高行政级别官员（最高领导）会见客人。主方出动了最高领导，行政级别仍然低于来访客人，也不失礼。但如果最高领导不参与会见，则有失礼仪。

二、会见场所

会见来访客人的场所安排，也涉及礼仪问题。在行政接待中，会见场所的礼仪问题大概体现在以下五个方面：正式、宽敞、明亮、整洁、舒适。

（一）正式

会见来访客人应该在一个正式的场所，即专门用于会见的、有所布置的、适合会见的场所，而不是非正式的、随便安排的、没有专门布置的、不太适合会见的场所。选择正式场所会见来访客人，体现主方对会见的重视，对来访客人的尊重。相反，如果会见场所不正式，则意味着主方不重视这次会见，不够尊重来访客人，因而失礼。

（二）宽敞

宽敞，是指会见场所应该有足够的空间，可以容纳主客双方的全部人员，每个人都有座位，且相互可以保持适当的距离。如果会见场所过于狭窄，主客双方过于挨紧，会感到尴尬，会影响会见效果，也会让客人觉得主方不够重视、不够尊重，因而失礼。

当然，宽敞不是越宽越好。相反，会见场所过于宽大，主客双方隔得太远，也可能让人觉得不舒服。客人觉得不舒服，就意味着主方不够周到，也有失礼仪。

（三）明亮

明亮，是指会见场所应该光线充足，会见时彼此能看清对方的面部表情。但也不是越亮越好，亮到刺眼，会让人不舒服，也不妥当。

（四）整洁

会见场所应该是整齐干净的，而不应该是凌乱肮脏的。凌乱肮脏说明没有事先打扫整理，说明主方对会见准备不充分，意味着主方对来访客人不尊重，因而失礼。

（五）舒适

舒适，是指会见场所的各种条件符合人体需求，让人感到轻松自在、心情舒畅。前面说到的宽敞、明亮、整洁都是满足人体舒适感的条件，此外还包括座椅的宽度、高度、柔软度，以及室内温度、湿度等。尽可能让客人感到舒适，体现主方对客人的尊重。

当然，舒适是相对的，条件总是有限的，不能说越舒适越合"礼"。会见场所要求的舒适，是主方能力范围内的尽可能保障的舒适。一般来说，应是与主方办公条件相当或略高于主方办公条件的舒适。也就是说，会见场所的各项条件应不低于主方办公条件，如果低于办公条件，则说明主方不够尊重客人，于礼有失。

三、座次安排

会见时的座次安排是一个比较敏感的礼仪问题，主方如果处理不当，会让客人感到不舒服，因而失礼于人。行政接待中的座次安排应遵循以下礼仪规范：面门为尊、居右为尊、居中为尊、主随客便。

（一）面门为尊

会见时，如果安排主客相对而坐，则应让客方面对门口。习惯认为，面对门口的位置是"上席""尊位"，让客方面门而坐是对客人的尊敬。为什么"面门为尊"？因为视野最好，最少干扰等，所以"尊""上"。

（二）居右为尊

会见时，如果采取"并列式"坐法，即主客双方"平起平坐"，则应安排客方坐主方的右侧。习惯以右为上，以右为尊（我国传统认为左为上），安排客人坐右侧是对客人的尊敬。

"平起平坐"也体现主方对客方的尊敬。按道理说，在主客关系中，主比客大。所以，主方愿意与客方平起平坐，是对客方的尊敬。但也正因为如此，主方应该注意，如果客方身份地位（行政级别）明显高于主方，则主方大大咧咧与客方"平起平坐"，也是失礼的。反过来，你是客人，如果主方的身份地位明显高于你，却安排你"平起平坐"，你应该谦让，不可坦然居之。

（三）居中为尊

会见时，如果客方人数较少，甚至只有一人，而主方人数较多，则应将客方安排在中间位置就座。中间位置是注意力的中心、焦点，所以为尊、为上，让客方居中是对客人的尊重。

（四）主随客便

在行政接待的会见中，有时也不必太过死板，主方可以请客方在一定范围内随便坐。如果客人已经选择座位自行坐下，则主人不必请客人起来重新坐在一个"合适"的位置上。尊重客人的意愿，主随客便，也是对客人的一种尊重，不为失礼。

四、其他服务

会见时，除上述礼仪问题外，还应注意为客方提供其他必要的服务，如茶水、纸巾、纸笔、翻译等。这些必要的服务如果不够周到，也有失礼仪。

（一）茶水

会见时，无论主客都难免口渴，客方远道而来不方便自带茶水，所以主方应为客方提供茶水。喝茶是大多数中国人的饮用习惯，奉茶是中国传统的待客之道。主人在与客人会见座谈的过程中，一般都讲究请客人喝茶。西方人习惯喝咖啡，在与西方人的交往过程中，有些中国人也渐渐学会、习惯喝咖啡，因此，在行政接待中，也可以根据客人喜好提供咖啡。尤其是外事接待中，应充分尊重外国人的饮用习惯。无论茶还是咖啡，都以热饮为佳，会见时主方可以尽可能提供热茶或热咖啡。如果客方人数较多，主方条件有限，不便提供热饮，也可以只为客人提供瓶装凉水，如矿泉水或纯净水等。

（二）纸巾

纸巾，即纸质手巾。会见过程中，客人可能因为饮用茶水或咳嗽等需要擦拭嘴、鼻、手等，主方备有纸巾会让客人感受到体贴、温馨，体现主方对客方的尊重。

（三）纸笔

会见时，可能有书写、记录的需要。一般来说，客方也可能自带纸笔，但如果客方一时疏忽忘带，主方有备则能彰显主方的周到，彰显主方对客方的尊重。

（四）翻译

这主要是就涉外会见而言的。在涉外会见时，主客双方可能会遇到语言不通的问题，这就要求主方安排翻译人员。客方也可能会随带翻译人员，但主方应该做好准备，如果完全依赖客方的翻译服务，则主方有失周全。

第三节 宴请礼仪

宴请，即邀请客人聚在一起喝酒吃饭。饮食是人的基本需求，客人来了，尤其远道而来，如果不请客人喝酒吃饭，是非常失礼的。在行政接待过程中，不可避免要宴请来访客人。宴请有许多礼仪讲究，主要可以从宴请形式、宴请程序、菜肴、酒水等方面来理解。

一、宴请形式

宴请行为，包含谁宴请（主人）、宴请谁（客人）、为什么宴请（目的）、以什么名义宴请（名义）、在什么地方宴请（地点）、吃什么菜（菜肴）、喝什么酒（酒水）等要素。这些要素构成宴请的形式，其中任一要素或多项要素有所不同，决定宴请的形式也会有所不同。常见的宴请形式有接风洗尘宴、饯行宴、国宴、便宴、家宴、晚宴、中餐宴、西餐宴等。

（一）接风洗尘宴

接风洗尘宴，即欢迎客人（或外出归来的亲人、朋友）到来的宴请。接风，迎接、欢迎的意思。客来如风（行如风），欢迎客人到来，所以叫接风。洗尘有慰劳的意思，客人远道而来，风尘仆仆，舟车劳顿，主人希望通过宴请消除客人的疲惫，犹如洗去客人身上的尘土。在行政接待中，客人来到后的第一次宴请，也可以是接风洗尘宴。

（二）饯行宴

饯行，亦称饯别，即送别宴请。饯行，本意指出门远行前以酒食祭祀路神，祈求一路平安；因为祭祀路神后的酒食还是由人吃掉，所以饯行实质上是出行前吃饱喝足，以使体力充沛的一种行为。饯行，可以是自己为自己饯行，也可以是别人为我或我为别人饯行。别人为我或我为别人饯行，则演变为送别宴请。这一方面是为了让被宴请人在临行前吃饱喝足，另一方面也是为了向被宴请人表达一路平安的良好祝愿。在行政接待中，也常常有饯行宴。

（三）国宴

国宴，是指国家元首或政府首脑为欢迎外国元首或政府首脑来访，或庆祝重要节日而举办的宴请活动。举行国宴时，宴请场所会悬挂国旗，会安排乐队奏国歌，席间会有领导人致辞等。国宴往往在晚上举行，所以也称晚宴。

（四）便宴

便宴即较为简单的宴请，或称非正式宴请。主要特征为规模较小，菜式、酒水较普通，礼仪程序较简单，等等。在行政接待中，国内行政系统内部交往的宴请大都为便宴。

（五）家宴

家宴，即在家中以私人名义举行的宴请。其主要特征，除"家中""私人名义"外，还有人数较少、菜式家常化、宾主间亲切随意等。行政接待中也常有家宴形式，如果主客之间除了工作关系，还有私人关系（私交），或为了营造亲切随意的气氛，建立良好的私人感情，便有可能以家宴形式进行宴请。在国与国的交往中，国家元首或政府首脑也常有家宴形式的宴请，例如，习近平主席出访时就曾多次出席外国元首举行的家宴。

（六）中餐宴

中餐宴，即遵循中国传统饮食习惯和礼仪，喝中国酒，吃中国菜，用中国餐具的宴请形式。

（七）西餐宴

西餐宴，即遵循西方传统饮食习惯和礼仪，喝洋酒，吃西式菜点，使用西式餐具（刀、叉、匙等），采取分食制的宴请形式。

二、宴请程序

宴请程序，即宴请过程中的主要行为及顺序，大概如下：邀请、迎客、让座、点菜、主人致辞、客人致辞、敬酒、散席、送别等（其点菜和敬酒将在"程序"之后专门讨论）。宴请程序本身就是一种礼仪规范，其程序中的各项行为也蕴含着一定的礼仪规范。

（一）邀请

宴请的第一个程序是邀请，即主动请他人来参加"我"准备的宴会。邀请不是通知，更不是命令和强求，而是请求。邀请的礼仪要求大概如下。

1. 主动诚恳

邀请是一种主动行为，而不是被动行为。邀请不仅是主动的，而且是诚恳的，而不是虚情假意。诚恳意味着已经做好一切必要的准备，只要对方应承即可付诸实施。

2. 协商

邀请是请求，不是强求，对方可能因为种种原因而不能接受邀请，或不能按你的时间、地点等要求接受邀请。因此，邀请应该有一个与对方协商的过程，充分考虑对方的方便。有协商的邀请，才是真正诚恳的、合"礼"的邀请。

3. 正式

邀请应该有一个以主方名义发的正式邀请函（请柬、请帖），一般是纸质、手写或印刷的，也可以是电子版的。邀请函应该写明宴请的目的（名义）、时间（年、月、日、时、分）、地点（餐厅、包厢）、参加人员、宴请主人（单位或主要领导）等内容。正式邀请函体现主方对客人的尊重。相反，如果不出具正式邀请函，邀请意思表达不清晰、不充分，可能让客人觉得不受重视，则为失礼。

（二）迎客

宴请客人时，主方通常应该提前到达宴请地点，并准时在宴请场所（餐馆门口或包厢门口）迎候客人。见面时，应与客人握手、寒暄，说："你好！""您好！""欢迎！""请！"

（三）让座

让座，亦可以说引座，即迎客后引导客人就座。迎客后不管客人，客人可能一时不知道自己应该坐在哪里，会有些尴尬，所以是不合"礼"的。

让座，有一个座位安排问题，即让客人坐在哪个位置才是合"礼"的。这与前文"会见"时的座次安排相似，主要讲究面门为上、以右为上。面门为上，应该让客人面朝包厢门口方向而坐，而不应该让客人（尤其是主客）背对着门坐，这体现了对客人的尊重。以右为上，所以应该让客人坐在主人的右手边。如果客人有多位，则应注意让主客坐在紧挨主方最高领导的右手边，2号客人可以安排在紧挨主方最高领导的左手边，在主客的右手边可以安排主方2号领导或主陪坐，以此类推。将主客安排妥当后，其他客人可以根据具体情况做适当安排，而不必拘泥于以右为上、面门为上。

（四）主人致辞

宴会开始时，应该有主人致辞，即主人应有一个正式的、热情洋溢的讲话，主要内容大都为有关宴请目的的说明，以及对客人的赞许、欢迎、宣布宴会开始等。主人致辞时，也往往可以（应该）邀请大家举杯、干杯。

（五）客人致辞

主人致辞后，或宴会过程中，客人也可以有一个正式的、热情洋溢的致辞，其主要内容大都为对主方宴请的感谢、对宴会的赞赏等。客人致辞时，也同样可以邀请大家举杯、干杯。

（六）散席

有道是："天下没有不散的筵席。"宴请应当适时而散，主方应掌握好节奏。但散席也当讲究礼仪，主要应注意三点。

1. 适时

适时，即恰当的、合理的时间。什么时候散席是恰当的、合理的？大概有三项标准：一是大家吃饱喝好了；二是宴席的程序走完了，该说的话说了，该敬的酒敬了；三是时间不早了，大家（尤其是主客）兴致渐弱，有些倦意了。

2. 征询客人意见

主人觉得是散席的时候了，但不能兀自宣布散席，应征询客人意见。先征询主客意见，在与主客取得一致后再征询全体客人意见（民主），大家表示尽兴尽欢了，没有不同意见，便可以散席了。

3. 主人宣布散席

可以散席了，主人（主方主要领导）应该宣布散席，即大声晓谕每位客人，可以说"谢谢各位光临""宴会到此结束"等。

（七）送别

宣布散席后，大家起立，主方应让客人先行，并随后相送（送别）。一般应送到门口，包厢门口或餐馆门口，或送到上车地点，说"慢走"，并目送客人（乘车）远去（作为客人，主人送别时，应主动与主人握手道谢，并请主人留步）。

三、菜肴

宴请离不开菜肴，菜肴的安排即宴请程序中的点菜往往成为宴请成功与否的关键。菜肴安排中的礼仪主要体现在尊重客人的习惯与喜好、美而有特色、丰俭适当三个方面。

（一）尊重客人的习惯与喜好

宴请是要请客人享用美食，因此，在菜肴安排上应该充分尊重客人的习惯与喜好。为客人提供习惯和喜好的美食，客人才可能愉快享用，宴请的目的才能达到。

尊重客人的习惯与喜好，首先要知道客人的习惯与喜好。这要求主方在宴请前做好功课，了解和研究客人，比如客人的国籍和民族，是什么地方的人，做什么工作，在哪里工作、生活过，等等。从这些背景中可以推测出客人在饮食方面可能有怎样的习惯与喜好，以及客人在饮食方面的禁忌；同时也可以向客人身边的工作人员打听，或直接征询本人意见。

（二）美而有特色

宴请时的菜肴首先要讲究美，即色、香、味俱佳，健康（绿色）有营养。如果随便弄一大盆菜、"一锅乱炖"来宴请客人，或是用不达标、有问题、没营养的食品来宴请客人，都是有失礼仪的。

其次，还要讲究有特色，有本地物产特色、传统文化特色及餐馆厨艺特色。用本地最有特色的美食宴请客人，最能体现主方的诚意，体现主方对客人的尊敬。如果没有特色，虽美，却未免平淡；虽不为失礼，却未能给人以深深感动，美中不足也。

（三）丰俭适当

宴请在菜肴安排上一般应讲究丰盛，一方面是分量上的充足，另一方面是菜肴档次较高。这样显得主人大方、盛情，体现对客人的尊敬，礼当如此。反之，如果宴请时菜肴分量不够，档次较低，则客人感到未被尊重，主人也就失礼了。

但是，宴请时菜肴的丰盛应该有度。这一方面要求主方点菜时应根据宴会人数准确估计菜肴的分量，不要过度追求丰盛而导致浪费。浪费可耻，不合乎道德，因而也是不合"礼"的。另一方面是菜肴档次应该适当，或者说量力而行，应根据社会平均消费水平而定，不可为追求高档次而超过自己的支付能力，不可穷奢极侈、追求排场。在行政接待时，公款宴请有金额限制，绝不可违规安排高档次菜肴。同时还要特别注意，不要点以法律法规明确禁止捕杀的动物（保护动物）为原材料的菜肴。用违法违规的方式追求菜肴的高档次，同样是不合"礼"的。

四、酒水

宴请离不开酒水，有道是"无酒不成宴席"。酒是一种以粮食、水果等含淀粉、糖的物质为原料，经发酵酿造而成的带有刺激性的饮料。其化学成分是乙醇，一般含有微量的杂醇和酯类物质。据说，酒在我国的起源可以追溯到人类之前的猿猴时代。猿猴在山林中把吃剩的果类丢弃在洞穴的石洼中，野果上附着的酵母菌和微生物导致果类的糖分自然发酵，酿成原始酒，称"猿酒"。商周时代，谷物的种植面积增加，酿酒的原料由以果类为主发展到以谷物为主。周朝时，饮酒的人越来越多，以至于朝廷设有专门管理酿造的官员"酒正"，酿酒的技术也不断提高。西汉时期，张骞出使西域，带回了葡萄的种植技术和酿酒技术。宋元时代，我国已能酿造蒸馏酒。18世纪后期，国外的啤酒、白兰地、威士忌酒等相继传入我国。

酒的种类繁多，大概有以下几种分类方法：一是根据酿造方法分类，有蒸馏酒（白酒大都属于这类），原发酵酒（又称压榨酒，如啤酒、黄酒、葡萄酒等），兑制酒（又称配制酒）等；二是根据酒精含量分类，有高度酒（以蒸馏酒为主、40度以上）、中度酒（20～40度之间）、低度酒（以发酵酒为主，20度以下）；三是根据香型分类，有酱香型、浓香型、清香型、米香型、兼香型等；四是国产酒和洋酒，洋酒指外国人酿的酒，主要有葡萄酒、啤酒、鸡尾酒等。

酒对人有无益处？人类为什么喜欢喝酒？一般认为，少量饮酒可以畅通血脉、增进食欲、消除疲劳。但也有研究表明，饮酒对人有许多害处，例如，经常饮酒对肝脏的危害很大，会引发酒精性脂肪肝、酒精性肝炎及酒精性肝硬化等。人们之所以喜欢酒，主要是因为酒能帮助人们释放生命激情，给人以自由奔放的快乐。

人们饮酒是为了寻求自由快乐，但无疑要接受礼仪规范，酒礼与酒同步诞生，同时存在。我国传统酒礼主要讲究敬、序、节等基本原则。当代行政宴请中的"酒礼"也主要从敬酒、有序、节制等方面来理解。

（一）敬酒

所谓敬酒，即相敬以酒。正式宴会上，我们不能旁若无人地独饮，而应该相互表达敬意，然后共饮。古人表达敬意讲究"盥、洗、扬觯""拜至、拜洗、拜受、拜送、拜既"[①]。现代人敬酒与古人大概相同，一般讲究这样的程序：为对方斟酒，举杯，与对方碰杯，相互祝福，与对方共饮，饮毕互相致谢。敬酒时，可以同时敬在场所有人，也可以单独敬某个人。

---

① 胡平生、张萌译注：《礼记》下，中华书局2017年版，第1191页。

第六章 行政接待礼仪

（二）有序

所谓有序，是指敬酒劝饮乃至于整个宴请过程应该遵守一定的等级秩序，这主要体现在坐席安排和敬酒的先后顺序等方面。座席安排前文已述。敬酒的顺序主要讲究两条：一是主人先敬客人，然后是客人回敬主人。① 在主人没敬客人之前，客人不能喧宾夺主，先敬主人酒。二是单独敬酒时，应先敬身份地位最高的人，或就宴请主题而言最重要的人，后敬其他人，敬其他人时往往依座次顺序逐一敬。

（三）节制

所谓节制，即饮酒有度，宴席之上可以开怀畅饮，但不可借酒捣乱，或醉后失态，影响工作，扰乱生活秩序。我国古人强调"饮酒之节，朝不废朝，莫不废夕""和乐而不流""安燕而不乱"。②《尚书·周书·酒诰》中，周公特别强调商朝灭亡的一个重要原因是商纣王酗酒淫乱，所以告诫其弟康叔不要经常饮酒，只有祭祀的时候才可以饮酒，而且要用道德约束自己，不要喝醉。③ 当代我国在行政宴请时也特别强调饮酒的节制，主要体现在两个方面：一是不喝酒。为了确保工作时精力旺盛，不至于醉酒误事，或为了节省行政开支，遵守廉政规范，有些行政宴请可以不上酒（不允许上酒）。二是喝酒时量力而行、适可而止，不要因为逞一时之快而超量饮酒。敬人酒或被人敬酒时，如果酒量有限，可以向对方诚恳说明，不一定要勉强自己，更不要勉强对方一饮而尽，可以随意。

（四）注意不要滥行酒令，不要以女性佐酒

行酒令是酒席上的一种活跃气氛的助兴游戏，是我国民间风俗之一。这一风俗由来已久，原本是为了维持酒席上的秩序而设立的一种监督方式，与礼仪有关。西周时期的射礼——"燕射"，就是为宴饮而设的酒令。燕射以射箭决胜负，负者饮酒。孔子曾说："君子无所争，必也射乎！揖让而升，下而饮。其争也君子。"④ 其所谓"射"即燕射。后演绎出"投壶"游戏，酒宴上设一口广腹大颈细长的壶，宾客依次将箭向壶内投去，以投中多者为胜，负者罚

---

① 宾主互相敬酒叫"酬酢"。酬：主人向客人敬酒，酢：客人向主人敬酒。
② 胡平生、张萌译注：《礼记》下，中华书局2017年版，第1200页。
③ 参见王世舜、王翠叶译注《尚书》，中华书局2012年版，第197、198页。
④ 陈晓芬、徐儒宗译注：《论语·大学·中庸》，中华书局2015年版，第29页。

酒。酒令在中国文化史上可谓丰富多彩、五花八门，有曲水流觞、藏钩、射覆、击鼓传花、猜拳（划拳）、对对联、猜谜、拧酒令儿（酒令公仔）、摇骰子等，有雅有俗，难以尽言。

行酒令显然有利有弊，有利于营造欢乐氛围，建立良好的人际友谊，但也可能使场面失控，致饮酒过量，或因罚酒过当而伤害人际关系。因此，必须慎用酒令，不可滥行。滥行酒令，使酒令成为赌酒、逼酒的手段，则有失礼仪。

另外，历史上有一种"喝花酒"的陋习，注意不可效尤。喝花酒，一般是在青楼（妓院）或是普通酒馆摆下酒席，然后请歌舞伎陪饮，其间常行些淫秽酒令对歌舞伎进行调戏甚或亲昵狎弄，以佐酒助兴。如今，明目张胆地"喝花酒"的现象可能没有了，但有变相存在，比如宴请时故意安排几个年轻漂亮的女性同事、下属陪饮劝酒，在酒席上与女性开玩笑、讲荤段子等。当然，这并非说不可以与女性同饮，而是说不可以轻慢、侮辱女性，不可以女性为助饮的佐料。应该尊重女性，平等对待女性；否则，有失礼仪。

第四节 送别礼仪

送别，即来访者（宾客）离去时，主人为其送行、道别。送别体现主人对客人的尊重和友情，乃理所当然。唐朝李白《赠汪伦》诗曰："李白乘舟将欲行，忽闻岸上踏歌声。桃花潭水深千尺，不及汪伦送我情。"行政接待中，送别也是一个重要环节，不可忽视，否则有失礼仪。送别礼仪主要可以从送别时间、送别地点、送别人员、送别方式等方面来讨论。

一、送别时间

送别时间当然是客人离去的时间，但主方应注意把握恰当，否则可能失礼。主要应注意以下两个方面。

（一）客人主动告知离别计划

客人的离别计划应由客人主动告知主人，主人不宜主动向客人询问其离别时间，否则有逐客嫌疑，有失礼仪。当客人向主人告知离别计划时，主人一般应加以挽留，但应充分尊重客人安排，不必强留。行政接待中，客人来访计划往往是事先商定好的，当客人告知离别时间时，也可以省略挽留表示，但应有惜别表示（比如说"这次相聚很愉快""时间过得真快""欢迎再来"等），以体现对客人的尊重。

（二）主人适时为客人送别

主人送别客人的时间不能太早，也不能太晚，应恰到好处。太早了，客人还没做好起程准备，未免让客人忙乱尴尬，甚至有催促客人的嫌疑，不太合"礼"。太晚了则显仓促，不能从容告别，可能影响到客人的起程安排，也不太合"礼"。不同的送别地点、送别方式也可能决定送别时间安排上略有不同，可能略早或略晚一些，但最早不应早过客人临行前一天的中餐前，最晚不晚过客人起程前 15 分钟左右的时间。

二、送别地点

送别地点与迎接地点是大概一致的，客人从什么地方来，也往往要回什么地方去。所以，送别地点无非机场、车站、码头、宾馆、办公地等。同样，主方选择送别地点的原则与选择迎接地点的原则基本上是一致的。

三、送别人员

送别人员安排与迎接人员安排是基本一致的，客人由谁出面迎接，一般也应由谁出面送别。其原则与参与会见人员安排的原则大致相同（参与会见的人员往往也是负责迎接的人员），包括对等原则、略高原则和最高原则。如果负责迎接的人员因故不能参加送别，主方应该予以说明解释，以免客人猜疑误解。有些单位如果设有专门的接待部门，则负责迎接和送别的人员可能与会见人员有所不同。

四、送别方式

常见的送别方式有饯行、话别（道别）、送行等。

（一）饯行

饯行，即客人临行前请客人吃饭喝酒，以示祝福、惜别，这与前文讨论过的饯行宴是一个意思。行政接待中，如果设饯行宴，一般会在客人离去前的正餐（中餐或晚餐）时间，较少在早餐时间设饯行宴。行政接待中的饯行宴是一种较高规格的礼遇，往往只对较重要的客人或停留较长时间的客人而设，一般性行政接待不会有饯行宴。

（二）话别

话别，指客人离开前，主人专门安排的与客人的聚谈。话别也可以称道别，但道别与话别似乎有所不同。道别，既可能是主人主动与客人道别，也可能是客人主动向主人道别；话别，则只能是主人与客人话别。

话别的时间一般选择在客人临行前一天下午或晚上，或临行前的几小时内。太早了不妥，太晚了也不恰当。话别地点一般选择在客人下榻处，这样比较方便客人，更彰显对客人的尊重。话别人员一般为主方参与迎接、会见的最高领导，但不一定要求参与迎接和会见的全部人员都参与话别。如果客方人员较多，则话别时不一定要求全部人员参与话别，客方主要领导及部分代表参加即可。

话别的内容大概有四个方面：一是主方向客人表达惜别之情；二是主方向客人赠送纪念性礼品（也可以没有）；三是听取客人的意见和建议；四是询问客人有无需要帮忙代劳的事情。话别时，客方也应该向主方表达谢意等。

（三）送行

送行，指主人与客人（有时候也不一定是主人与客人之间而可能是朋友之间、亲人之间）话别、饯行后，至客人起程时，向客人挥手作别并目送客人离开的礼节性行为。在行政接待中，送行也是一种常用的、必要的送别方式。

送行方式在实际应用中可简可繁（隆重）。简与繁的区别主要体现在送行地点、送行人员及人数、是否伴行及伴行距离长短等方面。简单的送行方式，送行地点一般选在离主方办公地点较近的地方，较多考虑主方的方便，送行人员不一定是参与会见的主要领导，送行人数较少，一般不伴行，只是握手，说"再见"，"祝一路顺风"，然后挥手、目送。繁复或隆重的送行方式则不同，送行地点选择时更多地考虑客人的方便，因而可能离主方办公地点较远，送行人员往往是参与会见的最高领导，送行的人数较多，往往会伴行一段距离，然后一一握手，说"再见"，"祝一路顺风"，挥手，目送。

送行方式的简与繁，一般与客人的身份地位、主客双方关系的友好程度、来访的重要性程度等因素有关。如果客人身份地位较低，主客双方关系的友好程度一般，来访的重要性程度一般，则可以采用较为简单的送行方式。反之，则可以采用较为隆重的送行方式。

就合"礼"性而言，并非越是隆重的送行越是合"礼"，越是简单的送行方式就越是不太合"礼"。当简则简，当繁则繁，只要恰当，就都是合"礼"的。在行政接待中，国内的、行政系统内的交往，一般应尽可能简单，以免浪费时间和人力、物力。

第七章　行政会议礼仪

会议，是一种多人会聚在一起议事交流、寻求共识的活动形式。行政管理过程中，经常需要召开行政会议，就公共问题进行讨论，寻求解决公共问题、实现公共利益的政策共识。行政会议也是人与人、人与组织、组织与组织之间的一种交往形式，其行为无疑也应该遵循一定的礼仪规范。本章将从会议名称、会议通知、会议程序、会议座次、与会人员等方面讨论行政会议礼仪问题。

第一节　会　议　名　称

会议名称是对会议主要特征的一种概括性表述。那么，我们应该从哪些方面去概括会议的主要特征？如何给会议确定名称才是合"礼"的？

一、会议的特征

会议的特征，即会议蕴含的与其他会议相区别的特殊性。会议的特殊性主要体现在与会人员（身份与规模）、会议主题、会议目的、会议召开的形式（手段）、时间和届次等方面，我们可以从这些方面去认识会议的特征。

（一）与会人员

与会人员，即参与会议的人员。不同的会议，其参与人员是不同的，与会人员是会议的一个重要特征。与会人员的不同主要体现在两个方面：一方面是与会人员的身份不同，另一方面是与会人员的人数规模不同。许多会议名称正是通过对与会人员身份、规模的概括而确定的，如人民代表大会、党员代表大会、职工代表大会、妇女代表大会、股东大会、常委会、理事会、董事会等。其中，人民代表、党员代表、职工代表、妇女代表、股东、常委、理事、董事都是指与会人员的身份，大会则指人数规模。

（二）会议主题

会议主题，即会议讨论的主要问题，或议事的主要内容。不同的会议，其讨论的主题往往是不同的。因此，主题是会议的一个重要特征。许多会议名称正是通过对会议主题的概括而确定的，如工作布置会、经验交流会、现场办公会、听证会、答辩会、鉴定会、表彰会、纪念会、庆祝会、庆功会、命名会等。

（三）会议目的

会议目的，即召开会议所期望达到的目的、目标。不同的会议，其所追求的目的是不同的，目的是会议的一个重要特征。许多会议名称往往是通过对会议目的的概括而确定的，如招商会、订货会、广告推介会、促销会、新闻发布会、记者招待会、报告会、咨询会、动员大会等。

（四）会议形式

会议形式，即会议所倚重的手段、媒介或会议议事的方式。不同的会议，其会议形式可能是不同的。所以，形式也是会议的一个重要特征。许多会议名称正是通过对会议形式的概括而确定的，如电话会议、电视会议、网络会议、茶话会、宴会、圆桌会议、座谈会、酒会等。

（五）时间和届次

会议召开的时间和会议召开的届、次也是会议的重要特征。有些会议，其参与人员、会议主题、会议目标、会议形式等都可能是相同的，不同的只有会议召开的时间（日期）和届次。因此，有些会议名称中会出现"第×届""第×次"的限定词，如中国共产党第十九次全国代表大会、中华人民共和国第十三届全国人民代表大会第一次会议等。

二、会名的合"礼"性

会议是人的会议，同时因为其所议事项具有一定的公共性，涉及许多相关人员的利益，所以任何一个会议都可能有许多人在期待和支持。因此，给某个会议确定名称，就不仅仅是给会议活动一个称呼而已，同时也体现称呼对与会人员及对会议有期待和支持的人们的尊重与否的态度问题，即礼仪问题。合"礼"的会名（会名的合"礼"性）主要体现在准确、简洁、庄重三个方面。

（一）准确

准确，是指会议名称应该准确反映会议的主要特征。通过会名，我们即可知道开会的是哪些人，会议的主题是什么，开会的目的是什么，这是一个什么形式的会议等。通过会名，可以让与会人员、与会议有关的人员及关心会议的人们准确了解会议的性质，而不至于因误解而误事，或造成损失，或产生困惑。这体现会议组织者或会名确定者对本职工作的谨慎，对所有相关人员的尊重，礼在其中。相反，如果会名取得不准确，则在一定程度上意味着会议组织者或会名确立者有失礼仪。

（二）简洁

简洁，是指会名应该尽可能简短，不能过于冗长，应便于呼唤、便于记忆。简洁不是简单，会名必须反映会议的主要特征，只是不要有多余的、不必要的、可以省略的信息（文字）。这既是会议组织者语言技术的体现，同时也是会议组织者礼仪修养的体现，反映了会议组织者对所有使用会议名称的人的尊重。相反，如果会名过于冗长，人们使用会名时不胜其烦，则显得会议组织者失礼。

（三）庄重

庄重，是指会名不能随便取，不能有调侃、戏谑的意味，而应该严肃认真。会议，尤其是行政会议，涉及很多人的利益，是要付出较高成本的（时间与金钱），因此，不能拿会名开玩笑，而必须严肃对待。这也就要求会名显得庄重，使人们不至于称呼会名时产生玩笑不恭的念头。给会议取一个庄重的会名，意味着对与会人员及所有相关人员的尊重，"礼"所应当。反之，给会议取一个不够庄重的会名，有失礼仪。

第二节　会议通知

通知，是一种由上级发给下级（组织或个人）的知照性公文，一般由标题、主送单位（或个人）、正文、落款四部分组成。会议通知涉及的礼仪问题主要有只能给下属单位（或个人）发通知、标题应完整规范、主送单位（受文单位）顶格、通知事项完整清楚、落款和日期明确规范等。

一、只能给下属单位（或个人）发通知

通知是一种知照性公文，是一个主体向另一个主体发出的一种不容置疑、不可商量、必须执行的指令。因此，只有在一定的组织系统中，具有领导权的上级，才可以向下级发出通知。组织系统中的下级是不可以向上级发通知的，组织系统中任何一级组织也不可以向组织系统外的任何组织或个人发通知。否则，是不合法的，也是不合"礼"的。

所以，会议通知只能是上级组织发给下属的单位或个人。如果一个下级单位给自己的上级单位或上级领导发开会通知，则是明显错误的、失礼的行为。会议通知也不能向没有隶属关系的组织或个人发出。如果希望某个非隶属关系的单位或个人来参加会议，则应该（只能）发邀请函。邀请，意味着双方是平等的，参会与否是可以协商的，对方有权拒绝。

另外还应注意，上级组织给下级组织发通知时，一般应该逐级发，不要越级发。这也体现了上级组织对下级组织的尊重，既是一种组织原则，也是一种礼仪规范。

二、标题完整规范

通知一般都有一个标题，以使被通知者一目了然。通知标题一般包含三个内容（要素）：发文单位（组织机构）、主要内容、文种（通知）。会议通知也应该有一个标题，其标题应该包含会议通知的发出者、会议名称（会议主题）、文种（通知）。这三个要素应完整，其表达也应合乎规范。

三、主送单位（或个人）顶格

会议通知应该明确被通知开会的单位（或个人），即会议通知的主送单位（受文单位或个人）。在正式行文时，主送单位（或个人）应该顶格书写。这表示通知者（上级单位或领导者）对被通知者的尊重，这是我国传统的文书礼仪。如果会议通知没有明确的主送单位或个人，或是正式行文时没有顶格书写，则为失礼。

四、通知事项完整清楚

会议通知一般包括会议的主题、开会的原因或目的、开会的时间和地点、与会单位（人员）、须准备的资料及其他须注意的事项等。这些事项应该在通知中表述完整清楚。如果这些事项在通知中有缺失或模糊表述，则可能给与会者造成困扰，影响会议的效率，亦为失礼。

五、落款和日期明确规范

会议通知最后应有落款，即会议通知发出单位署名，用单位全称或规范化简称。落款之后应标明通知发出的日期，日期一般应为公元，年、月、日齐全，使用阿拉伯数字。

例：

中共××省委、××省人民政府
关于召开全省军队转业干部安置工作会议的通知

各市市委、市人民政府，省委各部委，省各委办厅局，省各直属单位，部属各有关单位：

为贯彻中发〔2002〕3号和国转联〔2002〕3号文件，传达全国军队转业干部安置工作会议精神，部署2002年我省军队转业干部安置工作，省委、省政府决定，于6月18日在南京召开全省军队转业干部安置工作会议。现将有关事项通知如下：

一、出席会议人员

各市分管军队转业干部安置工作的副书记或副市长1名，市委组织部、人事局、劳动局负责同志和市委组织部综合干部科（处）长、军转办主任各1名。

省委各部委，省各委办厅局，省各直属单位及部属各有关单位负责同志和人事（干部）处长各1名。

军队出席会议人员的通知由省军转办另发。

二、会议时间、地点

会议定于6月18日在××宾馆（××市××路185号）召开，会期1天。各市出席会议人员于6月17日下午到××宾馆报到；省级机关各部门、单位和部属各有关单位出席会议人员6月18日上午8：15直接到××宾馆开会。

各市限带车2辆。

三、其他事项

各市、省级机关各部门、单位和部属各有关单位请于6月17日上午11时前将出席会议人员名单报省军转办。

中共××省委办公厅
××省人民政府办公厅
2002年6月15日

行政礼仪研究

第三节　会　议　程　序

会议程序，即会议行为及其先后次序。任何一个会议都可能有多种会议行为，如开幕式、主题发言、讨论、投票、闭幕式等。这些会议行为的展开必须有一个合理的先后顺序，才能确保会议取得完满成功。会议程序的合理性在长期的实践中逐渐演变成一定的礼仪规范。会议程序的礼仪规范主要可以从开幕式、议题安排、闭幕式等方面来理解。

一、开幕式

开幕式，是指会议正式开始前的仪式。一般来说，较大型的会议都会有一个开幕式。较大型的会议如果没有开幕式，会让人觉得不合礼仪。

为什么需要一个开幕式？这与人的心理规律有关。大的事情、重要的事情，人们都特别想将它做得成功。而要做成功，就必须集中注意力，就必须齐心协力、全力以赴。如何才能集中注意力，齐心协力？这往往需要提醒、自我暗示、相互约定、相互鼓励。会议的开幕式，实质上就是提醒大家集中注意力，促使大家齐心协力将会议开得成功。

如何提醒大家集中注意力，或促使大家齐心协力？开幕式往往通过恭迎领导、奏乐、齐唱、致辞等行为来提醒大家集中注意力，促使大家齐心协力。

（一）奏乐与齐唱

在一些大型或较大型会议的开幕式上，奏乐是不可或缺的。不仅奏乐，曾经还有鸣炮的习惯，即奏乐的同时还燃放爆竹。因为燃放爆竹不环保、不安全，这一习惯现已基本改掉了。但也逐渐兴起了一种新的习惯，即随着音乐齐唱。比如，我国在一些大型或较大型会议的开幕式上，在奏国歌的同时，齐唱国歌，称"奏、唱国歌"。我们相信，奏乐、齐唱，乃至曾经的鸣炮行为，都能非常有效地提醒大家集中注意力，促使大家齐心协力，心往一处想。

奏乐、齐唱等行为应是由传统的祭祀行为发展演变而来的。古人有祭祀的习惯，做大事前，往往要摆上肉食、水果、香烛，并奏乐、舞蹈、歌唱，向所信奉的神明、列祖列宗的在天之灵祭祀一番，祈求保佑，祈求一帆风顺。这一习惯，即使在今天依然广泛存在，只是民间一些小型的祭祀活动往往省略了音乐、舞蹈、歌唱等行为。现代社会以来，人们的理性觉醒了，不再迷信上帝鬼神，所以祭祀行为的祭祀观念逐渐淡化，但实践证明，有积极意义的祭祀行为本身却被保留传承下来。只是人们并非原原本本地照搬照做，而是与时俱进，

不断有所创新,增添了一些新的、现代社会的元素,而且不再将这些行为称作"祭祀"。

(二)致辞

会议开幕式上,一般都会安排一位甚至多位领导,或具有代表性的人物致辞。致辞的内容大都为申述会议的背景、目的和意义,同时"祝会议取得圆满成功"。致辞的意义在于帮助与会人员在理性上认识和了解会议的重要性,从而全身心投入会议之中,使会议达到预期的目标。这实际上与传统社会祭祀行为中的祈祷有关,可以说是祈祷行为的现代转换。现代社会,人们不再向上帝鬼神祈祷,而向自己、向人的理性祈祷。

(三)恭迎领导

在一些大型会议或较大型会议上,开幕式前往往会有一个恭迎领导入场的环节,即主要领导(个体或集体)步入会场时,全体起立、鼓掌、注视(行注目礼),至领导入场坐定后全体坐下。很明显,这是一个礼仪性环节。为什么要有这样一个环节?这大概有两方面的意味。一方面是为了强化与会人员,乃至所有关心这次会议的人员的权威意识。另一方面,同样是为了提醒与会人员集中注意力,有领导和权威在场,你必须全力以赴开好会。

二、议题安排

会议议题,即会议所要讨论的问题。任何一个会议都会有一个或多个议题。会议议题安排也有一定的礼仪规范,主要可以概括为以下两点。

(1) 会议议题应安排在开幕式之后、闭幕式之前,会议议题时间应占会议时间的多半以上。一般来说,会议议题不应安排在开幕式之前或闭幕式之后,开幕式和闭幕式所占的会议时间不应超过会议议题时间。如果会议议题较多,耗时较长,那么会议的开幕式和闭幕式也往往较为隆重;如果会议议题较少、较为简单,那么会议的开幕式和闭幕式也往往较为简单,甚至可能取消。

(2) 会议多项议题的排序有三大原则:①遵循客观逻辑。会议议题之间如果存在某种客观的逻辑关系,则应按客观逻辑排序。②主要领导发言或者居前,或者居后。会议议题的排序往往表现为发言的先后安排。在会议议题进行过程中,如果有主要领导在场,则应安排主要领导第一个发言或最后一个发言。第一个发言有引领、确定基调的作用和意味,最后一个发言则有总结、拍板定案的作用和意味,这样安排既有一定的必要性,也体现对主要领导的尊敬。③身份地位大致相当的与会人员的发言顺序,可采取随机、不分先后的方

式安排，如抽签等。

三、闭幕式

闭幕式，是会议结束时的一种仪式。会议闭幕式一般有致辞（致闭幕词）、奏乐、齐唱、宣布会议结束等行为内容。会议闭幕式正如开幕式一样，其本身也是一项礼仪性行为。一般来说，大型或较大型会议，既有开幕式，也有闭幕式，或者说，有开幕式就有闭幕式，意味着有始有终、善始善终。大型或较大型会议如果没有开幕式和闭幕式，或者只有开幕式而没有闭幕式，则会让人觉得不合礼仪。

作为礼仪性行为的闭幕式，并非纯粹的礼仪形式，它也是有实际功用的。闭幕式中的致辞往往是对会议的一个总结，能让与会人员进一步明确会议成果，有利于会议精神在会后的落实。其奏乐、齐唱等，也有鼓舞士气、振奋精神的作用。

第四节 会议座次

会议有座次安排问题，座次安排有礼仪规范。会议座次安排的主要理据是人们在社会生活中形成的身份地位的等级差别，会议中需要通过座次安排体现等级差别，以对不同等级者表达恰当的尊重和敬意。会议座次安排的礼仪规范，主要可以从主席台、前排、中间、左右、面门、间距等方面来理解。

一、主席台

主席，即主要席位，也指坐在主要席位上的人。中国古代没有椅子，人们席地而坐。席地而坐，须在房内先铺上很大的垫子叫"筵"，再铺上垫座的小垫子叫"席"。人们进屋后脱鞋，走过筵，坐在席上。席不能随便坐，客人有客席，主人或主人中的长辈有主席。"主席"一词由中国人发明后流传到世界各地。英语将"主席"翻译为"chairman"，意思是"坐在椅子上的人"。这是因为西方较早有凳子和椅子，没有席地而坐的习俗，但西方人宴请或开会时，往往安排主持人或主人坐高背大椅，而其他客人坐长凳。因此，"坐在椅子上的人"与中国的"主席"一词非常吻合。

台，是一种高出地面、顶部平坦的建筑形式。将主席设在台上，或设有主席的台建筑，即为主席台。为什么要设主席台？这无疑是为了突出主席。当聚会的人数比较多时，主席可能被淹没在了人群之中，以至于很多人不知道主席何在，使主席不成其为主席了，所以加设主席台以进一步突出主席。

开会时，如果人数较多，即大型或较大型会议，往往设主席台，让与会人员中身份地位等级最高的某人或某些人（或会议主要组织者）坐在主席台上，这是长期以来形成的一种礼仪规范，现代会议普遍遵循这一礼仪规范。这项礼仪规范意在提醒人们尊重身份地位的等级差别，尊重权威；同时也提醒与会人员尊重会议的组织者和领导，遵守会议纪律和会议秩序。

但不是所有的会议都有必要设主席和主席台。有些小型会议人数较少，就可能没有必要设主席台，设主席即可。有些会议，如研讨性质、商谈性质的会议，也没有必要设主席台，甚至没有必要设主席。这些会议如果设主席或主席台，反而会让人觉得不合"礼"，甚至失礼。

二、前排

除了主席和主席台，靠近主席和主席台的前排也是令人瞩目的位置，可以称之为"上席"或"尊位"，因此，会议往往会安排与会人员中身份地位较高者坐在前排。前排在坐向上与主席或主席台相对，与大多数与会人员的坐向相同。前排有时也可能不止一排，根据人数情况，可能有两三排。

三、中间

前排或主席台上往往不止一人，这些人的座次排列也有讲究，一般以中间为大，即身份地位等级最高者被安排坐在中间位置。中间位置一般是指横排正中，可能按人数计算，正中两边的人数正好相等，也可能按空间距离计算，正中两边的距离正好相等。

四、左右

在确定中间位置后，还有一个左右问题。本书前文讨论过，我国传统尚左，以左为大，但西方人贵右，以右为大。在会见、餐饮等场合，我国改革开放以来逐渐与西方礼俗相同，以右为尊。但会议上，仍然遵循我国传统，以左为大。因此，在安排主席台或前排位置时，往往会（应）将2号领导安排在中间位置（1号领导）的左侧，将3号领导安排在中间位置的右侧，并依次将4号安排在2号的左侧，将5号安排在3号的右侧，其余依此类推。

在左右安排时，还蕴含着一个原则，即以靠近中间为大的原则，越是靠近中间位置者，身份地位的等级越高。也就是说，只有与中间位置距离相等的两个位置，才以左为大；如果与中间位置的距离不相等，则以距离中间位置近者为大。

五、面门

前文讨论餐饮、会见问题时曾提到过面门为大的礼仪原则,即以面对包厢或会见室的门口的位置为上位(尊位)。会议座次安排,实际上也遵循这一原则。所以,会议主席或主席台一般是面对会场门口的。当然,面对有时候不一定是正对,而只是坐在主席台上或坐在主席位置上的人不用转身即看得见会场入口,而主席或主席台的后方一般不设供普通与会人员出入的门口。这样可以保证主席或主席台是最为有利的位置,是最为安全、安稳、安静的位置,所以也最为尊贵。

六、间距

安排会议座位时,除了考虑次序,还应考虑间距(包括行距)。一般来说,座位与座位之间,前后左右应保持一定的距离,以方便与会者进出,并且阅读和书写时不至于相互碰撞干扰。《礼记》曾强调:"若非饮食之客,则布席,席间函丈。"① 意思是说,如果不是前来饮食的客人(而是来讨论学问的客人),则要为客人铺座席,席位的间隔应有一拐杖(一丈)的距离。这种间距上的考虑,实际上也体现了会议组织者(主人)对与会人员(客人)的尊重,因而也是一种礼仪规范。

座位间距除了普遍考虑,还应该有区别对待,如会议的主席、主席台以及前排位置,可以在间距上较其他位置更大一些,这意味着对主要领导或身份地位等级较高者的更高礼遇。

第五节 与会人员

上述四节主要讨论会议组织者在对待与会人员时应该遵循的礼仪规范,这体现了会议组织者对与会人员的尊重。相应地,与会人员也应该尊重会议的组织者和其他与会人员。那么,与会人员参加会议时,应该遵循哪些礼仪规范才能体现对会议组织者和其他与会人员的尊重呢?主要可以从服从安排,遵守纪律,注意仪表、仪态三个方面来理解。

一、服从安排

会议活动必然要求统一安排,包括指挥、调度。这是会议组织者的责任,

---

① 胡平生、张萌译注:《礼记》上,中华书局2017年版,第22页。

也是会议组织者拥有的权力。与会人员同意参加会议，或者因为与会议组织者有行政隶属关系而必须参加会议，就应该服从会议组织者的统一安排，以及会议期间的指挥和调度。服从安排则体现了与会人员对会议组织者的尊重，合乎礼仪。反之，如果与会人员一方面同意参加会议，另一方面又对会议安排说三道四，各种挑剔，不愿意服从会议组织者的安排，则意味着对会议组织者不尊重，有失礼仪。

服从安排，主要包括服从会议的时间安排、程序安排、座位安排、活动安排、服务安排等。

会议的时间安排，是指会议日期安排和会议持续时间安排。这是由会议组织者安排的，也只能由会议组织者进行安排。会议组织者在做安排前，可能会征求与会人员的意见，也不一定能逐一征求每个与会者的意见。如果征求与会者的意见，与会者可以提出自己的看法和要求，但一旦确定下来，与会者不应该再以某种理由（尤其是某种个人理由）要求会议组织者更改会议时间。与会者在接到会议通知以后要求修改会议时间，让会议组织者为难，有失礼仪。

会议程序，即会议行为的先后次序，前文已有讨论。会议程序只能由会议组织者安排，与会者不能因为某种非原则性的理由而要求会议组织者修改。所谓非原则性，即非逻辑必然性或非法律法规明文规定。与会者如果因为非原则性理由，特别是某种个人理由而要求修改会议程序，是对会议组织者不尊重，有失礼仪。

座位安排，前文亦有讨论，它涉及会议组织者对与会人员身份地位的等级评价，与会人员往往也在乎这一安排。但如果会议组织者已经安排，与会人员应该服从这一安排，即使对这一安排不太满意，也不应该擅自抢占他人座位，或与他人调换座位，或向会议组织者提出抗议等，这都是有失礼仪的行为。

另外，会议期间可能有些与会议有关的活动安排及服务性安排，与会者也应该服从这些安排。如果因为有些小的不便而抱怨，或拒绝、抗议，则为失礼。

二、遵守纪律

纪律，是组织或群体为了维护一定的共同利益、保证工作（活动）顺利进行而制定的要求组织或群体成员必须遵守的行为准则。会议组织者为了确保会议顺利进行，也往往会制定一些要求所有与会人员遵守的会议纪律。会议纪律可能包括以下四个方面：①守时，不得迟到、早退或无故缺席；②会议进行时，不得在会场内随意走动；③会议进行时，手机必须静音或关闭；④不得私自泄露会议信息；等等。

与会人员无疑应该遵守会议纪律，违反会议纪律也是一种有失礼仪的行为。

三、注意仪表、仪态

会议是严肃的、理性的、公共的，因此，与会人员参与会议时，应注意自己的仪表、仪态，应在仪表、仪态上与会议氛围保持一致。

一般来说，会议过程中与会人员的仪表、仪态应该是整洁、朴素、庄重的。整洁即整齐洁净，要求与会者服装、佩饰及头发、胡须、指甲等应该是整齐洁净的。朴素主要是要求与会者在仪表（如服装、佩饰、头发、胡须、指甲）上不应追求艳丽奢华，应与普通大众的审美情趣、审美风尚保持一致。庄重则主要是要求与会者在服装、佩饰上正式而合乎规制，在仪态上从容、稳重、端正、理性。这种仪表、仪态意味着对会议组织者及其他与会人员的尊重，是合乎礼仪的。相反，如果与会者在仪表上追求奢侈、艳丽、花哨、奇异，在仪态上嬉闹、轻佻，则有失礼仪。

第八章 行政谈判礼仪

谈判是一种普遍的社会现象，人们在工作和交往过程中经常需要与人谈判。谈判既是一种竞争性行为，也是一种合作性行为，其间存在着应该遵循的礼仪规范。行政管理过程中的谈判，可以称之为行政谈判，行政谈判应该遵循一定的行政礼仪规范。

第一节 有关行政谈判的基本认识

一、什么是谈判和行政谈判

所谓谈判，是指具有利害关系的双方或多方为寻求共识与合作而交换意见并最终约定合作方式及彼此权利与义务的活动。[①] 谈判主要有以下五个特征：①至少有两个或多个谈判主体或谈判方；②谈判主体之间存在利益关联，以及认识上的分歧或冲突；③谈判主体都希望缩小或消除分歧，缓和或化解冲突，达成共识与合作；④谈判的焦点是约定合作的方式，以及彼此的权利与义务；⑤谈判主要是通过语言交流来实现的。

行政谈判与其他谈判的区别在于以下两个方面：①行政谈判是一种有行政主体参与的谈判，至少有一方是行政主体，也可能双方或多方都是行政主体；②行政谈判涉及公共利益（公共事务），是一种寻求化解公共利益与私人利益，或公共利益之间矛盾冲突的谈判。

二、行政谈判的主要类型

谈判可以从不同的角度分为不同的类型，行政谈判便是谈判的类型之一。行政谈判本身又可以分为不同类型，如正式谈判与非正式谈判、行政主体间的谈判与行政主体同其他社会主体间的谈判、政治谈判与非政治谈判、国内行政谈判与国际行政谈判等。

正式谈判，是指有事先计划安排的、在正式场合举行的谈判。非正式谈

---

① 参见蒋春堂、蒋冬梅《谈判学》，武汉大学出版社2004年版，第2—5页。

判，是指没有事先计划安排的、偶然的、在随机性场合发生的各种协商（行政协商）、交涉（行政交涉）行为。正式谈判也被认为是狭义的谈判，而非正式谈判和正式谈判合在一起则被认为是广义的谈判。我们讨论行政谈判礼仪时，主要是就正式的行政谈判而言的。

行政谈判可能发生在行政主体之间，如不相隶属的两个或多个行政部门（行政机构）就相关的行政事务（公共事务）进行协商。实际上，有隶属关系的行政部门之间也可能存在行政谈判，上级与下级之间并不总是上级指挥、下级服从，也往往有协商、平等的讨论乃至争论。行政谈判也可能发生在行政主体与其他社会主体之间，例如，政府与企业之间往往会就工程建设、产品供给或服务提供等方面的合作进行谈判。

政治谈判是政府、政党、社会团体之间就重大政治利益、政治目标、政治原则问题而进行的谈判。例如，国家与国家之间关于建立外交关系、解决重大利益纠纷而进行的谈判，政党之间为争取执政权力、合法地位等问题而进行的谈判，等等。非政治谈判主要是就较为具体的经济利益、经济事务等问题进行的谈判。

国内行政谈判是发生在国内的行政谈判，如政府部门间谈判、政府与国内企业间的谈判等。国际行政谈判是跨越国家界限的行政谈判，如国家与国家之间的谈判、一国地方政府（或政府部门）与另一国地方政府（或政府部门）之间的谈判等。

三、行政谈判的意义

行政谈判主要有以下三个方面的意义。

（一）行政谈判是解决行政争端的有效途径

行政过程中难免会遭遇各种争端。所谓争端，即人们为了争取或保护自身的权益或公共权益而相互批评、指责、攻讦乃至打斗的行为。在争端过程中，争端双方或各方必然不同程度地受到伤害。解决争端有多种途径，例如，一方强势压制另一方，第三方制止争端双方或各方等，但最有效的途径无疑是双方或各方通过谈判握手言和。因为争端从根本上讲是人们对利益关系的认识不同，在利益认识上存在偏差。要使人们在利益认识上形成共识，消除认识偏差，只有双方或各方坐下来心平气和地谈判，才最有可能实现。

（二）行政谈判是谋求行政合作的有效途径

在行政过程中，难免要寻求各种合作，有行政系统内部各部门或各组织机构之间的合作,也有行政系统与外部社会主体的合作。合作是平等自愿的,平等自愿的双方或各方在决定是否合作之前必然有利益的考量,有权利与义务、成本与收益的考量。只有每一个合作方都觉得自己有利可图,自己的利益能获得最大化,或者自己在合作中的权利与义务、成本与收益是合理的,合作才有可能。而要做到这些,谈判显然是最有效的途径。

（三）行政谈判是提高行政效率的有效途径

行政是要讲求效率的,即以最小的成本投入获得最大的产出收益。行政过程中解决争端、谋求合作,谈判是最有效率的途径,即投入成本最小、收益最大的途径。我国自古有"三寸之舌,强于百万之师"的说法,就是说谈判往往能以最小的成本实现（行政）目的。如果没有行政谈判,则争端可能给双方或各方带来巨大的伤害;如果没有行政谈判,则合作几乎不可能。两败俱伤,没有合作,则不可能有高效率。

第二节　行政谈判的邀约礼仪

谈判及行政谈判无疑是从邀约开始的,尤其是正式的行政谈判应该先有邀约。没有邀约,突然开始的谈判大概极其少见。谈判之前有邀约,意味着让对方有所准备,意味着对对方的尊重,这本身就是礼仪。但邀约有礼仪讲究,不遵守礼仪规范的邀约不是真正的"邀约"。那么,行政谈判如何邀约才是合乎礼仪的？这主要可以从以下三个方面来理解。

一、用商洽函邀约

邀请对方或多方谈判,首先必须有一个平等的态度,不能强迫对方或各方。不管你方多强,地位级别多高,如果你想通过谈判的方式解决矛盾冲突、弥合分歧,就应该平等地对待对方或各方。

正式行政谈判的邀约一般应使用正式公文,以示郑重。如果正式谈判只行口头邀约,不发公文,则显轻略,有失礼仪。

那么,行政谈判邀约应该用哪种公文才是恰当的、合"礼"的？应该使用商洽性质的函。函是一种平行公文,只有函才能充分表达谈判邀约方平等而郑重的诚意。我国《党政机关公文处理工作条例》（中办发〔2012〕14号）规定,函"适用于不相隶属机关之间商洽工作、询问和答复问题、请求批准和答复审批事项"。其他相近用途的公文,如通知、通告、决定、决议等,虽然也能表达发文方（谈判邀约方）的邀约意愿,但因为缺乏平等商洽的意味

而不适合作为行政谈判的邀约公文。

二、被邀约及时回函

政府或政府部门如果接到谈判邀约应该及时回函，即以函的形式及时回复对方。政府或政府部门接到其他政府或政府部门，或政府系统外的社会主体的谈判邀约，可能会考虑是否接受，是否同意与对方或多方进行谈判，但无论接受或同意与否，都应该及时回复，而且应该以函的形式回复。这样，才能体现政府或政府部门对谈判邀约方的平等尊重，才是合乎礼仪的。相反，如果接到邀约迟迟不做回复，不置可否，或者不以函的形式而以通知、通告等形式回复，则反映政府或政府部门的傲慢自大，是不合礼仪的。

三、下级不主动向上级邀约谈判

政府系统内部上下级部门或机构之间也可能有行政谈判，但一般来说，下级政府部门或政府机构不应主动向上级政府部门或政府机构发出谈判邀约。因为谈判意味着独立平等、平起平坐，下级向上级邀约谈判，意味着下级抬高自己、贬低上级，这显然是不合礼仪的。

下级如果有意见，有权利或权力上的考虑，需要上级政府部门或政府机构的正式承诺，需要与上级谈判，应该怎么做呢？应该用请示或报告的形式向上级行文，陈述自身诉求，让上级掂量是否需要双方或多方谈判，让上级主动邀约下级谈判。当然，这主要还是就有隶属关系的上下级而言的。但如果是没有隶属关系的级别较低的政府部门或机构直接邀约级别较高的政府部门或机构谈判，那也是不合"礼"的。

第三节 行政谈判安排中的礼仪

行政谈判开始前，必须对直接参与（负责）谈判的人员，以及谈判的时间、地点、座次等进行安排。这些安排存在应该遵循的礼仪规范。

一、谈判人员安排礼仪

行政谈判的人员安排主要有两条礼仪原则：一是主事原则，二是对等原则。

（一）主事原则

主事原则，是指参与谈判的人员应对所谈之事负有管辖权或决策权。一方面，谈判人员对所谈事了解、熟悉；另一方面，谈判人员有权临机决断，有一定尺度内讨价还价的权力。政府机构或政府部门安排参与行政谈判人员，必须遵循主事原则。如果被安排参与行政谈判的人员不懂业务，不了解情况，或根本没有权力做任何决断，则意味着该政府机构或政府部门缺乏谈判诚意，有敷衍对方的嫌疑，于礼有失。

（二）对等原则

对等原则，是指参与谈判人员，包括主谈判人员（谈判代表领导）和谈判人员组成，应与对方参与谈判人员在身份地位和人员组成上基本相当（这与"行政接待"中讨论的对等原则是大概相同的）。如果安排参与行政谈判的人员在身份地位上与对方不对等，身份地位上低于对方，人数上少于对方，则意味着轻视、怠慢对方而不合"礼"。

二、时间、地点安排礼仪

行政谈判的时间、地点安排主要应遵循两个原则：一是双方方便，二是双方同意。

（一）双方方便原则

谈判有时间、地点选择问题，当然只能选择方便的时间和地点。所谓方便，即合理的、可能的、最有效率的。这种方便不仅仅是自己一方的方便，还应考虑对方及其他各方的方便。如果只考虑自己一方的方便，而不顾对方及其他各方的方便，则意味着不够尊重对方及其他各方，从而有失礼仪。

（二）双方同意原则

行政谈判的时间、地点安排上的方便，不能只凭自己一方的判断，还应征求对方或各方的意见，以求得双方或各方同意。这也就是说，在谈判时间、地点问题上应该沟通协商，如果没有沟通协商，而由一方独立敲定，则违反了平等而互相尊重的谈判原则，从而有失礼仪。

三、座次安排礼仪

行政谈判一般采取面对面的形式。如果是双边谈判，则谈判双方坐长条形谈判桌两边（较长的两边）；如果是多边谈判，则谈判各方坐正多边形谈判桌各边。那么，谈判双方或各方分别坐在谈判桌的哪边？谈判方人员座次应该怎样安排？这是谈判时座次安排的礼仪问题，主要有以下三项原则。

（一）尊客原则

行政谈判如果是双边谈判，则往往区分为主方与客方。谈判地点所在方为主方，另一方为客方。如果谈判地点在第三方，不在谈判双方的任何一方，则可以设最先提出谈判方为主方，另一方为客方。主方在安排谈判座位时，应遵循尊客原则，让客方居尊位（上位）。那么，哪方是尊位？这大概有三个原则：面门为尊，远门为尊，进门右侧为尊。

1. 面门为尊

面门为尊是最为通行的座次礼仪观念。这是说，双边谈判时，谈判桌如果横向摆放，须一方背靠门口，一方面对门口，以面对门口一方的位置为尊位。主方在安排座位时应让客方坐面门方，以示对客方的尊敬。为什么面门为尊？这主要是因为面门方较为安全，没有他人进出的干扰。

2. 远门为尊

远门为尊是较为通行的座次礼仪观念。这是说，当谈判桌纵向摆放，没有面门或背门的参考时，以离门较远的一方为尊位，主方在安排座位时应让客方坐远门方，以示对客方的尊敬。为什么远门为尊？这与面门为尊的道理是一样的，远门方较为安全，较少受人干扰。

3. 进门右侧为尊

当谈判桌纵向摆放，入口在房间（厅）的中间位置，既无面门或背门参考，也无远门或近门参考时，如何区分尊位和卑位？这就复杂一点，有几种不同的观念，一般以进门右侧为尊位，应安排客方坐进门右侧位置，以示尊敬。这主要遵循以右为尊的基本原则，主方陪客方步入谈判厅时，客方行走在主方右侧，所以进门后让客方坐右侧亦为自然。座次安排见图 8-1。

（二）随机原则

行政谈判如果是多边谈判，谈判桌为正多边形（包括等边三角形和正方形），很难说哪边是尊位或哪边是卑位，则座次安排往往采取随机原则，即各方派代表抽签决定坐哪边。这样大家觉得公平，不会有被怠慢、被轻视的感觉和猜测，主持方一视同仁，合乎礼仪。

（三）中大原则

中大原则，即以中间位置为大的座次礼仪观念。这是说，行政谈判各方安排自身人员座次时，一般将主谈判人安排在中间位置就座，其他从属人员坐主谈判人员的左右两边。如果其他谈判人员亦分尊卑，则越靠近中间（主谈判

人）者，地位越尊（高），等距离则以主谈判人右侧为尊。（见图 8-1）

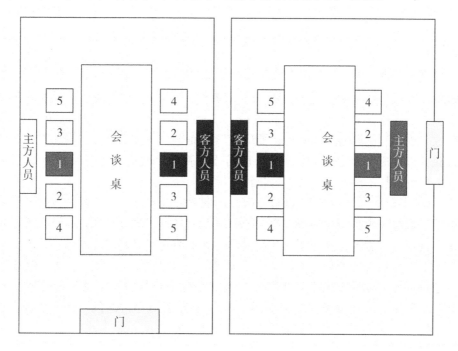

图 8-1 座次安排

第四节 行政谈判进行中的主要礼仪

当行政谈判人员入场坐定后，行政谈判便正式开始。行政谈判从开始到结束的过程，即行政谈判的进行，是行政谈判的实质性阶段。行政谈判进行中的礼仪主要是语言沟通的礼仪，涉及如何叙说、倾听、提问和论辩等问题，也涉及仪表、仪态问题（因为第二、第三章有专门讨论仪表、仪态问题，此处不再重复）。

一、叙说的礼仪

叙说，即陈述、说明。行政谈判进行中，叙说是必要的。行政谈判的双方或各方都有必要围绕谈判主题陈述和说明己方观点，其观点主要涉及双方或各方的权利与义务的分配。那么，在这样一个叙说中，有哪些礼仪需要注意？主要可概括为谦让与寒暄、简洁明了、诚实无欺、公平合理。

（一）谦让与寒暄

所谓谦让，是说在叙说的先后次序上，谈判双方或各方应相互谦让。行政谈判开始，首先应该是双方或各方叙说各自的观点，但是，谁先说谁后说呢？一般来讲，谁先谁后并没有太大区别，但如果谈判双方或各方认为有区别且都抢着先说或坚持后说便有失礼仪，所以应该相互谦让。这种谦让是愿意给对方以优先选择权，是尊重对方，这才是合"礼"的。但是，这种相互谦让不能变成一种相互间的固执和坚持，而应该适可而止。也就是说，在相互谦让，再谦让，最多三次谦让后，应选择顺应对方，否则没完没了，有礼便变成了失礼。所谓恭敬不如从命，意思就是再谦让就失礼了。

除了谦让，叙说前还应该有寒暄，即向对方或各方问候致意。行政谈判双方或各方，在本次谈判的第一次叙说时，不管是先于对方或各方叙说，还是后于对方或各方叙说，都应在正式叙说己方观点前先向对方或各方问候致意。这表明对对方或各方谈判代表的关心和尊重，乃"礼"所应当。这种问候致意一般应将对方或各方主要谈判代表（谈判小组领导）突出单独问候致意，其他代表则一并问候致意。这种问候致意一般比较简短，即问好，"某某好""大家好"，特殊情况也可以多说几句，但不宜啰唆。

（二）简洁明了

简洁明了，是指叙说己方观点时，应注意不要太过冗长，应尽可能简洁，同时，应将己方有关权利与义务分配的观点说明确，不能模棱两可。简洁明了的叙说，往往是一种态度坦诚的体现，也是一种对谈判对方或各方充分尊重的体现，所以成为行政谈判中的一种礼仪规范。如果行政谈判双方或各方在叙说时东拉西扯、遮遮掩掩、故弄玄虚，则有失礼仪。

（三）诚实无欺

诚实无欺，是指叙说时提到的事实、数据应该是真实的，叙说方不应该为实现己方的利益诉求而故意欺骗对方或各方。行政谈判从根本上讲，应该是寻求互利双赢、寻求良好合作的过程，因此，不应该只考虑自己一方的利益而蔑视对方或其他各方的利益，不应该以己方利益最大化为终极目标。叙说时诚实无欺，体现了对对方或各方的尊重，是"礼"所应当的。相反，如果叙说时故意欺骗，则有失礼仪。

第八章 行政谈判礼仪

（四）公平合理

公平合理，是指叙说涉及谈判双方或各方的权利、义务分配时，应该公平合理，即以平等、合理的原则分配双方或各方的权利、义务。权利、义务分配的公平合理，体现叙说方对对方或各方的尊重，是"礼"所应当的。相反，如果叙说方在涉及权利、义务分配时，明显未遵循平等、合理的原则，则有失礼仪。

二、倾听的礼仪

行政谈判进行中，有叙说，则有倾听。叙说时应善于叙说，倾听时也应善于倾听。善于倾听，是行政谈判乃至一切人际交往取得成功的重要前提。善于倾听，从礼仪逻辑而言，主要体现为两点：一是要集中注意力，二是不要随意打断对方。

（一）集中注意力

集中注意力，是说当对方说话时，你不要说话，不要弄出声响，不要有大的动作或频繁的小动作，应看着对方，与对方有眼神交流，将全部注意力集中在对方身上。这样做，一方面有助于你听清楚并充分理解对方的观点；另一方面则体现了你对对方的尊重，体现了你的礼仪修养。相反，如果对方说话时，你心不在焉，东张西望，身体晃动，不断地有或大或小的动作等，则一方面可能影响你对对方观点的充分理解，另一方面，反映你对对方不够尊重而有失礼仪。因为你的失礼，可能会让对方产生对抗心理甚至敌意，从而影响谈判效率和谈判成功的概率。

（二）不随意打断对方

不随意打断对方，是说当对方说话时，应耐心听对方把话说完，在对方没有明确表示说完之前，不要因急于回应而打断对方。如果随意打断对方说话，一方面，可能影响你准确理解对方的观点，另一方面，反映你对对方不够尊重，因而有失礼仪。因为你的失礼，可能触发对方的抗拒心理和敌意，从而影响谈判的效率和谈判成功的概率。

当然，行政谈判进行中，难免需要打断对方，或在对方发言时插话。如果是这样，应尽可能选择对方略有停顿时打断或插话，并且先道歉、说明，"对不起，我要打断您一下"，或"对不起，我插句话"。

行政礼仪研究

三、提问的礼仪

提问在行政谈判进行中是不可避免的,行政谈判双方或各方都可能需要通过提问而更充分地了解和掌握对方的观点,以及与谈判主题有关的信息。提问应该注意的礼仪规范主要有两个要点:一是不忘使用敬辞"请问";二是合理提问。

(一)不忘使用敬辞

提问时,应该使用的敬辞无非"请问",意思是"请允许我向您提问"。这意味着提问者的态度谨慎、谦逊,意味着对对方的尊重,是一种常见的礼仪规范。如果提问时不用敬辞,直接问对方问题,"为什么……""我问你……",则可能给人霸气、傲慢,甚至野蛮的感觉,有失礼仪。

(二)合理提问

合理提问,主要指所提问题与谈判主题有关,并且是对方可以回答也应该回答的问题。如果所提问题与本次谈判毫无关系,涉及对方秘密或隐私,明显不是对方依法、依规应该回答的问题,则为不合理提问。在行政谈判时,提出明显不合理的问题,意味着不够尊重对方,有失礼仪。

另外,合理提问是针对提问方式而言。一般来说,行政谈判进行中的合理提问应该是平等的、心平气和的、正面的,而不是反问或质问。反问,是反过来对提问的人发问,是用疑问语气表达相反的意思:"为什么不?""难道不是这样吗?"质问,是根据事实而提出指责性疑问(责问):"事实摆在这里,你为什么不守信用?"这两种提问方式都明显带有攻击性、谴责性,尤其是"质问"还带有居高临下的审判意味。这与平等、互相尊重、寻求合作的行政谈判的基本宗旨是相违背的,所以是不合理的。这种不合理的提问方式,反映提问方不够尊重对方,会让对方感到人格受辱,所以有失礼仪。

四、论辩的礼仪

论辩,是指列举理由证明己方观点或反驳对方观点以说服对方及在场听众的行为。行政谈判进行中不可避免地有论辩,有针锋相对、唇枪舌剑的论辩,但行政谈判中的论辩同样应以平等、相互尊重为前提,应不失风度,言之有"礼"。行政谈判进行中的论辩主要应遵循的礼仪规范有直陈己见、婉言反驳、勿用诡辩。

（一）直陈己见

直陈己见，即直截了当、明明白白地陈述己方观点，没有保留，没有拐弯抹角，没有耍弄花招。这样一种坦诚，意味着对谈判对方或各方的尊重，是"礼"所应当的。反之，如果在论辩时滥用各种花招，致使对方或各方疲于猜测，则有失诚恳，有违平等而相互尊重的谈判宗旨，不合礼仪。

（二）婉言反驳

反驳，即提出理由反对对方的观点。在行政谈判进行中，与对方或其他各方观点相左是较为常见的，为了达成一致，往往需要反驳对方或其他各方的观点。但在反驳对方或其他各方观点时，应注意语气、措辞委婉一些，即婉言反驳，以示尊重，这也是"礼"所应当的。婉言反驳，是指不直接断言对方或其他各方的观点错误、荒谬、胡说八道、一派胡言等，而应该说："您（贵单位）的判断可能有误"，"在这个问题上，我们略有不同看法"，等等。

（三）勿用诡辩

诡辩，即运用形式上正确的推理手段，采取混淆概念、偷换论题或虚构论据等手法，做出颠倒黑白、似是而非的判断。论辩时，为了能够说服对方或其他各方难免会有策略、方法的讲究，但所有的策略和方法都应该以实事求是、相互尊重为前提。为达到目的而使用诡辩（或强词夺理）的方法无疑是不合礼仪的，因为它得不出正确判断，意味着不择手段的自私，意味着对对方或其他各方的不尊重。

第五节 行政谈判签字仪式礼仪

行政谈判如获成功，双方或多方达成协议，则会举行签字仪式，即各方代表在协议文书上签上自己的名字。签字是一种仪式化行为，其本身并没有什么实质性意义，它只是象征或代表签字人对文书内容的认可，所以称签字仪式。行政谈判结束后，往往会举行签字仪式，这种签字仪式无疑存在应该遵循的礼仪规范。这主要可以从以下三个方面来讨论。

一、人员安排

签字仪式的人员安排，主要指安排哪些人参与签字仪式，特别是安排谁代表谈判方签字。

参与签字仪式的人员，首先应该是全体参与谈判的人员（谈判代表）。签字仪式，可以说是谈判的最后环节，所以原来参与谈判的全体人员应该安排参与签字仪式。如果无故不安排谈判人员参与签字仪式，则一方面意味着对该谈判人员不够尊重，另一方面也可能引起其他谈判方的猜测、怀疑，所以于"礼"不合。

其次，代表谈判方签字的人员应是谈判代表中的主要谈判人员，即谈判小组领导。如果让未参与谈判的人员在谈判协议上签字，或让谈判小组的一般成员在谈判协议上签字，都不合"礼"。

另外，签字仪式也往往是谈判结果的一种公布方式，可以邀请或安排与谈判协议有关的其他人员（包括谈判方主要领导）参与（见证），还可以邀请媒体朋友参与。

二、签字桌（台）的摆放及现场布置

举行签字仪式的场地，一般会摆放一张用于双方或各方进行签字的桌子。这张桌子一般是横向摆放在远门（入口）、面向门的中心位置，或主席台的中间靠前的位置。这是因为签字仪式上签字是主题，所以签字的位置理（礼）应是最受瞩目的位置，亦即最受尊敬的位置。

签字现场一般应该有所布置，其从礼仪角度而言，主要有以下四点须特别注意。

（1）签字桌不能太小，但也不必过于巨大，以适合两人或多人并排坐着签字为宜。

（2）签字桌后摆放两张或多张座椅，双方谈判摆两张座椅，多方谈判则可以摆多张座椅。多方谈判签字时，也可以只在签字桌后摆一张座椅，供签字代表轮流签字时用。在签字座位后方可以摆一排座位供其他谈判代表及应邀嘉宾就座，也可以不摆座位，因为签字时间短，其他谈判代表和应邀嘉宾可以站着"观礼"。

（3）可在签字现场设观众席，供谈判代表、应邀嘉宾、媒体朋友等人员就座。一般应安排谈判代表、应邀嘉宾坐前排位置。

（4）现场或有必要悬挂旗帜、徽标等。例如，国际谈判的签字仪式可以悬挂各谈判方的国旗，或在签字桌上摆放各谈判方的国旗；政党之间谈判的签字仪式，可以悬挂各谈判方的党旗；等等。

三、座次或站立次序

签字时座次安排主要遵循以右为尊原则和尊客原则，即主方应安排客方代

第八章 行政谈判礼仪

表坐主方代表的右手边，以示主方对客方的尊重。相应地，其他谈判代表也应同样安排，客方代表坐或站在主方代表右边。双方代表自身座次或站立次序一般遵循近中为大原则，即双方代表中职位第二者分别坐（站）在己方签字代表身后靠近主席台中间的位置，其他人员依次向主席台两侧排开。如果是多方谈判，则可以按谈判时抽签决定的座次进行安排。旗帜、徽标等也应按相同的次序悬挂或摆放。

第九章 行政宣誓礼仪

行政宣誓是一种古已有之的重要制度，它有利于增强行政人员的责任意识、担当意识，同时也有利于公众对行政人员的监督。我国自20世纪90年代后期以来，逐渐恢复了行政宣誓制度建设，目前行政宣誓制度日趋完善，行政宣誓业已成为一种普遍性、经常性的仪式活动。那么，行政宣誓应该遵循哪些礼仪规范？这是行政礼仪研究的重要内容。本章将围绕这一问题而展开讨论。

第一节　有关行政宣誓的基本认识

什么是行政宣誓？为什么要进行行政宣誓？主要有哪些行政宣誓制度？回答这些问题，可以帮助我们建立对行政宣誓的基本认识。

一、什么是行政宣誓

宣誓，即公开表示自己的决心或承诺，或与人（神）公开约定，表示愿意以自己所说的话约束自己的行为，并愿意接受监督，若违反承诺或约定，则甘愿接受惩罚。《说文解字》："誓，以言约束也。"段注："凡自表不食言之辞皆曰誓，亦约束之意也。"《礼记》："约信曰'誓'。"[1] 人类社会早期的宣誓大都以其所崇拜的神灵为对象，宣誓起源于宗教仪式。但实质上，宣誓总是基于人与人之间的关系的。

行政宣誓，是指行政人员的宣誓，亦即掌握（或即将掌握）行政权力、从事行政工作的人员的宣誓。行政人员如果公开表示自己的决心或承诺，表示愿意以自己所说的话约束自己的行为，即可以说是行政宣誓。行政宣誓是行政人员与授予其行政权力者（人民）订立契约，并表示愿意遵守契约。行政宣誓也意味着行政权力的交接，意味着行政责任的委托与担当。

二、为什么要有行政宣誓

为什么要有行政宣誓？主要有两个方面的原因：一方面是行政是一个相互

---

[1] 胡平生、张萌译注：《礼记》上，中华书局2017年版，第79页。

合作的过程，另一方面是行政行为需要广泛监督。

（一）相互合作需要宣誓

社会是一个相互合作的体系。在相互合作的过程中，每个人都在一定程度上以他人为依靠，享有一定的权利，同时也必须尽一定的责任（义务），必须能在一定程度上成为他人的依靠。在这样一个相互合作的体系中，如果任何人只享受权利而逃避承担责任，只依靠他人而不能成为他人的依靠，就有可能导致整个合作体系的崩塌。而要保证每个人在享受权利的同时尽到自己应尽的责任，需要相互约定，需要每个人下决心遵守约定，需要每个人做出承诺，需要宣誓。

行政工作，是社会合作体系中的一项工作，也是一个分工合作的体系。因此，行政人员既是整个社会合作体系中的成员，也是行政工作的合作体系（社会总系统中的支系统）中的成员。无论就哪一个合作体系而言，行政人员在享受权利或掌握权力的同时都应该尽自己的一份责任，亦即在以他人为依靠的同时也应该成为他人的依靠。而要保证行政人员在享受权利或掌握权力的同时尽到应尽的责任，需要有约定（有各种制度），需要行政人员下决心遵守约定（遵守各种制度），需要行政人员自觉自愿地做出承诺，需要行政宣誓。

（二）行政行为需要广泛监督

宣誓不仅仅是解决宣誓人下决心、做承诺的问题，更重要的是在一定程度上解决对宣誓人行为的监督问题。人就其本性而言，有懒惰、自利的倾向。要使人做出克己利他的行为，光其本人下决心还不够，还必须有一定的外在监督。而外在监督又必须是合理的、合法的，必须师出有名，必须得到被监督者的认可。宣誓，即表示宣誓人愿意他人根据他立下的誓言对他的行为进行监督。

行政行为是一种涉及公共利益的行为。而当行政人员掌握公共权力时，其行政行为又极易偏离公共利益的要求而倾向于谋取私利。因此，必须对行政行为进行广泛的监督，即全时段、全方位的监督，以确保公权公用。而要对行政行为进行广泛的监督，要使行政监督合理、合法，必须以行政人员愿意接受监督为前提。所以，要有行政宣誓。只有当行政人员进行行政宣誓后，公众对其行政行为的监督才具有更充分的正当性和合法性。

三、行政宣誓制度

行政宣誓制度，即有关行政宣誓行为的规则、法令。行政宣誓制度古已有之，古巴比伦时期的《汉穆拉比法典》、公元前6世纪的希伯来法律汇编《摩西五经》及古印度的《摩奴法典》都有关于行政性宣誓的规定。我国古代皇帝定期举行的"祭天大典"，实质上也是一种行政宣誓制度。近代西方国家的行政宣誓制度可以追溯到英国1215年出台的《自由大宪章》，其中，有关于行政宣誓（宪法宣誓）的说明。1701年出台的《王位继承法》则明确规定，在国王加冕典礼上，新任国王应举行宣誓仪式，即朗诵誓词并在誓词文本上签署姓名。我国近代的行政宣誓制度的建立是从孙中山开始的，孙中山在进行革命活动时多次公开宣誓。1912年，孙中山就任民国临时大总统时宣誓："倾覆满洲专制政府，巩固中华民国，图谋民生幸福，此国民之公意，文实遵之，以忠于国，为众服务。至专制政府既倒，国内无变乱，民国卓立于世界，为列邦公认，斯时文当解临时大总统之职。谨以此誓于国民。中华民国元年元旦。"①1923年出台的《中华民国宪法》首次对总统宣誓制度做了明确规定；1930年，南京国民政府颁布的《宣誓条例》对行政宣誓（宪法宣誓）的程序，即宣誓主体、誓词内容、监誓人、时间及未宣誓的后果等做了明确的规定。

中华人民共和国成立后至20世纪90年代初未曾有明确的行政宣誓制度，90年代后期陆续有一些行政宣誓制度出台。1997年实施的《中华人民共和国香港特别行政区基本法》第一百零四条对行政宣誓制度有了明确规定："香港特别行政区行政长官、主要官员、行政会议成员、立法会议员、各级法院法官和其他司法人员在就职时必须依法宣誓拥护中华人民共和国香港特别行政区基本法，效忠中华人民共和国香港特别行政区。"1999年实施的《中华人民共和国澳门特别行政区基本法》第一百零一条亦有类似的规定："澳门特别行政区行政长官、主要官员、行政会委员、立法会议员、法官和检察官，必须拥护中华人民共和国澳门特别行政区基本法，尽忠职守，廉洁奉公，效忠中华人民共和国澳门特别行政区，并依法宣誓。"2000年发布施行的《公安机关人民警察内务条令》（公安部令第53号）第四条规定："新录用的公安民警必须进行宣誓。"2012年最高人民法院出台的《中华人民共和国法官宣誓规定（试行）》（法发〔2012〕27号）第二条规定："初次担任或重新担任法官职务的人员，应当以公开宣告誓词的方式，对忠实执行宪法和法律，全心全意为人民服务，公正廉洁司法，自觉接受监督，作出郑重承诺。"

2018年修正后的《中华人民共和国宪法》第二十七条明确规定："国家工作人员就职时应当依照法律规定公开进行宪法宣誓。"2015年7月1日第十二

---

① 陈根楷、梁桂全主编，广东省地方史志编纂委员会编：《广东省志：孙中山志》，广东人民出版社2004年版，第187页。

第九章 | 行政宣誓礼仪

届全国人民代表大会常务委员会第十五次会议通过、2018年2月24日第十二届全国人民代表大会常务委员会第三十三次会议修订的《全国人民代表大会常务委员会关于实行宪法宣誓制度的决定》对宪法宣誓（亦即行政宣誓）的主体、誓词、宣誓程序等具体问题做了明确规定。全文如下：

宪法是国家的根本法，是治国安邦的总章程，具有最高的法律地位、法律权威、法律效力。国家工作人员必须树立宪法意识，恪守宪法原则，弘扬宪法精神，履行宪法使命。为彰显宪法权威，激励和教育国家工作人员忠于宪法、遵守宪法、维护宪法，加强宪法实施，全国人民代表大会常务委员会决定：

一、各级人民代表大会及县级以上各级人民代表大会常务委员会选举或者决定任命的国家工作人员，以及各级人民政府、监察委员会、人民法院、人民检察院任命的国家工作人员，在就职时应当公开进行宪法宣誓。

二、宣誓誓词如下：

我宣誓：忠于中华人民共和国宪法，维护宪法权威，履行法定职责，忠于祖国、忠于人民，恪尽职守、廉洁奉公，接受人民监督，为建设富强民主文明和谐美丽的社会主义现代化强国努力奋斗！

三、全国人民代表大会选举或者决定任命的中华人民共和国主席、副主席，全国人民代表大会常务委员会委员长、副委员长、秘书长、委员，国务院总理、副总理、国务委员、各部部长、各委员会主任、中国人民银行行长、审计长、秘书长，中华人民共和国中央军事委员会主席、副主席、委员，国家监察委员会主任，最高人民法院院长，最高人民检察院检察长，以及全国人民代表大会专门委员会主任委员、副主任委员、委员等，在依照法定程序产生后，进行宪法宣誓。宣誓仪式由全国人民代表大会会议主席团组织。

四、在全国人民代表大会闭会期间，全国人民代表大会常务委员会任命或者决定任命的全国人民代表大会专门委员会个别副主任委员、委员，国务院部长、委员会主任、中国人民银行行长、审计长、秘书长，中华人民共和国中央军事委员会副主席、委员，在依照法定程序产生后，进行宪法宣誓。宣誓仪式由全国人民代表大会常务委员会委员长会议组织。

五、全国人民代表大会常务委员会任命的全国人民代表大会常务委员会副秘书长，全国人民代表大会常务委员会工作委员会主任、副主任、委员，全国人民代表大会常务委员会代表资格审查委员会主任委员、副主任委员、委员等，在依照法定程序产生后，进行宪法宣誓。宣誓仪式由全国人民代表大会常务委员会委员长会议组织。

六、全国人民代表大会常务委员会任命或者决定任命的国家监察委员会副主任、委员，最高人民法院副院长、审判委员会委员、庭长、副庭长、审判员和军事法院院长，最高人民检察院副检察长、检察委员会委员、检察员和军事检察院检察长，中华人民共和国驻外全权代表，在依照法定程序产生后，进行宪法宣誓。宣誓仪式由国家监察委员会、最高人民法院、最高人民检察院、外交部分别组织。

七、国务院及其各部门、国家监察委员会、最高人民法院、最高人民检察院任命的国家工作人员，在就职时进行宪法宣誓。宣誓仪式由任命机关组织。

八、宣誓仪式根据情况，可以采取单独宣誓或者集体宣誓的形式。单独宣誓时，宣誓人应当左手抚按《中华人民共和国宪法》，右手举拳，诵读誓词。集体宣誓时，由一人领誓，领誓人左手抚按《中华人民共和国宪法》，右手举拳，领诵誓词；其他宣誓人整齐排列，右手举拳，跟诵誓词。

宣誓场所应当庄重、严肃，悬挂中华人民共和国国旗或者国徽。宣誓仪式应当奏唱中华人民共和国国歌。

负责组织宣誓仪式的机关，可以根据本决定并结合实际情况，对宣誓的具体事项作出规定。

九、地方各级人民代表大会及县级以上地方各级人民代表大会常务委员会选举或者决定任命的国家工作人员，以及地方各级人民政府、监察委员会、人民法院、人民检察院任命的国家工作人员，在依照法定程序产生后，进行宪法宣誓。宣誓的具体组织办法由省、自治区、直辖市人民代表大会常务委员会参照本决定制定，报全国人民代表大会常务委员会备案。

十、本决定自 2018 年 3 月 12 日起施行。[①]

另外，《中国共产党章程》规定的入党宣誓也可以理解为一种行政宣誓（政治宣誓）制度。中国共产党是中华人民共和国的执政党，《中国共产党党章》指出："中国共产党是中国工人阶级的先锋队，同时是中国人民和中华民族的先锋队，是中国特色社会主义事业的领导核心，代表中国先进生产力的发展要求，代表中国先进文化的前进方向，代表中国最广大人民的根本利益。"

---

① 新华社：《全国人民代表大会常务委员会关于实行宪法宣誓制度的决定》，中华人民共和国中央人民政府网，见 http://www.gov.cn/xinwen/2018-02/24/content_5268528.htm。

第二节　行政宣誓誓词礼仪

誓词是宣誓的核心，没有誓词，宣誓就不存在。从礼仪逻辑而言，誓词主要应该明确三个内容：①谁在宣誓，即宣誓的主体；②向谁宣誓，即宣誓对象；③宣誓人决心奉行的原则、理念。如果未能明确这三者，则于"礼"不合，誓不为誓。所以，行政宣誓的誓词礼仪也主要表现在三个方面：①明确行政宣誓主体；②明确行政宣誓对象；③明确行政宣誓人的行政理念。

一、明确行政宣誓主体

行政宣誓的誓词首先应该明确行政宣誓的主体。明确行政宣誓主体的表述方式一般有三种：①明确行政宣誓主体为朗诵誓词者"我"或"本人"，如"我宣誓"或"本人宣誓"。②在"我"或"本人"后加上姓名，如"本人×××谨此宣誓"；或者在誓词结尾部分说明"宣誓人×××"。这意味着对"我"或"本人"做进一步确认。③"我（本人）"加姓名和职务，如："本人×××，谨此宣誓：本人就任……"这意味着对行政宣誓人身份的进一步明确，表明行政宣誓人是以如此身份进行宣誓的。

明确行政宣誓主体，意味着行政宣誓人对誓词内容负责，也意味着行政宣誓人对行政宣誓对象的尊敬。如果誓词不明确宣誓主体，则违背礼仪逻辑，宣誓无效。

二、明确行政宣誓对象

行政宣誓誓词在明确行政宣誓主体后，应该明确行政宣誓的对象，即行政宣誓人向谁宣誓，这也意味着行政宣誓人对行政宣誓对象的尊敬。如果行政宣誓的誓词中未能明确行政宣誓对象，则意味着行政宣誓没有接受主体和监督主体，意味着宣誓无效。

明确行政宣誓对象的表述方式一般有以下三种：①"向……宣誓"，如"我郑重向祖国，向人民宣誓"；②"忠于……"或"效忠……"，如"忠于祖国，忠于人民""效忠中华人民共和国及澳门特别行政区"等；③"对……负责"，如"对中华人民共和国中央人民政府及香港特别行政区负责"等。

三、明确行政宣誓理念

行政宣誓誓词的核心内容应是行政宣誓人决心做什么、怎么做，即行政宣誓人向宣誓对象做出的承诺，亦即行政宣誓人关于如何做好行政工作的行政理念。誓，即决心和承诺，没有决心和承诺即非誓或无誓。行政宣誓誓词如果没有明确行政宣誓人的行政理念，则不成其为行政宣誓。

行政宣誓人的行政理念无疑是行政宣誓人对做好行政工作的一种认识，但它同时也是行政宣誓对象的共识。如果行政宣誓人的行政理念得不到行政宣誓对象的认同，不是行政宣誓对象的共识，那么行政宣誓没有意义，行政宣誓无效。因此，行政宣誓的誓词内容往往是约定好的、规定好的，而不一定是行政宣誓人自己拟定的。

在不同国家、不同历史时代，人们在行政理念上的共识可能是不同的，因此，行政宣誓的内容也可能不同。当代行政宣誓誓词明确的行政理念一般包含以下三个内容：①依法守法；②尽忠职守（勤政）；③公正廉洁。例如，2018年《全国人民代表大会常务委员会关于实行宪法宣誓制度的决定》规定宣誓誓词为：

> 我宣誓：忠于中华人民共和国宪法，维护宪法权威，履行法定职责，忠于祖国、忠于人民，恪尽职守、廉洁奉公，接受人民监督，为建设富强民主文明和谐美丽的社会主义现代化强国努力奋斗！

2017年公安部修订的《人民警察入警誓词》为：

> 我宣誓：我志愿成为中华人民共和国人民警察，献身于崇高的人民公安事业，坚决做到对党忠诚、服务人民、执法公正、纪律严明，矢志不渝做中国特色社会主义事业的建设者、捍卫者，为维护社会大局稳定、促进社会公平正义、保障人民安居乐业而努力奋斗！

最高人民法院2012年制定的《中华人民共和国法官宣誓规定（试行）》法官誓词为：

> 我是中华人民共和国法官，我宣誓：忠于祖国，忠于人民，忠于宪法和法律，忠实履行法官职责，恪守法官职业道德，遵守法官行为规范，公正司法，廉洁司法，为民司法，为维护社会公平正义而奋斗！

第九章 | 行政宣誓礼仪

第三节　行政宣誓仪式礼仪

行政宣誓过程具有一定的象征性和表演性，所以一般称之为行政宣誓仪式（事实上，所有的宣誓都可以说是一种仪式）。行政宣誓仪式无疑应该遵循一定的礼仪逻辑，所以有所谓行政宣誓仪式礼仪。行政宣誓仪式礼仪主要可以从时间、地点与场所、组织者、形式、誓词（前文已述）等方面进行讨论。

一、行政宣誓的时间

我国传统习俗讲究择吉，凡遇祭祀、婚嫁、安葬、开业等大事，都要选择吉日吉时。什么是吉日吉时？无非是合理的时间，即对人和事最为有利的时间。这种习俗实际上也是一种礼仪规范，它意味着郑重其事，意味着对自然规律的敬畏，对相关人事的尊敬。大事而不择吉，则于"礼"不合，人事不顺。

行政宣誓无疑是一件大事，因此也有时间选择，应该"择吉"。如果随便草率，则不足以彰显行政宣誓的意义，不合乎行政礼仪。行政宣誓的时间选择一般有两个原则：①就职时；②白天工作时间。

2018 年修正的《中华人民共和国宪法》第二十七条规定："国家工作人员就职时应当依照法律规定公开进行宪法宣誓。"2018 年修订的《全国人民代表大会常务委员会关于实行宪法宣誓制度的决定》："各级人民代表大会及县级以上各级人民代表大会常务委员会选举或者决定任命的国家工作人员，以及各级人民政府、监察委员会、人民法院、人民检察院任命的国家工作人员，在就职时应当公开进行宪法宣誓。"所有关于行政宣誓的制度，都将行政宣誓的时间规定为就职时。

就职时，即完成了有关选举或任命的所有法定程序，行政宣誓人已取得担任行政职务的资格，行将上任时。这正是进行行政宣誓的时候。没有取得任职资格前不合适进行行政宣誓，已经上任了再进行行政宣誓也不恰当。

白天工作时间，是说行政宣誓应该选择在一个正式的、人们精力旺盛的时间。白天是人们精力最旺盛的时间，工作时间是最正式的时间。将行政宣誓安排在晚上或节假日这些人们精神松懈准备休息的时间，意味着不够重视这件事情，意味着对行政权力不够敬畏，对权力授予者不够尊敬，所以是不合"礼"的。其实"择吉"并不神秘，无非是对客观规律和人情事理的顺应。顺应客观规律和人情事理则吉，违背则凶。

二、行政宣誓的地点与场所

行政宣誓需要一个进行的地点与场所。因为行政宣誓是一件意义重大的事情，所以，行政宣誓的地点与场所也不可随便，往往会有所选择。一般来说，行政宣誓的地点、场所会选择在人民代表大会（国会或议会）及其常务委员会的会议地点和会议场所，或就职单位所在地的办公场所。比如，2018年，习近平当选国家主席和中央军委主席时进行宪法宣誓的地点、场所即人民大会堂十三届全国人民代表大会一次会议上。西方国家元首的就职宣誓一般选择在国会或议会所在地点和场所，例如，意大利总统宣誓选择在国会两院联席会议上，葡萄牙总统宣誓选择在共和国议会上。但美国和俄罗斯的总统宣誓往往选择在总统办公室或总统官邸。这两种选择都有其合"礼"性，一方面体现对权力委托者（公民）的尊重，另一方面则体现对职责的敬畏。如果选择在其他地点、场所，则缺乏合"礼"性，不合乎行政礼仪。

行政宣誓的场所往往还有布置及氛围营造的要求。行政宣誓的场所一般要求庄重、严肃，要求悬挂国旗或国徽，要求奏唱国歌。《全国人民代表大会常务委员会关于实行宪法宣誓制度的决定》规定：

> 宣誓场所应当庄重、严肃，悬挂中华人民共和国国旗或者国徽。宣誓仪式应当奏唱中华人民共和国国歌。

行政宣誓场所如果纷乱嘈杂，或不悬挂国旗或国徽，或不奏唱国歌，不合乎行政礼仪。

三、行政宣誓的组织者

行政宣誓有一个组织问题，比如行政宣誓时间、地点的抉择，仪式主持，宣誓监督（监誓）等。一般来说，行政宣誓的组织者应为行政宣誓人行政职务的任命机关，或者是行政权力的授予机关。《全国人民代表大会常务委员会关于实行宪法宣誓制度的决定》规定：

> 全国人民代表大会选举或者决定任命的中华人民共和国主席、副主席，全国人民代表大会常务委员会委员长、副委员长、秘书长、委员，国务院总理、副总理、国务委员、各部部长、各委员会主任、中国人民银行行长、审计长、秘书长，中华人民共和国中央军事委员会主席、副主席、委员，国家监察委员会主任，最高人民法院院长，最高人民检察院检察

长，以及全国人民代表大会专门委员会主任委员、副主任委员、委员等，在依照法定程序产生后，进行宪法宣誓。宣誓仪式由全国人民代表大会会议主席团组织。

四、行政宣誓的形式

行政宣誓的形式，是指行政宣誓仪式的外观表现，主要指行政宣誓人进行行政宣誓时的仪表、仪态等。一般有以下五种礼仪要求。

（一）正装

行政宣誓时，行政宣誓人及其他参与行政宣誓仪式的人员应着正装。所谓正装，即适合于正式场合穿着的显规范、庄重的服装，比如西装、中山装、制服及标志性民族服装等。如果穿着其他服装，如运动服、休闲服等，或各种奇装异服，则显得散漫、轻佻而不合行政礼仪。

另外，在佩饰和仪容上也应保持端庄。在行政宣誓仪式上，行政宣誓人不应佩戴多余（即配饰的文化含义与行政理念无关）的佩饰，尤其不应佩戴其文化含义与行政理念明显违背的佩饰。行政宣誓仪式上，行政宣誓人的妆容亦应庄重，以淡妆或素颜为妥。否则，有失礼仪。

（二）立正

行政宣誓时，行政宣誓人应起立，立正（面向国旗或党旗）。立正，意味着宣誓人真诚、严肃，对行政权力敬畏，对权力授予者尊敬，尊重监督人和观众。立正是一种适度紧张的姿势，是一种保持谨慎、诚恳、恭敬的姿势，以这样一种姿势进行行政宣誓是合"礼"的。反之，如果以其他较为松垮、随意的姿势进行行政宣誓，则不合"礼"。

（三）举手握拳

行政宣誓时，一般要求行政宣誓人举起右手，五指并拢伸直或握拳。为什么要举右手？为什么要握拳？大概有以下四种解释。

（1）举手示意，强调"我宣誓"。誓词说"我宣誓"，"我"是谁？正在说话、正在说"我"的人，举手则为强调"我宣誓"。举手示意"我"，乃自然而成的习惯。所以，行政宣誓时，举手示意强调"我"在宣誓，表示"我"一定会对誓言负责，"我"一定会落实誓言。

（2）举手指天，表示意志坚决，态度诚恳。天，至高无上，广大无边，

乃上帝所在。举手指天，意味着"我"说的话（誓言）上帝都听得到，"我"决不会违背，若违背誓言会遭天谴。

（3）为什么举右手而不举左手？右手更有力量，代表郑重和誓言，而且行政宣誓是从西方传入，而西方文化中以右为尊。

（4）握拳表示团结和斗争。行政宣誓时，举手握拳是我国独有的习惯动作，这一动作应是从中国共产党入党宣誓的习惯动作模仿而来的。入党宣誓为什么要举手握拳？笔者认为，大概有两点考虑：①共产党是无神论者，不承认上帝的存在，所以不伸手"指天"，但保留"举手"习惯。②共产党是在斗争中产生的，也是在斗争中成长起来的，斗争特别需要团结。握拳最能象征共产党团结斗争的理念，所以宣誓时使用了这一动作，并相沿成习。中国共产党是中华人民共和国的执政党，中华人民共和国的行政是中国共产党领导下的行政，所以行政宣誓的动作很自然地模仿了入党宣誓的动作，一方面表示意志坚决，另一方面也表示要团结斗争。

（四）抚宪法或《圣经》

行政宣誓时，宣誓人往往手抚宪法或《圣经》。我国《全国人民代表大会常务委员会关于实行宪法宣誓制度的决定》明确规定，"单独宣誓时，宣誓人应当左手抚按《中华人民共和国宪法》"。西方有些国家行政宣誓时也有手抚宪法的习惯或规定，例如，俄罗斯总统普京宣誓时，手抚宪法。但有些西方国家行政宣誓时习惯于手抚《圣经》，如美国历届总统（除肯尼迪外）宣誓时都手抚《圣经》。之所以要求手抚宪法，意在表示宣誓人将"恪守宪法原则，弘扬宪法精神，履行宪法使命"。正因为如此，我国的行政宣誓叫作"宪法宣誓"。西方国家行政宣誓时手抚《圣经》，则与信奉基督教有关，因为宣誓人是基督徒，为了表达对上帝的虔诚，所以手抚《圣经》。肯尼迪不是基督徒，所以宣誓时没有手抚《圣经》。

另外，也有些国家行政宣誓时没有手抚宪法或《圣经》的习惯或规定。比如：朴谨惠就职宣誓时没有抚任何文本，只是举起右手；2010年，乌克兰总统亚努科维奇宣誓时没有手抚宪法或《圣经》，只是右手举着一根"权力棒"；等等。

（五）诵读誓词

诵读誓词无疑是行政宣誓（或所有宣誓）最为重要的形式，任何行政宣誓都有诵读誓词环节，没有这一环节，行政宣誓就不存在。什么叫诵读？即感情饱满地、抑扬顿挫地、大声地读，即要求用声音将誓词的意思和情感充分地

第九章 行政宣誓礼仪

表达出来。情感饱满，抑扬顿挫，让在场的人都听到行政宣誓人的声音，意味着行政宣誓人的宣誓是真诚的、出自内心的，意味着行政宣誓人对行政宣誓对象（公众、人民、行政组织）的尊敬，意味着对行政权力的敬畏和对行政责任的担当。相反，如果行政宣誓人在行政宣誓时，精神萎靡，语气平淡怪异，声音微弱，则意味着行政宣誓人言不由衷，对行政宣誓对象缺乏应有的尊敬，对行政权力缺乏敬畏，对行政责任缺乏担当，则不合乎行政礼仪。

第十章　国家符号礼仪

国家符号，即一个国家的象征和标志，主要表现为某些文字、图案、曲调等，如国旗、国徽、国歌。国家符号作为国家的象征和标志，代表国家的主权和尊严，体现国家价值和国家情感，因此，必须受到尊重和爱护。那么，如何尊重、爱护国家符号？这也是行政礼仪中的一个重要问题，可将其称为"国家符号礼仪"，主要有国旗礼仪、国徽礼仪、国歌礼仪等。本章将对这一问题展开讨论。

第一节　国旗礼仪

国旗是最重要的国家符号之一。《中华人民共和国国旗法》（1990年通过和实施，2009年修正，2020年第二次修正，以下简称《国旗法》）第四条规定："每个公民和组织，都应当尊重和爱护国旗。"对国旗的尊重和爱护表现为行政礼仪（或政治礼仪），可称之为国旗礼仪。国旗礼仪主要可以从以下六个方面来理解：①国旗的设计与制作；②国旗升挂的时间与场所（或机构）；③国旗的升与降；④国旗升挂仪式；⑤国旗升挂的位置；⑥国旗的禁忌。

一、国旗的设计与制作

国旗是精心设计的，其图案、颜色、规格等应该体现一个国家共同的审美观和政治信念。国旗的设计方案乃至制作方法往往是由国家权力机构予以确定或明确规定的。这意味着，我们不能随意设计和制作国旗，如果将我们私自设计和制作的旗帜称为"国旗"，是不合"礼"的，甚至是违法的。

我国国旗为五星红旗。《中华人民共和国宪法》（2018年修正文本）第一百四十一条规定："中华人民共和国国旗是五星红旗。"五星红旗的设计方案是1949年9月中国人民政治协商会议第一届全体会议讨论通过的。

1949年7月，中国人民政治协商会议筹备会公开征集国旗图案，当时要求国旗图案具备以下特征：①中国特征（如地理、历史、民族、文化等）；②政权特征（工人阶级领导的、以工农联盟为基础的人民民主专政）；③形式为长方形，长宽为三与二之比，以庄严、简洁为主；④色彩以红色为主，可用其他配色。在不到一个月的时间里，中国人民政治协商会议筹备会收到应征的国旗图案3012幅。经评选委员会反复比较，最后选定五星红旗为国旗图案（五星红旗当时称"红地五星旗"，设计者为曾联松）。关于五星红旗的含义，1949年11月15日《人民日报》以"新华社答读者问"的形式做了公开说明：国旗旗面的红色象征革命。旗上的五颗五角星及其相互关系象征中国共产党领导下的革命人民大团结。五角星用黄色是为了在红地上显出光明，黄色较白色明亮美丽。四颗小五角星各有一角尖正对着大星的中心点，这是表示围绕着一个中心（即中国共产党）而团结，在形式上也显得紧凑而美观。① 1949年9月，全国政治协商会议第一届全体会议在决定以五星红旗为国旗后，还由主席团公布了《国旗制法说明》。《国旗法》第二条明确规定："中华人民共和国国旗按照中国人民政治协商会议第一届全体会议主席团公布的国旗制法说明制作。"

《国旗制法说明》全文如下：

国旗的形状、颜色两面相同，旗上五星两面相对。为便利计，本件仅以旗杆在左之一面为说明之标准。对于旗杆在右之一面，凡本件所称左均应改右，所称右均应改左。

（一）旗面为红色，长方形，其长与高为三与二之比，旗面左上方缀黄色五角星五颗。一星较大，其外接圆直径为旗高十分之三，居左；四星较小，其外接圆直径为旗高十分之一，环拱于大星之右。旗杆套为白色。

（二）五星之位置与画法如下：

甲、为便于确定五星之位置，先将旗面对分为四个相等的长方形，将左上方之长方形上下划为十等分，左右划为十五等分。

乙、大五角星的中心点，在该长方形上五下五、左五右十之处。其画法为：以此点为圆心，以三等分为半径作一圆。在此圆周上，定出五个等距离的点，其一点须位于圆之正上方。然后将此五点中各相隔的两点相联，使各成一直线。此五直线所构成之外轮廓线，即为所需之大五角星。五角星之一个角尖正向上方。

丙、四颗小五角星的中心点，第一点在该长方形上二下八、左十右五之处，第二点在上四下六、左十二右三之处，第三点在上七下三、左十二右三之处，第四点在上九下一、左十右五之处。其画法为：以以上四点为

---

① 参见郑淑娜主编《中华人民共和国国旗法、国歌法、国徽法解读：权威读本》，中国法制出版社2018年版，第11页。

圆心，各以一等分为半径，分别作四个圆。在每个圆上各定出五个等距离的点，其中均须各有一点位于大五角星中心点与以上四个圆心的各联结线上。然后用构成大五角星的同样方法，构成小五角星。此四颗小五角星均各有一个角尖正对大五角星的中心点。

（三）国旗之通用尺度定为如下五种，各界酌情选用：

甲、长 288 公分[①]，高 192 公分。

乙、长 240 公分，高 160 公分。

丙、长 192 公分，高 128 公分。

丁、长 144 公分，高 96 公分。

戊、长 96 公分，高 64 公分。

中华人民共和国国旗制法图案（略）

二、国旗升挂的时间与场所

国旗升挂有时间、场所等方面的限制，并非任何时间、任何场所都可以升挂国旗。这也是说，在有些时间、有些场所升挂国旗可能是违礼，甚至违法的；而在有些时间、有些场所不升挂国旗，则是违礼或违法的。那么，哪些时间、哪些场所可以或应当升挂国旗？主要有以下三个原则：①需要宣示国家主权、行使国家权力、维护国家尊严的时间和场所；②需要表达爱国情怀的时间和场所；③需要凝聚爱国力量、激发爱国热情的时间和场所。

《国旗法》对我国国旗升挂的时间、场所有明确的规定，如下：

第五条　下列场所或机构所在地，应当每日升挂国旗：

（一）北京天安门广场、新华门；

（二）中国共产党中央委员会，全国人民代表大会常务委员会，国务院，中央军事委员会，中国共产党中央纪律检查委员会、国家监察委员会，最高人民法院，最高人民检察院；中国人民政治协商会议全国委员会；

（三）外交部；

（四）出境入境的机场、港口、火车站和其他边境口岸，边防海防哨所。

第六条　下列机构所在地应当在工作日升挂国旗：

---

① 1公分=1厘米。

第十章 | 国家符号礼仪

（一）中国共产党中央各部门和地方各级委员会；
（二）国务院各部门；
（三）地方各级人民代表大会常务委员会；
（四）地方各级人民政府；
（五）中国共产党地方各级纪律检查委员会、地方各级监察委员会；
（六）地方各级人民法院和专门人民法院；
（七）地方各级人民检察院和专门人民检察院；
（八）中国人民政治协商会议地方各级委员会；
（九）各民主党派、各人民团体；
（十）中央人民政府驻香港特别行政区有关机构、中央人民政府驻澳门特别行政区有关机构。

学校除寒假、暑假和休息日外，应当每日升挂国旗。有条件的幼儿园参照学校的规定升挂国旗。

图书馆、博物馆、文化馆、美术馆、科技馆、纪念馆、展览馆、体育馆、青少年宫等公共文化体育设施应当在开放日升挂、悬挂国旗。

第七条　国庆节、国际劳动节、元旦、春节和国家宪法日等重要节日、纪念日，各级国家机关、各人民团体以及大型广场、公园等公共活动场所应当升挂国旗；企业事业组织，村民委员会、居民委员会，居民院（楼、小区）有条件的应当升挂国旗。

民族自治地方在民族自治地方成立纪念日和主要传统民族节日应当升挂国旗。

举行宪法宣誓仪式时，应当在宣誓场所悬挂国旗。

第八条　举行重大庆祝、纪念活动，大型文化、体育活动，大型展览会，可以升挂国旗。

第九条　国家倡导公民和组织在适宜的场合使用国旗及其图案，表达爱国情感。

公民和组织在网络中使用国旗图案，应当遵守相关网络管理规定，不得损害国旗尊严。

网络使用的国旗图案标准版本在中国人大网和中国政府网上发布。

第十条　外交活动以及国家驻外使馆领馆和其他外交代表机构升挂、使用国旗的办法，由外交部规定。

第十一条　中国人民解放军和中国人民武装警察部队升挂、使用国旗的办法，由中央军事委员会规定。

第十二条　民用船舶和进入中国领水的外国船舶升挂国旗的办法，由国务院交通主管部门规定。

执行出入境边防检查、边境管理、治安任务的船舶升挂国旗的办法，由国务院公安部门规定。

国家综合性消防救援队伍的船舶升挂国旗的办法，由国务院应急管理部门规定。

三、国旗的升与降

国旗有升也有降，其升与降有一定的礼仪规范。国旗升降的礼仪规范主要可以从两个方面来理解：一是日常的升与降，二是下（降）半旗志哀。

（一）国旗日常升降礼仪

国旗日常升降礼仪主要可以从升降时间、升降速度、升降操作及升降次序等方面来理解。

1. 升降时间

这里的升降时间与前文的国旗升挂时间有所不同。国旗升挂时间，是指哪些日子可以或应当升挂国旗；国旗升降时间，则是指在可以或应当升挂国旗的日子里进行升与降的时间段。

一般来说，国旗的升降时间为早晨和傍晚，即每日天明日出之际（7：00—9：00）升起，而在日落前后（18：00—20：00）降下。如果遇有恶劣天气，则可以不升挂国旗。《国旗法》第十三条规定："依照本法第五条、第六条、第七条的规定升挂国旗的，应当早晨升起，傍晚降下。依照本法规定应当升挂国旗的，遇有恶劣天气，可以不升挂。"许多国家有相同或类似的规定，如美国、菲律宾等。但也有一些国家规定应当整天悬挂国旗，或在晚上升挂国旗。例如，美国有法典规定，为表达爱国情感，在有适当照明时，国旗可以 24 小时悬挂，在元旦、圣诞、宪法纪念日等 20 多个重大节日或纪念日，应当整天悬挂国旗。新加坡、菲律宾等国规定国旗可以在晚上悬挂，但必须以适当方式照亮。①

为什么要将国旗在早晨升起而傍晚降下？为什么遇恶劣天气可以不升挂国旗？这是对国旗尊重、爱护的具体表现，主要有以下三点考虑：①将国旗比作太阳。国旗与太阳同升同降，意为国旗（国家）与日同辉。②顺应自然人情。

---

① 参见郑淑娜主编《中华人民共和国国旗法、国歌法、国徽法解读：权威读本》，中国法制出版社 2018 年版，第 38—41 页。

"日出而作,日落而息",这是人们基本的生活规律,国旗在早晨升起而在傍晚降下无疑是对这一生活规律的顺应。而这也意味着将爱国情怀融入日常生活中,意味着国家与我们朝夕相关。③遇恶劣天气不升挂国旗,是为了避免国旗因天气恶劣而污损,也是为了避免因为升挂国旗而造成人员伤害。这既体现对国旗的尊重、爱护,也饱含对人的关怀,体现国家以人为本的基本信念。

2. 升降速度

国旗升降有一个动作速度问题,而人的动作速度往往反映人的情感和心态。因此,国旗升降的速度也成为国旗礼仪中的一个问题。只有恰当的动作速度才能充分体现国旗的尊严和神圣,才能充分表达人们对国旗的尊重和爱护,才是合乎礼仪的。那么,怎样的动作速度才是恰当的?一般来说,不急不缓、从容稳重的动作速度,即"徐徐升降",最能反映人们对国旗的尊重和爱护,最能体现国旗的庄严和神圣,而匆匆升降或过于缓慢的升降都是不恰当的、不合乎礼仪的。

《国旗法》第十八条规定:"在直立的旗杆上升降国旗,应当徐徐升降。""徐徐升降"是一个较为模糊的表述,在实际操作中往往会通过测试而精确。例如,我们将"徐徐升降"理解为国旗升降时长与国歌演奏的时长一致,即国旗从国歌奏响开始匀速上升,到国歌最后一个音符终止时,恰好升至旗杆顶端;或从国歌奏响开始匀速下降,到国歌最后一个音符终止时,恰好降至旗杆底座。以天安门国旗护卫队升降国旗为例,其国歌版本的演奏时长为2分07秒,则天安门国旗升降的时长也为2分07秒。天安门国旗旗杆净高30米,30米除以2分07秒,可知天安门国旗的升降速度约为每秒0.25米。这也就是说,"徐徐升降"即以每秒0.25米的速度匀速升降。当然,这只是天安门国旗的升降速度,其他地方的国旗升降速度可能略有不同,因为国歌演奏时长基本相同,但国旗旗杆的高度可能有所不同,《国旗法》未对国旗旗杆的高度做统一要求。

3. 升降操作

国旗升降除了讲究升降时间和升降速度,在操作上也有要求。《国旗法》第十八条规定:"升起时,必须将国旗升至杆顶;降下时,不得使国旗落地。"这是说,升国旗时必须一次性将国旗升至旗杆顶端位置(即使"下半旗"也应先升至顶端),未升至顶端是不合乎要求的,不合法也不合乎国旗礼仪。而降旗时要特别注意的是不能让国旗跌落在地上,应有人接住并妥善收旗。国旗跌落地上易造成国旗污损,有辱国旗尊严。

4. 升降次序

国旗的升降次序主要是就多国国旗并列升挂的情况而言的。在我国境内举

行多个国家参加的重大国际活动,须并列升挂多国国旗时,应先升我国国旗。降落时,则应最后降我国国旗。另外,当国旗与其他旗帜(包括外国旗帜)并列升挂时,亦应先升挂国旗,最后降国旗。

(二)国旗特别升降礼仪:下半旗志哀

遇有某些重要人士逝世,或发生重大伤亡的不幸事件,或发生造成重大伤亡的自然灾害,往往要求国旗下半旗(或谓"降半旗")以表达哀思和悼念。这是国旗有别于日常升降的特别升降礼仪,人们称这一行为为"下半旗志哀"。这是国旗礼仪中的一项重要礼仪行为,也是当今世界通行的国旗礼仪之一。这一礼仪行为最早出现在1612年,英国船只"哈兹·伊斯"号在探索北美北部通向太平洋的水道时,船长不幸逝世,船员们为了表达对已故船长的敬意,将桅杆旗帜下降到离旗杆顶端一段距离的地方。到17世纪下半叶,这种志哀方式传到欧洲大陆,逐渐为各国效仿而成为通行的国旗礼仪之一。

国旗下半旗志哀,是国家情感的表达,或者说是国民共同情感的表达,是重大礼仪行为。所以,只有重要人士逝世、发生重大不幸事件或重大自然灾害时,才可能会下半旗志哀。一般人逝世,发生一般性事故或较小自然灾害,虽有人员伤亡,但人数较少、影响不大,则不会或不必下半旗志哀。

《国旗法》第十五条规定:

下列人士逝世,下半旗志哀:
(一)中华人民共和国主席、全国人民代表大会常务委员会委员长、国务院总理、中央军事委员会主席;
(二)中国人民政治协商会议全国委员会主席;
(三)对中华人民共和国作出杰出贡献的人;
(四)对世界和平或者人类进步事业作出杰出贡献的人。
举行国家公祭仪式或者发生严重自然灾害、突发公共卫生事件以及其他不幸事件造成特别重大伤亡的,可以在全国范围内下半旗志哀,也可以在部分地区或者特定场所下半旗志哀。

下半旗志哀如何操作?《国旗法》第十八条亦有明确规定:

下半旗时,应当先将国旗升至杆顶,然后降至旗顶与杆顶之间的距离为旗杆全长的三分之一处;降下时,应当先将国旗升至杆顶,然后再降下。

对于这一规定，人们可能会问：为什么下半旗时要先将国旗升至杆顶？为什么下半旗实际上只下降到三分之一处？为什么降下时应先将国旗升至杆顶然后降下？关于这三个问题，笔者是这样理解的：①下半旗时，先将国旗升至杆顶，这是为了体现"下"或"降"的行为。如果直接升为"半旗"，就没有下降行为了。"下半旗"的过程没有了，则不足以"志哀"。②"半"在汉语中并非一个精确的数量概念，有一定的模糊性，可能是多半，也可能是小半。比如"半路上"，就并非说正好走到路程的二分之一；说"半夜"，也并非指晚上12点整。所以将三分之一处说成"半"是合乎语言逻辑的。问题是为什么恰好在三分之一处？这大概有两个方面的考虑，一方面是三分之一处不多也不少，既能表达哀悼，又不至于将国旗降得太低而有损尊严；另一方面，精确在三分之一应是为了保证操作的确定性和统一性。③下半旗后降旗时，先将国旗升至杆顶然后降下，这一行为应是为了表达节哀顺变、回复正常的理念。遇不幸而感到哀痛是人之常情，但不能沉湎于哀痛之中，生活还要继续，工作还要继续，应该节哀顺变，适时回复正常。先将国旗升至杆顶会给人一种回复正常的心理指引，让人重新振作，给人继续前行的力量。相反，如果从半旗直接降下，则会让人持续沉湎在哀痛之中，不吉利。

四、国旗升挂仪式

仪式是一种具有象征意义和固定程式的行为。国旗升挂不仅具有象征意义，而且有固定程式，因此是一种仪式。所有的国旗升挂行为，或每一次的国旗升挂行为，都是一种仪式行为，即"升旗仪式"。但是，我们习惯于将国旗升挂行为分为两种情况：一种是日常的较为普通的国旗升挂行为，不被称为"升旗仪式"；另一种是较为隆重的国旗升挂行为，被称之为"升旗仪式"。日常的国旗升挂参与人数较少，只有掌旗和护旗人员参加，不一定奏唱国歌；而"升旗仪式"参与人员较多，除掌旗、护旗人员外，还有其他人员参加，且应当奏国歌，或唱国歌，或奏唱国歌。

升旗仪式除了要遵循日常升挂应该遵循的普遍性礼仪要求，还要遵循一些特别的礼仪要求，主要有三个方面：①面向国旗肃立；②向国旗致敬（行注目礼或举手礼）；③奏国歌，或唱国歌，或奏、唱国歌。《国旗法》第十四条规定："升挂国旗时，可以举行升旗仪式。举行升旗仪式时，应当奏唱国歌。在国旗升起的过程中，在场人员应当面向国旗肃立，行注目礼或者按照规定要求敬礼，不得有损害国旗尊严的行为。"面向国旗、肃立、致敬、奏唱国歌，是尊重国旗的表示，也是爱国的表示。如果在升旗仪式上不能做到面向国旗、肃立、致敬、奏唱国歌，则意味着不尊重国旗，缺乏爱国热情，不合乎礼仪，

也是不合法的。

五、国旗升挂的位置

对国旗的尊重，即国旗礼仪，也表现在国旗升挂时的位置安排上。这主要有三种情况：①在应该升挂国旗的场所的什么位置升挂国旗；②当国旗与其他旗帜同时升挂时，应将国旗安排在什么位置；③外事活动中，与外国国旗同时升挂时，国旗位置如何安排。相应地有三条礼仪原则：显著位置、优先位置、国际惯例。

《国旗法》第十七条规定："升挂国旗，应当将国旗置于显著的位置。列队举持国旗和其他旗帜行进时，国旗应当在其他旗帜之前。国旗与其他旗帜同时升挂时，应当将国旗置于中心、较高或者突出的位置。在外事活动中同时升挂两个以上国家的国旗时，应当按照外交部的规定或者国际惯例升挂。"

（一）显著位置

显著位置原则，主要是就第一种情况而言的，即在应当或可以升挂国旗的场所，国旗应升挂于显著位置，而不是随便什么地方。何为显著位置？一般来说，如院落或广场，旗杆应设在院落中央或中轴线位置；楼宇，旗杆应设于楼宇顶部正中或楼宇正门上方中间位置；城镇居民院（楼）等不具备树立旗杆的地方，可设于大门处显眼位置。将国旗升挂于显著位置，一方面是为了显示国旗作为国家象征与标志的崇高性；另一方面是为了便于人们辨识国旗，以发挥国旗宣示国家主权、激发人民爱国热情的作用。

（二）优先位置

优先位置原则是就第二种情况而言的。当国旗与其他旗帜同时升挂或出现的时候，国旗作为国家的象征和标志，应该置于优先位置。所谓优先位置，主要有两种情况：一是列队举持国旗和其他旗帜行进时，国旗应当处于其他旗帜之前；二是国旗与其他旗帜同时升挂时，国旗应处于中心（间）位置、较高的位置或最为突出的位置。

（三）国际惯例

国际惯例，主要是针对第三种情况而言的，即外事活动中，需要同时升挂我国国旗与外国国旗时，依据国际惯例安排我国国旗及外国国旗的升挂位置。1991年，外交部发布了《中华人民共和国外交部关于涉外升挂和使用国旗的规定》，其中明确了以下三条规则。

（1）在中国境内举办双边活动需要悬挂中国和外国国旗时，凡中方举办的活动，将外国国旗置于上首（即中国国旗之右）①；外方举办活动时，则将中国国旗置于上首（即外国国旗之右）②。

（2）在中国境内，中国国旗与多国国旗并列升挂时，应将中国国旗置于荣誉地位。荣誉地位即尊贵地位，具体有四种情况：①一列并排时，以旗面面向观众为准，应将中国国旗置于最右方；②单行排列时，应将中国国旗置于最前面；③弧形或从中间往两旁排列时，应将中国国旗置于中心位置；④圆形排列时，中国国旗应置于主席台（或主入口）对面的中心位置。③

（3）外国驻华机构、外商投资企业、外国公民在同时升挂中国和外国国旗时，必须将中国国旗置于上首或中心位置；外商投资企业同时升挂中国国旗和企业旗时，必须将中国国旗置于中心较高或突出的位置。④

六、国旗的禁忌

国旗的禁忌，即有关国旗的禁止与忌讳行为。对国旗的尊重和爱护，一方面表现为应当怎样做，即前文论述的有关国旗制作、升挂时间与场所、升挂位置、升挂方式等方面的规范；另一方面也表现为不得怎样做，即有关国旗的一些消极防范性规范，即国旗的禁忌。我国国旗的禁忌主要有以下五方面的内容：①不得升挂破损、污损、褪色或者不合规格的国旗；②不得将国旗及其图案用作商标、广告或私人丧事活动；③不得故意以焚烧、毁损、涂划、玷污、践踏等方式侮辱国旗；④不得倒挂国旗；⑤同一旗杆上不能升挂两个国家的国旗。

《国旗法》第十九条规定："不得升挂或者使用破损、污损、褪色或者不合规格的国旗，不得倒挂、倒插或者以其他有损国旗尊严的方式升挂、使用国旗。不得随意丢弃国旗。破损、污损、褪色或者不合规格的国旗应当按照国家有关规定收回、处置。大型群众性活动结束后，活动主办方应当收回或者妥善处置活动现场使用的国旗。"第二十条规定："国旗及其图案不得用作商标、

---

① 上首即并列时位次较尊贵的一侧。我国传统以左为上，则并列居左为上首。但国际惯例以右为上，则并列居右为上首。

② 参见郑淑娜主编《中华人民共和国国旗法、国歌法、国徽法解读：权威读本》，中国法制出版社2018年版，第31页。

③ 参见郑淑娜主编《中华人民共和国国旗法、国歌法、国徽法解读：权威读本》，中国法制出版社2018年版，第31页。

④ 参见郑淑娜主编《中华人民共和国国旗法、国歌法、国徽法解读：权威读本》，中国法制出版社2018年版，第32页。

授予专利权的外观设计和商业广告，不得用于私人丧事活动等不适宜的情形。"第二十三条规定："在公共场合故意以焚烧、毁损、涂划、玷污、践踏等方式侮辱中华人民共和国国旗的，依法追究刑事责任；情节较轻的，由公安机关处以十五日以下拘留。"

《中华人民共和国外交部关于涉外升挂和使用国旗的规定》第十七条规定："悬挂国旗一般应以旗的正面面向观众，不要随意交叉悬挂或竖挂，更不得倒挂。有必要竖挂或者使用国旗反面时，必须按照有关国家的规定办理。"第十八条规定："多国国旗并列升挂，旗杆高度应该划一。升挂时必须先升中国国旗，降落时最后降中国国旗。同一旗杆上不能升挂两个国家的国旗。遇有需要夜间在室外悬挂国旗时，国旗必须置于灯光照射之下。"①

第二节　国徽礼仪

《中华人民共和国国徽法》（1991年通过，2009年第一次修正，2020年第二次修正，以下简称《国徽法》）第三条规定："中华人民共和国国徽是中华人民共和国的象征和标志。一切组织和公民，都应当尊重和爱护国徽。"对国徽的尊重和爱护表现为行政礼仪（政治礼仪），可称之为国徽礼仪，主要可以从国徽的设计与制作、国徽的悬挂、国徽的刻制与印刷、国徽的禁忌四个方面来理解。

一、国徽的设计与制作

世界各国都有自己的国徽，其区别主要在于两方面：一是形状，二是图案。形状和图案不同，所表达的含义不同，反映国家的历史、地理、政体、基本信仰、政治理想、审美观等有所不同。国徽在设计和制作上是非常严谨而慎重的。国徽的设计方案及制作方法往往须经国家最高权力机构认可，并以宪法或法律的形式予以明确。任何人不得随意设计或制作国徽，否则违法，也违反国徽礼仪。

我国国徽形状为圆形，图案包括国旗、天安门、齿轮和麦稻穗。中心部分为红底上的金色天安门城楼，城楼正中上方是一颗大的金色五角星，大星下边以半弧形环拱四颗小的金色五角星。在国徽的四周，是由两把麦稻穗组成的正圆形的环。在麦稻秆的交叉点上，是一个圆形齿轮。齿轮的中心交结着红色绶

---

① 国务院法制办公室编：《中华人民共和国法规汇编：1991—1992》第10卷第2版，中国法制出版社2014年版，第45页。

带。绶带向左右绾住麦稻而下垂，把齿轮分为上、下两部分。

我国国徽图案"象征中国人民自'五四'运动以来的新民主主义革命斗争和工人阶级领导的以工农联盟为基础的人民民主专政的新中国的诞生"①。四颗小五角星环绕一个大五角星，象征着中国共产党领导下的全国人民的大团结；齿轮和麦稻穗象征着工人阶级领导下的工农联盟；天安门则体现了中国人民的革命传统和民族精神，同时也是我们伟大祖国首都北京的象征；国徽在颜色上用正红色和金黄色互为衬托对比，体现了中华民族特有的吉寿喜庆的民族色彩和传统，既庄严又富丽。

我国国徽是1949年下半年由清华大学营建系的梁思成、林徽因等和中央美术学院的张仃等多位专家共同设计的。1950年6月28日，中央人民政府委员会第八次会议通过了《中华人民共和国国徽图案》；1950年9月20日，中央人民政府主席毛泽东签署《中央人民政府命令》，正式公布国徽及图案说明，由《人民日报》等予以刊登。与此同时，中央人民政府委员会办公厅还公布了《中华人民共和国国徽图案制作说明》，对国徽的图案、颜色、比例、尺寸等做了详细规定，并附有国徽方格墨线图和国徽纵断面图。1954年一届全国人大一次会议通过的《中华人民共和国宪法》第一百零五条（现行《宪法》第一百四十二条）规定"中华人民共和国国徽，中间是五星照耀下的天安门，周围是谷穗和齿轮"，赋予国徽以宪法地位。1991年3月2日，第七届全国人民代表大会常务委员会第18次会议通过了《国徽法》，对国徽的使用做了明确的法律规定。

二、国徽的悬挂

国徽作为一种徽章、纹章，其使用方式主要有两类：一类是悬挂在特定机构或场所，以凸显该机构或场所代表的国家权力；另一类是通过刻制印章或直接印刷在出版物及其他载体上，以表示国家权力的认可。

国徽悬挂有一定的礼仪规范，也是法定规范。国徽悬挂的礼仪规范主要有三方面：①只能在法律规定应当悬挂或可以悬挂的机构或场所悬挂。应当悬挂或可以悬挂国徽的机构与场所，一般是代表国家权力或行使国家权力的机构与场所。②必须将国徽悬挂在最醒目、最显著的位置，如"机关正门上方正中处"。③所悬挂的国徽的尺度必须是适当的。比如，我国国徽通用尺度（直径）有三种：100厘米、80厘米、60厘米。最高级别的国家机构悬挂直径100厘米的国徽，省、自治区、直辖市一级的国家机构悬挂直径80厘米的国徽，

---

① 见《中华人民共和国国徽法（附件一）》。

基层国家机构悬挂60厘米的国徽。在法定范围之外的机构或场所悬挂国徽，或将国徽悬挂在不显著、不醒目的位置，或悬挂不适当尺度的国徽，都是不合"礼"的（也是不合法的）。在应当悬挂国徽的机构或场所不悬挂国徽也是不合"礼"、不合法的。

《国徽法》第四条规定："下列机构应当悬挂国徽：（一）各级人民代表大会常务委员会；（二）各级人民政府；（三）中央军事委员会；（四）各级监察委员会；（五）各级人民法院和专门人民法院；（六）各级人民检察院和专门人民检察院；（七）外交部；（八）国家驻外使馆、领馆和其他外交代表机构；（九）中央人民政府驻香港特别行政区有关机构、中央人民政府驻澳门特别行政区有关机构。国徽应当悬挂在机关正门上方正中处。"

《国徽法》第五条规定："下列场所应当悬挂国徽：（一）北京天安门城楼、人民大会堂；（二）县级以上各级人民代表大会及其常务委员会会议厅，乡、民族乡、镇的人民代表大会会场；（三）各级人民法院和专门人民法院的审判庭；（四）宪法宣誓场所；（五）出境入境口岸的适当场所。"

三、国徽的刻制与印刷

国徽的刻制，主要指在组织或机构印章上刻制国徽图案；国徽的印刷，则主要指在文书、出版物及其他载体上印刷国徽图案。国徽的刻制或印刷同样有一定的礼仪规范，也往往是法定规范。这主要表现在以下三个方面。

（1）代表或行使国家权力的机构的印章应当刻有国徽图案，非代表或行使国家权力的组织、机构不应当（不允许）在印章上刻制国徽图案。《国徽法》第六条规定："下列机构的印章应当刻有国徽图案：（一）全国人民代表大会常务委员会，国务院，中央军事委员会，国家监察委员会，最高人民法院，最高人民检察院；（二）全国人民代表大会各专门委员会和全国人民代表大会常务委员会办公厅、工作委员会，国务院各部、各委员会、各直属机构、国务院办公厅以及国务院规定应当刻有国徽图案印章的办事机构，中央军事委员会办公厅以及中央军事委员会规定应当使用刻有国徽图案印章的其他机构；（三）县级以上地方各级人民代表大会常务委员会、人民政府、监察委员会、人民法院、人民检察院，专门人民法院，专门人民检察院；（四）国家驻外使馆、领馆和其他外交代表机构。"《国徽法》规定范围外的组织或机构如果擅自在印章上刻制国徽图案，则违法，亦违礼。

（2）国家权力所认可的文书、出版物等应当印有国徽图案，非国家权力认可的文书、出版物等则不应当（不允许）印刷国徽图案。《国徽法》第八条规定："下列文书、出版物等应当印有国徽图案：（一）全国人民代表大会常务委员会、中华人民共和国主席和国务院颁发的荣誉证书、任命书、外交文书；（二）中华人民共和国主席、副主席，全国人民代表大会常务委员会委员长、副委员长，国务院总理、副总理、国务委员，中央军事委员会主席、副主席，国家监察委员会主任，最高人民法院院长和最高人民检察院检察长以职务名义对外使用的信封、信笺、请柬等；（三）全国人民代表大会常务委员会公报、国务院公报、最高人民法院公报和最高人民检察院公报的封面；（四）国家出版的法律、法规正式版本的封面。"《国徽法》规定范围外的文书、出版物等，如果擅自印刷国徽图案，则违法，并违礼。

（3）国家机关颁发的证件、证照等可以印有国徽图案，非国家机关颁发的证件、证照等不可以印有国徽图案。《国徽法》第十条规定："下列证件、证照可以使用国徽图案：（一）国家机关工作人员的工作证件、执法证件等；（二）国家机关颁发的营业执照、许可证书、批准证书、资格证书、权利证书等；（三）居民身份证，中华人民共和国护照等法定出入境证件。国家机关和武装力量的徽章可以将国徽图案作为核心图案。公民在庄重的场合可以佩戴国徽徽章，表达爱国情感。"《国徽法》规定范围外的证件、证照等如果擅自使用国徽图案，则违法，亦违礼。

另外，国徽刻制、印刷时也有一个尺度和位置安排的礼仪问题。主要有两个原则：①同一层次机构的印章尺度应该一致，非同一层次如下级机构的印章尺度略小于上级机构的印章尺度。1999年《国务院关于国家行政机关和企业事业单位社会团体印章管理的规定》（以下简称《印章管理规定》）明确，各省、自治区、直辖市人民政府的印章直径5厘米，自治州、市、县、市辖区人民政府的印章直径4.5厘米。②无论刻制还是印刷，应将国徽图案置于中心、上方、封面等显著位置。《印章管理规定》明确，印章中央刊国徽，国徽外刊机关名称。《国徽法》明确，国徽印刷在"全国人民代表大会常务委员会公报、国务院公报、最高人民法院公报和最高人民检察院公报的封面"上，"国家出版的法律、法规正式版本的封面"上。

四、国徽的禁忌

国徽的禁忌，即有关国徽的禁止和忌讳行为。我国国徽的禁忌主要有以下三个内容。

（1）不得将国徽及其图案用于商标、广告，或日常生活的陈设布置，或私人庆吊活动，或国务院办公厅规定不得使用国徽及其图案的其他场合。

（2）不得悬挂破损、污损或者不合规格的国徽。

（3）不得在公共场合故意以焚烧、毁损、涂划、玷污、践踏等方式侮辱国徽。①

第三节 国 歌 礼 仪

国歌，是一种能够承载国民爱国情怀、象征国家主权、体现国家尊严和民族精神的歌曲。因此，国歌理（礼）应受到尊重和爱护。《中华人民共和国国歌法》第三条规定："中华人民共和国国歌是中华人民共和国的象征和标志。一切公民和组织都应当尊重国歌，维护国歌的尊严。"对国歌的尊重和爱护也同样表现为一种行政礼仪，可称之为国歌礼仪。国歌礼仪可以从国歌的选定，国歌的奏唱，国歌奏唱的场合，国歌奏唱时的仪表、仪态，国歌的禁忌等方面来理解。

一、国歌的选定

"国歌"最早出现于16世纪下半叶，荷兰的《威廉颂》是世界上最古老的国歌。到18世纪末，西班牙、法国、奥地利等国确定了国歌。进入19世纪后，因为民族主义在全世界兴起，"国歌"迎来繁荣景象，世界上许多国家，尤其是中欧和南美地区的国家，纷纷确定了国歌。到"二战"后，几乎所有的国家都有了自己的国歌。

我国历史上最早的国歌是清朝末年（1911年制定）的《巩金瓯》。② 其后有中华民国临时政府的《五旗共和歌》③，有袁世凯政府的《中华雄立宇宙间》④，有北洋政府（段祺瑞政府）的《卿云歌》⑤，有南京国民政府的《三民

---

① 参见《中华人民共和国国徽法》第十三条、第十四条、第十八条。
② 《巩金瓯》歌词："巩金瓯，承天帱，民物欣凫藻，喜同袍，清时幸遭。真熙皞，帝国苍穹保，天高高，海滔滔。"参见中国大百科全书总编辑委员会《音乐 舞蹈》编辑委员会、中国大百科全书出版社编辑部编《中国大百科全书：音乐 舞蹈》，中国大百科全书出版社1992年版，第243页。
③ 《五旗共和歌》歌词："亚东开化中华早，揖美追欧，旧邦新造。飘扬五色旗，国荣光，锦绣河山普照，我同胞，鼓舞文明，世界和平永保！"参见陈志音编著《我们的国歌》，上海音乐出版社2015年版，第35页。
④ 《中华雄立宇宙间》歌词："中华雄立宇宙间，廓八埏，华胄来从昆仑巅，江湖浩荡山绵连，共和五族开尧天，亿万年。"参见中国大百科全书总编辑委员会《音乐 舞蹈》编辑委员会、中国大百科全书出版社编辑部编《中国大百科全书：音乐 舞蹈》，中国大百科全书出版社1992年版，第243页。
⑤ 《卿云歌》歌词："卿云烂兮，纠缦缦兮，日月光华，旦复旦兮。"参见〔清〕沈德潜辑、孙通海校点：《古诗源》，辽宁教育出版社1997年版，第2页。

第十章 国家符号礼仪

主义歌》。中华人民共和国成立后，《义勇军进行曲》①为中华人民共和国国歌。

《义勇军进行曲》本为电影《风云儿女》的主题曲，诞生于抗日战争时期。1934年，共产党员、戏剧家田汉决定写一部以抗日救亡为主题的电影剧本《风云儿女》。他完成故事梗概和主题歌歌词后被国民党逮捕入狱，另一位共产党员、戏剧家夏衍接手将这个故事写成了电影剧本。音乐家聂耳主动要求为该电影主题歌谱曲。电影《风云儿女》于1935年5月上映，上映后《义勇军进行曲》很快在广大人民群众中传唱起来，其雄壮激昂的旋律和排山倒海的气势，表达了中国人民对日本帝国主义侵略行径的无比愤恨，表现了中华民族团结抗战的坚强意志和勇往直前、不屈不挠的战斗精神，极大地鼓舞了全国人民的抗战热情。"二战"期间，英国、美国、苏联、印度等国的国家广播电台也经常播放《义勇军进行曲》，以表达反法西斯的共同心愿。"二战"结束之际，在盟军凯旋的曲目中，《义勇军进行曲》也名列其中。1940年，美国著名黑人歌唱家保罗·罗伯逊在纽约演唱了这首歌。他表示，《义勇军进行曲》唱出了中国人民争取自由解放的决心，也唱出了包括美国黑人在内的全世界被压迫人民争取自由解放的决心。

国歌选定，往往是一个由国家最高权力机关做出审慎决策的过程。《义勇军进行曲》作为中华人民共和国国歌，是中国人民政治协商会议第一届全体会议的决定。1949年6月，中国人民政治协商会议（称"新政协"）筹备会议第一次会议在北京召开，此次会议的重要任务之一便是拟定新中国的国旗、国徽、国歌。筹备会常务委员会下设六个小组，其中第六小组负责拟定国旗、国徽和国歌方案，组长由中国民主促进会负责人马叙伦担任。第六小组推选郭沫若、田汉、沈雁冰、钱三强、欧阳予倩五人组成国歌词谱初选委员会，郭沫若为召集人；后又聘请音乐家马思聪、贺绿汀、吕骥、姚锦新等为国歌词谱初选委员会顾问。第六小组对应征的国歌歌词曲谱进行讨论审议后认为，"似尚未臻完善"。因此，马叙伦在1949年9月25日晚由毛泽东、周恩来主持的协商座谈会上提议暂用《义勇军进行曲》代国歌。许多委员赞成马叙伦的提议，但有委员提出歌词似乎已经过时，如"中华民族到了最危险的时候"等，为了适应新时代要求"最好把歌词修改一下"。但是，张奚若、梁思成认为这首歌曲是历史性的产物，为保持其完整性，词曲最好不做修改，并举法国的马赛

---

① 《义勇军进行曲》歌词："起来！不愿做奴隶的人们！把我们的血肉，筑成我们新的长城！中华民族到了最危险的时候，每个人被迫发出最后的吼声。起来！起来！起来！我们万众一心，冒着敌人的炮火前进！冒着敌人的炮火前进！前进！前进！进！"

曲为例。黄炎培先生也赞成不修改歌词。毛泽东和周恩来赞成这种"安不忘危"的思想。周恩来说:"用原来的歌词才能鼓动情感。修改后,唱起来就不会有那种情感。"最后,与会者一致赞同用《义勇军进行曲》代国歌。1949年9月27日,中国人民政治协商会议第一届全体会议通过了《关于中华人民共和国国都、纪年、国歌、国旗的决议》,其中第三项规定:"在中华人民共和国国歌未正式制定前,以《义勇军进行曲》为国歌。"至此,作为新中国象征的中华人民共和国国歌产生了。10月1日举行开国大典,在《义勇军进行曲》的雄壮旋律中,毛泽东亲手升起第一面五星红旗。

《义勇军进行曲》被确定为(代)国歌后,也经历了一些曲折。"文革"开始后不久,田汉遭迫害,含冤去世,他所作的歌词也不能唱了。一段时间内,在外交场合只奏国歌,不唱国歌。粉碎"四人帮"后,有些人认为我们国家已经进入新的历史时期,《义勇军进行曲》的歌词已不能反映变化的现实,提议重写国歌歌词。1977年成立了国歌征集小组,聘请了一些老作家、老音乐家作为顾问开始国歌征集工作。小组制定了两种方案:第一种方案是根据原国歌曲调重新填词,第二种方案是创作新的国歌(包括词与曲)。最后确定了用原国歌曲调填词的方案。1978年3月5日,第五届全国人民代表大会第一次会议通过关于中华人民共和国国歌的决定,对田汉原作的歌词进行了更改,并注明"聂耳曲、集体填词"。①新国歌不仅歌词改变了,为适应新改的歌词,曲谱也做了三处小的调整。

对于更改国歌歌词,各方面一直有不同意见。广大人民群众喜爱原歌词,怀念原歌词,新歌词基本没有被传唱。1979年4月,田汉冤案得以平反昭雪,此后在全民讨论宪法修改案的过程中,各界人士一致要求恢复《义勇军进行曲》原词。1982年12月3日,第五届全国人民代表大会第五次会议通过了关于中华人民共和国国歌的决议,决定恢复《义勇军进行曲》原歌词,确定《义勇军进行曲》为中华人民共和国国歌,撤销五届人大一次会议关于国歌的决定。这意味着《义勇军进行曲》被正式确定为中华人民共和国国歌。12月5日,《人民日报》及同年第5号《全国人民代表大会常务委员会公报》公布了国歌《义勇军进行曲》的词谱。2003年10月党的十六届三中全会通过的《中共中央关于修改宪法部分内容的建议》提出将"中华人民共和国国歌是《义勇军进行曲》"写入宪法。2004年3月14日,十届全国人大二次会议通过

---

① 修改后的歌词内容:"前进!各民族英雄的人民,伟大的共产党领导我们继续长征。万众一心奔向共产主义明天,建设祖国,保卫祖国,英勇地斗争。前进!前进!前进!我们千秋万代,高举毛泽东旗帜,前进!高举毛泽东旗帜,前进!前进!前进!进!"

的宪法修正案第三十一条明确:"宪法第四章章名'国旗、国徽、首都'修改为'国旗、国歌、国徽、首都'。宪法第一百三十六条增加一款,作为第二款:'中华人民共和国国歌是《义勇军进行曲》。'"至此,国歌《义勇军进行曲》被正式赋予宪法地位。

二、国歌的奏唱

国歌是一件音乐作品,它的形象只能通过演奏和演唱(奏唱)来体现。而奏唱对国歌的体现,主要在于两个方面:一是歌词和曲谱(词谱),二是奏唱形式。因此,对国歌的尊重、对国歌尊严的维护也主要表现在两个方面:一方面,奏唱者应该严格依据法定的国歌词谱进行奏唱;另一方面,奏唱者应该以适当的形式奏唱国歌。

(一)严格依据法定词谱奏唱国歌

国歌的词谱是国歌奏唱的主要依据。为了确保国歌奏唱的规范性和严肃性,很多国家以立法形式对国歌的歌词和曲谱进行了明确规定。这也就意味着,无论奏国歌还是唱国歌,都应当严格依据法定的词谱。如果在奏唱国歌时篡改国歌词谱,则违法,须承担相应的法律责任,也违反国歌礼仪。

中华人民共和国成立以后,国歌的选定实际上就是国歌词谱的选定。2017年9月1日,十二届全国人大常委会第二十九次会议通过了《中华人民共和国国歌法》(以下简称《国歌法》)。《国歌法》除了重复《宪法》规定"中华人民共和国国歌是《义勇军进行曲》",还在附件中载明国歌词谱,并且明确规定:"奏唱国歌,应当按照本法附件所载国歌的歌词和曲谱",在一些重要场合奏唱国歌时,"应当使用国歌标准演奏曲谱或者国歌官方录音版本"。

(二)以适当的形式奏唱国歌

音乐作品可以有不同的奏唱形式,不同的奏唱形式可能产生不同的审美效果。① 国歌作为一件音乐作品,也可以有不同的奏唱形式,从而也可能产生不同的审美效果。为了维护国歌的尊严,无疑应该以适当的形式奏唱国歌,而不应该以不适当的形式奏唱国歌。因此,许多国家对国歌的奏唱形式有专门规定。如俄罗斯规定,俄罗斯联邦国歌可以在管弦乐、合唱、交响乐、歌剧或者其他演奏形式中使用。新加坡规定,奏唱时将国歌纳入任何曲目或混成曲,未

---

① 奏唱形式,即演奏形式和演唱形式。演奏形式有独奏、齐奏、重奏、合奏等,演唱形式有独唱、齐唱、重唱、合唱等。

精确地反映国歌完整曲调和官方歌词，视为侮辱国歌行为。我国《国歌法》未对国歌的奏唱形式做具体限定，但明确规定："不得采取有损国歌尊严的奏唱形式。"

国歌奏唱的适当形式，较难准确定义，因为艺术形式是丰富多样的，而且是不断发展的。一般来说，只要是严格依据《国歌法》规定的词谱进行奏唱，不管采取何种形式，都可能是适当的。至少目前我们还很难断言哪种奏唱形式是不适当的。正因为如此，我国《国歌法》未对国歌的奏唱形式做具体限定。但是，也不能保证不会出现大家公认的不适当的奏唱形式。什么是"不适当的奏唱形式"？不同的国家可能有不同的理解。我们认为，"有损国歌尊严的奏唱形式"是不适当的。也就是说，如果一种奏唱形式，大家公认有损国歌尊严，那它就是不适当的，就应该予以制止。

三、国歌奏唱的场合

国歌奏唱的场合也涉及对国歌的尊重与爱护问题，因此也有礼仪乃至法规上的讲究。一般来说，国歌奏唱的场合应当是正式的、庄重严肃的场合，是一种需要宣示国家主权和民族尊严的场合，是一种需要表达爱国情感的场合。在实践中，国歌奏唱的场合往往被分为三类：一是应当奏唱国歌的场合；二是可以奏唱国歌的场合；三是不得奏唱国歌的场合。也就是说，有些场合不奏唱国歌是违法、违礼的；有些场合奏唱国歌是违法、违礼的；有些场合奏唱国歌合"礼"、合法，不奏唱国歌也不违礼、违法。

《国歌法》第四条规定："在下列场合，应当奏唱国歌：（一）全国人民代表大会会议和地方各级人民代表大会会议的开幕、闭幕；中国人民政治协商会议全国委员会会议和地方各级委员会会议的开幕、闭幕；（二）各政党、各人民团体的各级代表大会等；（三）宪法宣誓仪式；（四）升国旗仪式；（五）各级机关举行或者组织的重大庆典、表彰、纪念仪式等；（六）国家公祭仪式；（七）重大外交活动；（八）重大体育赛事；（九）其他应当奏唱国歌的场合。"这是对应当奏唱国歌场合的规范。

《国歌法》第五条规定："国家倡导公民和组织在适宜的场合奏唱国歌，表达爱国情感。"这是对可以奏唱国歌场合的规范。

《国歌法》第八条规定："国歌不得用于或者变相用于商标、商业广告，不得在私人丧事活动等不适宜的场合使用，不得作为公共场所的背景音乐等。"这是对不得奏唱国歌场合的规范。

四、国歌奏唱时的仪表、仪态

国歌奏唱时,作为参与者或在场者,应在仪表、仪态上遵循一定的规范,否则有失礼仪。这是国歌礼仪极重要的内容,人们往往将其称之为"奏唱国歌礼仪",主要表现在三个方面:①着装得体;②肃立;③行注目礼、举手礼、抚胸礼等。

(一) 着装得体

得体,即恰当。着装得体,即着装应该与环境和谐,与所参与的活动氛围一致。这是仪表礼仪的基本要求。国歌奏唱的氛围是严肃而庄重的,因此,其参与者或在场者在着装上也应该是庄重的,而不应该是轻佻的。一般应该穿正装或制服,不应该穿过于宽松、花哨、凌乱的服装。

(二) 肃立

肃立,即恭敬严肃地站着,即立正。这是一种仪态上的礼仪要求。这一要求有两个要点:①站着。如果你原本坐着或躺着,则应该起立变为站立姿态。②恭敬严肃。站着还不够,还必须恭敬严肃地站着。什么样的站姿是恭敬严肃的?立正姿势。只有立正才显得恭敬而严肃。如果歪斜倚靠,立而不正,或移动、晃动身体,则不足以表现态度的恭敬严肃。所以,肃立亦即立正。国歌奏唱是爱国情怀的表达,是国家主权和民族尊严的宣示,参与者或在场者必须在态度上恭敬而严肃,必须肃立或立正,而不应该坐着、躺着,或歪歪斜斜地站着,或游走、晃荡。

(三) 行注目礼、举手礼、抚胸礼等

奏唱国歌时,除了要求肃立,往往还有其他举止上的礼仪要求,主要有行注目礼、举手礼、抚胸礼等。注目礼的基本要求是目光聚焦于礼仪对象。奏唱国歌时的礼仪对象是作为国家符号的国歌,显然国歌是无法让目光聚焦的。因此,奏唱国歌时行注目礼,目光聚焦的对象一般是国旗。在奏唱国歌的场合往往伴随有升国旗仪式,或悬挂国旗。如果现场没有升挂国旗,则应向同一方向自然平视。

举手礼主要是一种军人礼仪,军人身着军服、戴军帽,在参与奏唱国歌时,一般要求行注目礼,同时行举手礼。但是,如果军人携带武器不便行举手礼,也可以只行注目礼。注目礼和举手礼是大多数国家奏唱国歌时的礼仪要求。我国少先队员参与奏唱国歌时,除了要求行注目礼,还要求行少先队队

礼。少先队队礼实际上也是一种举手礼。

有些西方国家，主要是信奉基督教或伊斯兰教的国家，奏唱国歌时，除了要求肃立致敬（行注目礼），还有一种较为常见的礼仪——抚胸礼，即右手掌心向内轻抚左胸。抚胸的意思是尊敬和诚恳。在日常生活中，抚胸礼也常有使用，与身份尊贵人士见面，往往先行抚胸礼，然后握手，等等。有些国家还习惯在行抚胸礼时，身体稍向前倾，辅以鞠躬礼。这些礼仪都是向对方表达敬意。

美国人在奏唱国歌时要求行抚胸礼，还有特殊的历史渊源。美国人的抚胸礼源于美国基督教浸礼派牧师佛郎西斯·白勒米于1892年创设的宣誓效忠制度。该制度有两项内容。一是诵读誓词："我宣誓效忠国旗和它所代表的美利坚合众国。这个国家在上帝之下，统一而不可分割，人人享有自由和正义的权利。"① 二是行宣誓效忠礼。该礼仪仿照美国军礼而设。美国军礼为右手五指并拢、手掌伸平，举至右眉梢附近，掌心朝下。宣誓效忠礼略有不同，为右手向前伸直，掌心向下。佛郎西斯·白勒米担任美国国家教育联合会下属的政府教育主管委员会主席后大力推广这一制度，在美国社会产生了广泛影响，以至升国旗、奏唱国歌时也渐渐采用这一礼仪。但这一礼仪因与后来（20世纪二三十年代）形成的纳粹礼极为相似，受到了美国各界的广泛批评。因此，1942年美国国会通过法案明确规定，奏唱国歌时采用右手抚按左胸的抚胸礼，不再使用右手向前伸直、掌心向下的礼仪动作。此后，美国民众在各种奏唱国歌的场合均使用抚胸礼。

五、国歌的禁忌

国歌的禁忌，即奏唱国歌时禁止和忌讳的行为。我国有关国歌的禁忌主要有以下三个内容。

（1）不得在公共场合故意篡改国歌歌词、曲谱，以歪曲、贬损方式奏唱国歌。

（2）不得将国歌用于或变相用于商标或商业广告，不得在私人丧事活动等不适宜的场合奏唱国歌，不得将国歌作为公共场所的背景音乐。

---

① 郑淑娜主编：《中华人民共和国国旗法、国歌法、国徽法解读：权威读本》，中国法制出版社2018年版，第108页。

（3）不得将国歌与其他歌曲紧接着奏唱；不得中途停唱或中途跟唱；不得在奏唱国歌时击节、走动、鼓掌、接打电话，或从事其他无关行为。①

---

① 参见《中华人民共和国国歌法》和中共中央办公厅、国务院办公厅印发的《关于规范国歌奏唱礼仪的实施意见》等。

第十一章　国家公祭、公葬与庆典礼仪

国家公祭、国家公葬、国家庆典也是国家行政行为，这些行政行为特别注重其象征意义和仪式感，因而又是一种行政礼仪行为。那么，这些行政礼仪行为是怎样开展的？它包含哪些规范？它的目的和意义是什么？这是本章拟讨论的问题。

第一节　国家公祭礼仪

2014年2月27日，第十二届全国人民代表大会常务委员会第七次会议通过了《全国人民代表大会常务委员会关于设立南京大屠杀死难者国家公祭日的决定》，以国家立法的形式将12月13日确定为南京大屠杀死难者国家公祭日。那么，什么叫国家公祭？国家公祭的目的或意义何在？国家公祭有哪些礼仪规范？

一、何为国家公祭

（一）祭与祀

"祭"字最早见于商代甲骨文，意思是向神、向祖先奉献鲜肉等各种供品，以表示崇敬，以祈求保佑。祭也称祭祀。祀，也是祭的意思。但古汉语中的"祭"与"祀"有少许区别，祀的对象一般为天神，而祭一般以地神（祇）为对象。现代汉语中"祭"与"祀"不加区别，合称"祭祀"。

在远古时代，人们认为自然界的一切都是有生命、有灵魂的，人死之后灵魂依然存在（今天有些人或许依然这样认为）。因此，当人们感受到自然事物对人的生命存在巨大影响力时，当人们怀念自己死去的亲人时，人们便尝试与自然神灵、亲人的鬼魂进行沟通，以表达爱与敬的情感，并祈求保佑。于是，产生了祭祀。

为什么要祭祀？人们为什么要以奉献供品、歌舞跪拜等方式与鬼神进行沟通？这是因为人们只能以自己的经验、认识来揣测鬼神。鬼神事实上并不存在，人们也不知道神与鬼长什么样子、喜好什么。人们只知道给人以食品用具,向人表达爱与崇敬,人便会回报对方想要的帮助,因此揣测鬼神也是这样。所以,渐渐有了祭祀,人们以祭祀的方式与鬼神沟通。

（二）祭祀与礼仪

祭祀行为经常化、仪式化,便形成一种祭祀礼仪。所以,有人认为,礼源于祭,凡礼皆因于祭。《说文解字》说:"礼,履也,所以事神致福也。"但我们认为,礼仪是在社会生活中形成的,它首先是人与人之间表达尊重、敬意的方式。祭祀礼仪应该是礼仪从人与人的关系及现实社会生活,向人与鬼神的关系及非现实生活的扩展,是祭祀礼仪化,祭源于礼。

不管是礼源于祭还是祭源于礼,祭祀成为一种礼仪是毫无疑问的事实。而且,祭祀礼仪本身已超越人与鬼神的关系,人们祭祀鬼神不仅仅是在与鬼神沟通,实际上也是在与人沟通。因为神与鬼对人而言,往往具有一定的公共性,它不仅仅是某一个人的神或鬼。因此,人们祭祀鬼神也意味着对相关人(即有相同鬼神信仰的人,或信仰同一鬼神的人)的尊敬,意味着人与人之间的祭祀。所以,又称"祭祀礼仪"或"祭礼"。

祭祀礼仪普遍存在于人类社会生活中,只是不同时代、不同民族(国家)祭祀礼仪的主体、对象(客体)、目的、方式等有所不同而已。一般来说,祭祀主体有个体与群体的不同,祭祀对象有神与鬼的不同,祭祀目的有为私与为公的不同,而祭祀方式则无非贡献祭品和赞颂娱乐等。

（三）私祭、公祭与国家公祭

祭祀可以因为祭祀主体、祭祀对象、祭祀目的、祭祀场所、祭祀方式等不同而分为不同的类型,其最主要的类型区分是私祭与公祭。

私祭,即私人祭祀,它的主要特征有三点:①祭祀主体是个人或小型团体(如家庭或家族);②祭祀对象多为人鬼,且主要是先祖;③祭祀目的多为保佑子孙后代。我国传统的私祭,主要是家庭祭祀(家祭)与宗庙祭祀(庙祭)。家祭,是指以家庭为单位的祭祀,祭祀主体是家庭成员,祭祀对象为较近的祖先,祭祀场所一般在家里或先人的墓地。庙祭,是指以宗族为单位的祭祀,祭祀主体是较家庭范围更大的宗族成员,祭祀对象为较远的祖先(宗族共同的祖先),祭祀场所是家庭以外专门建筑的宗庙或祠堂。

公祭,即公共祭祀。公祭的特征在于其具有公共性,主要体现在三个方面:①公祭的主体是社会公众,以及代表社会公众的公共权力(行政权力);②公祭的对象是公认的自然神或公认的人鬼(或人神);③公祭的目的具有一致性和普惠性。我国古代帝王的"封禅""郊祀"可以说是公共祭祀。封禅即祭天地，封为祭天，禅为祭地。郊祀，是指国都郊外的祭祀。我国古代帝王常常会在一年中的某些重要时日率文武百官到国都郊外举行祭祀活动，所以称"郊祀"。这些活动因为有行政权力的参与，且其祭祀对象及祭祀目的具有一定的公共性，所以是公共祭祀。另外，我国有些传统节日的祭祀实际上也是公共祭祀，如端午节、中秋节等。[①] 这些节日祭祀因为有广大民众的共同参与，也往往有行政权力的认可，且祭祀对象具有一致性，祭祀目的具有普惠性，所以是公共祭祀。

公祭有两种情况：一种是民间的、百姓自发的；另一种是有政府行政权力（公权力）介入的，即政府出资、组织、号召的。我们将后者称之为国家公祭。国家公祭又区分为全国性国家公祭和地方性国家公祭，前者是中央政府主持的，后者是地方政府主持的。

现当代社会的国家公祭相对于传统社会的国家公祭有一个显著特征，即大都不再以自然神为祭祀对象，而主要以"人鬼"即死去的人为祭祀对象。例如，我国的国家公祭日以南京大屠杀死难者和所有在日本帝国主义侵华战争期间惨遭日本侵略者杀戮的死难者为祭祀对象；日本靖国神社以日本明治维新（始于1868年）时代以来战死的军人及家属为祭祀对象；等等。

二、国家公祭的意义

祭祀的意义其实并不在于祭祀对象（鬼神）能给人保佑，能降福于人。因为鬼神事实上并不存在，并不能真正给人保佑或造福。那么，祭祀的意义何在？祭祀的意义在于祭祀行为本身改善了人们的思想观念和道德情操，改善了人们的行为方式，在于其具有道德教育作用。关于这一点，我国古人早有认识。如《礼记》说："祭者，教之本也已。""夫祭有十伦焉：见事鬼神之道焉，见君臣之义焉，见父子之伦焉，见贵贱之尊等焉，见亲疏之杀焉，见爵赏之施焉，见夫妇之别焉，见政事之均焉，见长幼之序焉，见上下之际焉。"[②] 也正因为祭祀的意义在于祭祀行为本身，所以孔子特别强调："祭如在，祭神如神在"，"吾不与祭，如不祭"。[③]

国家公祭的意义也在于公祭行为本身所具有的道德教育意义，在于其有助于形成统一的价值观念，在于其能抒发国民的共同情感，在于其能陶冶国民的

---

① 端午节，又称端阳节、龙舟节、龙节等，是南方吴越先民创立的拜祭龙祖的节日，后因传说战国时期的楚国诗人屈原在五月五日跳汨罗江自尽，所以人们亦将端午节作为纪念屈原的节日。中秋节，又称祭月节、秋节、拜月节、团圆节等，由上古时代秋夕祭月演变而来。
② 胡平生、张萌译注：《礼记》下，中华书局2017年版，第937页。
③ 陈晓芬、徐儒宗译注：《论语·大学·中庸》，中华书局2015年版，第31页。

道德情操等。比如,我国设立国家公祭日,祭祀南京大屠杀死难者和所有在日本帝国主义侵华战争期间惨遭日本侵略者杀戮的死难同胞的意义,在于"缅怀南京大屠杀的无辜死难者,缅怀所有惨遭日本侵略者杀戮的死难同胞,缅怀为中国人民抗日战争胜利献出生命的革命先烈和民族英雄,表达中国人民坚定不移走和平发展道路的崇高愿望,宣示中国人民牢记历史、不忘过去,珍爱和平、开创未来的坚定立场"①,在于"揭露日本侵略者的战争罪行,牢记日本帝国主义侵略给中国人民和世界人民造成的深重灾难,警醒全世界人民时刻警惕日本军国主义死灰复燃,避免历史悲剧的重演,激发中国人民的爱国主义热情,激励全国各族人民为实现中华民族伟大复兴的中国梦而共同奋斗"②。

三、国家公祭的主要礼仪规范

国家公祭的礼仪规范可以从国家公祭的主体、对象、时间、场所、方式等方面来理解。

(一) 国家公祭主体

国家公祭的主体无疑是国家。国家是全体公民的国家,所以国家公祭的主体亦即全体公民或每一位公民。但公祭作为一种公共事务,实际上不可能全体公民都来操办,而往往由政府代表全体公民操办,或者说,由政府代表全体公民主持、组织、履行公祭事务。因此,也可以说,政府是国家公祭的主体。

作为国家公祭主体的每一位公民或政府,在公祭问题上应该注意遵循以下三种礼仪规范。

(1) 公民个体应该积极参与公祭活动,拒绝或躲避其应该参与的公祭活动意味着对公共情感、公共价值的不尊重,是不合"礼"的。

(2) 政府组织应该依法主持、组织、履行其权力(职责)范围内的公祭事务,政府轻视或忽视合法公祭活动也意味着对公共情感、公共价值的不尊重,是不合"礼"的。

(3) 公民不能擅自将私祭活动公祭化,不能用公祭的规格(动用公共场所和公共财物,要求公众参与,等等)办私祭活动。政府组织不能妄自主持

---

① 新华社:《习近平在南京大屠杀死难者国家公祭仪式上的讲话》,载《人民日报》2014年12月14日第2版。

② 《关于〈全国人民代表大会常务委员会关于设立南京大屠杀死难者国家公祭日的决定(草案)〉的说明》——全国人大常委会法制工作委员会主任李适时2014年2月25日在第十二届全国人民代表大会常务委员会第七次会议的讲话,中国人大网,见 http://www.npc.gov.cn/wxzl/gongbao/2014-05/30/content_1867719.htm。

和组织非法公祭活动，政府官员不能以政府名义参与私祭活动。将私祭活动公祭化是一种僭越行为，政府主持和组织非法公祭或以政府名义参与私祭是一种滥用公权的行为，是不合礼仪的。

（二）国家公祭对象

"子曰：'非其鬼而祭之，谄也。'"① 孔子认为（你应该祭祀你应该祭祀的鬼神），不是你应该祭祀的鬼神却去祭祀，这是一种谄媚（是不合"礼"的）。国家公祭也应该找准对象，祭当祭，毋滥祭乱祭。否则，不合礼仪。那么，谁应是国家公祭的对象？一般来说，国家公祭对象应是有较大公共意义的对象（鬼神）。因为国家是公共的，是全体公民的国家。没有较大的公共意义，不可能（也不应该）成为国家公祭的对象。

所谓公共意义，指能产生公共利害，或引发公共情绪等。现代社会主要以人鬼为国家公祭的对象，则公共意义是指成为国家公祭对象的人鬼必定在生前为国家、为人民做出了较大贡献，或者其死亡对国家、对人民是巨大损失，足以让全体人民深感悲痛。比如，我国国家公祭日以南京大屠杀死难者和所有在日本帝国主义侵华战争期间惨遭日本侵略者杀戮的死难者为祭祀对象，就是因为死难者的死亡对我们国家、人民是巨大损失，让全国人民深感悲痛。

又如，《国旗法》第十五条规定："下列人士逝世，下半旗志哀：（一）中华人民共和国主席、全国人民代表大会常务委员会委员长、国务院总理、中央军事委员会主席；（二）中国人民政治协商会议全国委员会主席；（三）对中华人民共和国作出杰出贡献的人；（四）对世界和平或者人类进步事业作出杰出贡献的人。"另外，"举行国家公祭仪式或者发生严重自然灾害、突发公共卫生事件以及其他不幸事件造成特别重大伤亡的，可以在全国范围内下半旗志哀，也可以在部分地区或者特定场所下半旗志哀"。国旗下半旗志哀实际上也是一种国家公祭行为，则《国旗法》所列逝世人士即为国家公祭的对象。其之所以列为国家公祭对象，乃因为这些对象生前做出了较大的公共贡献，其死亡是国家的重大损失，全体人民深感悲痛。

《礼记》也专门讨论过这一问题，认为，凡有功于民、为公务而死、有安邦定国的功劳、能为民众抵御大的灾害、能捍卫民众的重大利益的人，死后应该享受国家公祭。另外，对民众有显著（公共）意义的自然事物，也可以成为国家公祭的对象。"夫圣人之制祭祀也，法施于民则祀之，以死勤事则祀之，以劳定国则祀之，能御大菑则祀之，能捍大患则祀之。是故厉山氏之有天

---

① 陈晓芬、徐儒宗译注：《论语·大学·中庸》，中华书局2015年版，第24页。

下也,其子曰农,能殖百谷。夏之衰也,周弃继之,故祀之以为稷。共工氏之霸九州也,其子曰后土,能平九州,故祀之以为社。帝喾能序星辰以著众,尧能赏均、刑法以义终,舜勤众事而野死,鲧障洪水而殛死,禹能修鲧之功,黄帝正名百物以明民共财,颛顼能修之,契为司徒而民成,冥勤其官而水死,汤以宽治民而除其虐,文王以文治,武王以武功去民之菑。此皆有功烈于民者也。及夫日、月、星辰,民所瞻仰也,山林、川谷、丘陵,民所取材用也,非此族也,不在祀典。"①

(三) 国家公祭时间

祭祀,无论私祭还是公祭,都会有时间选择,不会随便定个日期与时刻。我国传统祭祀时间主要有忌日、阴寿、节日等。所谓忌日,即先人卒日。每年此日,人们怀念先人,心中悲戚,不能或不欲饮酒作乐,故称"忌日"。人们选择在这一天设酒食等祭祀先人,称"做忌日"。《礼记》说:"君子有终身之丧,忌日之谓也。"② 所谓阴寿,即先人生日,因认为先人住在阴间,故称"阴寿"。阴间又称"冥界",故阴寿又称"冥寿"。阴寿那天,亲人一如其生时为其"做寿",即祭祀。《礼记》说:"事死者如事生。"③ 所以,有做阴寿的习俗。节日,即人们确定的在社会生活中值得纪念的重要日子。某个日子之所以重要,值得纪念,一方面与自然规律有关,另一方面与人文活动有关。我国最重要的传统节日有春节、清明节、端午节、中秋节等。人们往往选择在这些重要节日举行祭祀活动。另外,祭祀时间不仅有日期选择,还往往有时分选择。比如祭日,一般选择在白天,红日当头的时候。而祭月,则选择在农历八月十五日晚上月亮最大、最圆、最亮的时候。对先人的祭祀一般选择在白天、上午,这是人们一天活动安排中最珍贵的时间,极少选择下午,尤其晚上时间举行祭祀活动。

当代国家公祭的时间选择也往往与人的生日、忌日或重大事件发生日有关。例如,我国的国家公祭日为12月13日,为什么选择这一天?因为1937年12月13日,侵华日军在中国南京开始对我同胞实施长达40多天惨绝人寰的大屠杀,30多万人惨遭杀戮,制造了震惊中外的南京大屠杀惨案。又如,伟人毛泽东诞生于1893年12月26日,因此,12月26日成为我国政府和人民纪念毛泽东的国家公祭日。四川汶川地震发生在2008年5月12日,这次地震

---

① 胡平生、张萌译注:《礼记》下,中华书局2017年版,第891页。
② 胡平生、张萌译注:《礼记》下,中华书局2017年版,第896页。
③ 胡平生、张萌译注:《礼记》下,中华书局2017年版,第897页。

共造成69227人死亡，374643人受伤，17923人失踪，因此，5月12日也成为我国政府和人民祭祀罹难同胞的国家公祭日。同样，公祭时刻一般选择在白天、上午，用一天中最珍贵、最正式的时间举行祭祀活动意味着对祭祀对象的尊重。

总之，国家公祭的时间应是有特殊意义的时间，是郑重选择的时间，而不是随便指定的没有意义的时间。不仅有日期的选择，还有时刻的郑重选择。否则，不合礼仪。

（四）国家公祭场所

祭祀，离不开一定的场所或空间。为了体现祭祀的庄严，人们往往会对祭祀场所有所选择。选择祭祀场所也成为祭祀礼仪的一部分。祭祀场所选择一般有两个方面的考虑：一方面是地点的选择，另一方面是建筑形式的选择。

选择祭祀地点和选择建筑形式，都以尽可能靠近祭祀对象为主要原则。比如祭祀地点，如果祭祀祖先或先烈，往往会选择在墓地或死亡地点；如果祭祀天神，一般会选择在高山顶上（我国古代帝王常往泰山祭天）；如果祭祀龙神，则会选择在"龙潭"附近（江河湖海之滨）；等等。祭祀的建筑形式，往往以塔、坛、碑等为重要特征，而这些特征的寓意就是尽可能地靠近祭祀对象。另外，寺庙中的塑像、画像、灵位建设，也都是为了靠近祭祀对象，尽可能营造一种"祭如在"的氛围。

当代国家公祭的场所选择也主要以靠近祭祀对象为原则。其祭祀地点一般为事发地或公墓，其建筑形式主要有馆、碑、塑像等。如我国的侵华日军南京大屠杀遇难同胞纪念馆、波兰的奥斯威辛集中营大屠杀纪念馆、美国的珍珠港事件纪念馆、日本的广岛和长崎原爆纪念馆等，这些纪念馆都是国家公祭的场所，每年都会有国家公祭活动举行，它们都建在事发地。另外，公墓也常常是国家公祭的场所，人们往往会聚集在杰出人物墓前举行国家公祭活动。国家公祭场所的建筑形式除了纪念馆，较为常见的有纪念碑和塑像，如烈士纪念碑、人民英雄纪念碑、毛泽东铜像、邓小平铜像等。这些纪念碑和塑像也大都建在纪念对象（祭祀对象）去世或牺牲时所在地或生前主要活动所在地。

（五）国家公祭方式

祭祀方式，是指祭祀主体如何对祭祀对象进行祭祀，包括用何种祭品、做些什么动作等。一般来说，祭品有酒肉、饭菜、瓜果、用具等，凡是人生活需要的物品、人所喜好的物品都可能用作祭品；祭祀动作包括跪拜（鞠躬）、赞颂、舞蹈、鸣响等。在不同的历史时代、不同地域，人们的价值观念不同、生

第十一章 | 国家公祭、公葬与庆典礼仪

活方式不同，祭祀方式也会有所不同。我国当代国家公祭的方式（仪节）主要有集会、默哀、鞠躬、献花、拉响警报（鸣笛、鸣炮）、代表发言（诵读祭文）等。

1. 集会

集会，即众人因为共同目标而在同一时间聚集在同一场所。国家公祭是一种具有公共性的祭祀，如何体现其公共性？集会是一种重要的礼仪形式。只有当众人自愿聚集在一起对共同的对象进行祭祀，才足以证明其祭祀是公共祭祀，才足以表达对祭祀对象的敬意。所以，国家公祭一定有集会，越是重大的国家公祭活动，集会的规模越大。

2. 默哀

默哀，即肃立、脱帽、低头三分钟，以向逝者表示哀悼的一种礼仪方式。默哀是无声的哀悼，相对应地，有声的哀悼为"哭丧"。我国乃至东亚儒家文化圈，讲究在丧葬仪式或祭祀仪式上以大声哭唱的方式（即哭丧）哀悼逝者。今天我国民间私葬、私祭时仍有哭丧习俗，但国家公祭或国家公葬不用哭丧，大都用默哀方式表示哀悼。

3. 鞠躬

鞠躬，即低头、弯腰向交往对象或祭祀对象表示敬意，称鞠躬礼。国家公祭时，参加公祭的人员常以三鞠躬的方式向祭祀对象表示敬意。与鞠躬礼相近的、类似的表达敬意的方式有叩首礼（跪拜礼），即伏身下跪，两手扶地，以头近地或着地。这是我国传统礼仪之一，古时人们祭祀天地祖宗，或晋谒君长父老，讲究行叩首礼。今天我国民间葬礼或祭礼上仍然保留行叩首礼的习俗，但国家公祭以及国家公葬不再沿用叩首礼，在人际交往中也不再沿用叩首礼。

4. 献花

献花，即向交往对象或祭祀对象奉献鲜花（花束、花环、花篮、花圈）以表示敬意，是当今一种较为常见的礼仪形式。国家公祭时，参加公祭的人员常以献花的方式向祭祀对象表达敬意。祭礼上献花，实质上是向祭祀对象供奉祭品（供品），但我国传统习俗主要以酒肉、饭菜、瓜果、生活用品等为祭。

5. 拉响警报

国家公祭时，往往会在某一事先约定的时刻拉响城市警报器，并同时要求汽车、火车、轮船鸣笛，持续1～3分钟。这一行为，一方面意味着祭祀主体向祭祀对象表达敬意；另一方面也意味着祭祀主体之间相互认同，意味着祭祀意义公共性的确认。与拉响警报类似的行为有鸣礼炮、放鞭炮、放铳、鸣枪等，都是制造"响动"，目的或意义也基本上是相同的。只不过不同时期，人们拥有的资源、条件不同，或人们对制造"响动"行为本身的认识不同，所

以有不同的方式。比如，放鞭炮容易引起火灾，对环境也有污染，所以逐渐不再使用这一方式。

6. 代表发言

在国家公祭大会上，一般会安排一个或多个代表发言（致辞）。所谓代表，即代表公众或代表政府（公共权力），发言人往往是政府主要官员或有代表性的群众。代表发言的内容主要有两个方面：一方面是对公祭对象的生平事迹、历史事件进行回顾，予以评议赞颂，表达哀悼之情；另一方面是申明祭祀主体将如何从公祭对象的事迹中汲取力量，如何对待历史事件，如何建设未来。比如，2012年12月13日，南京举行"悼念南京大屠杀30万同胞遇难75周年仪式"，江苏省委常委、南京市委书记在悼念（公祭）仪式上发言说："75年前，日本侵略者置人类道德标准和国际公法于不顾，在南京展开了大规模的屠杀行为。这段历史是现代文明史上最黑暗的一页，是每个中国人都无法遗忘的伤痛，也是包括日本人在内的世界各国人民不该遗忘的历史。重温历史，我们深感和平的珍贵。要和平不要战争，是各国人民的共同愿望。……今天，我们在这里回顾历史，悼念遇难同胞，教育广大人民群众特别是青少年，深刻铭记'落后就要挨打、发展才能自强'的历史教训。让我们紧密团结在以习近平同志为总书记的党中央周围，为中华民族的伟大复兴、为人类和平与发展的崇高事业而努力奋斗！"[①] 公祭大会上的代表发言，亦即古人所谓的诵读祭文。我国古代有为祭奠死者而写哀悼文章并在祭祀仪式上诵读的习俗。

第二节　国家公葬礼仪

人死了，活着的人会慎重地按照一定的礼仪将其安葬，举行葬礼。葬礼也称之为丧礼，但是，丧与葬也有区别。丧，指失去、死亡；葬，指埋藏尸体。因此，葬礼或丧礼实际上可以分为治丧礼仪和治葬礼仪。而在治丧和治葬过程中，还往往贯穿着一种对死者进行祭祀的行为，称奠或祭奠。祭奠与治丧和治葬有联系，但也是有区别的。所以，整个葬礼，自临终至葬毕，至亲属等恢复正常生活这一过程的所有礼仪，可以分为丧、葬、奠，即治丧、治葬和祭奠三方面的内容。

我国传统治丧礼仪从初终（始死）或临终开始，有问疾、迁正寝、属纩、沐浴、饭含、易服、招魂（复）、立丧主、发丧、置灵座、结魂帛、立铭旌、

[①] 转引自朱成山、朱同芳主编《国家公祭——解读南京大屠杀死难者国家公祭日资料集①》，南京出版传媒集团、南京出版社2014年版，第49页。

第十一章 国家公祭、公葬与庆典礼仪

奔丧、小殓、大殓、成服等仪节；治葬礼仪有治棺椁、择地、营圹（建造坟墓）、朝祖、发引（执绋）、下葬等仪节；奠，即供奉酒食等向死者致祭，有下葬前的朝夕奠、朔望奠、吊奠赙、辞奠、启奠、祖奠、遣奠，以及下葬后的虞、卒哭、祔庙、小祥、大祥、禫等仪节。①

安葬死者、举行葬礼一般是死者亲属的责任，是孝道的要求。"生，事之以礼；死，葬之以礼，祭之以礼。"② 但是，有些对社会、国家有特殊功勋的人死后，往往会有（由）社会公共组织或国家行政机构出面为其举行葬礼，称国葬或公葬，我们将其统称为国家公葬。

国家公葬礼仪与普通民间葬礼没有原则性区别，也同样以慎终、"事死如事生"为基本理念，以丧、葬、奠为基本内容，只不过国家公葬有国家（公共）情感和国家（公共）资源投入，其礼仪规格更高而已。当代国家公葬礼仪也主要可以从治丧、治葬、祭奠三个方面来理解。其中，治丧礼仪主要有临终关怀、确认死亡和宣布死亡时间、成立治丧机构、讣告、遗体化妆等仪节；治葬礼仪，主要包括治棺椁、入殓、择地、建造坟墓、出殡、下葬等仪节；祭奠礼仪，主要包括设置灵堂、吊唁、下半旗志哀、开追悼会（告别仪式）等仪节。

一、治丧礼仪

（一）临终关怀

临终关怀（hospice care），是20世纪60年代英国医护人员首先提出的一种理念，意思是对无药可医、濒临死亡的病人，应给予适度的旨在减轻其痛苦的医疗护理，并在心理上进行开导和抚慰，避免过度治疗，以使生命在最后阶段尽可能保持从容、安详，保持尊严。这一理念提出后得到了广泛认同，很快在全球范围内传播开来，并且逐渐超越医学范围，成为医护人员、亲属及其他相关人员对待临终病人的一种礼仪。这一礼仪类似于我国传统丧礼"始死礼"中的问疾、祷祀、招魂等仪节，所以我们将其纳入葬礼范围加以讨论。

作为礼仪的临终关怀，施礼者已不仅仅是医护人员，也包括亲属和其他相关人员。亲属和其他相关人员对临终病人的临终关怀，主要表现为探访、慰问、开导，也包括必要的护理。这种探访、慰问、开导、护理具有一定的医学意义，但主要是礼节性的。而医护人员对临终病人的临终关怀也不仅仅是医疗

---

① 参见池雪丰《明代丧礼仪节考》，浙江大学博士学位论文，2017年。
② 陈晓芬、徐儒宗译注：《论语·大学·中庸》，中华书局2015年版，第17页。

护理，同时是一种医患礼仪。

临终关怀是一种具有普遍意义的治丧礼仪，所有人都可能享受这一礼遇。但是，相对于民间普通百姓葬礼的临终关怀，国家公葬礼仪的临终关怀规格更高。这主要表现在对临终病人进行探访、慰问、开导的人，不仅仅是有血缘、姻缘等关系的亲属，还包括社会公众及代表公共权力的领导者，比如党和国家的领导人或地方党政领导人。这也是说，对于有资格享受国家公葬礼仪的人士，其病重临终时，社会公众特别是代表公共权力的领导者应该探望、慰问、开导，予以临终关怀。否则，不合乎国家公葬礼仪。

当然，如果是因为突发事件，或突发疾病死亡，时间上无法给予临终关怀，那么无论民间葬礼，还是国家公葬礼仪，都不议之为失礼。

（二）确认死亡和宣布死亡时间

生命是可贵的，人们不会轻易放弃生命，不会轻易认为或相信一个人的死亡。因此，当人病重濒临死亡的时候，往往会有亲人或相关人员守候在身旁，密切关注，采取一切必要的挽救措施。只有在确认病人完全停止呼吸、心脏停止跳动、脑电活动消失后，无力回天，才不得不承认、不得不相信他已死亡，并向外宣布他的死亡时间。确认死亡以及宣布死亡时间，体现了对死者的爱和尊重，因此，成为治丧过程中的一个仪节。

如何确认死亡？我国传统方式用"属纩"，即将棉絮丝置于濒死病人口鼻前（要求由同性操作），观其动静，如果完全静止，则证明病人已经气绝身亡。"属纩以俟绝气。"① 随着现代医学的发展，人们大都不再用这种方式确认死亡，而用各种科学仪器来测定。但行为意义是相同的，都是一种治丧礼仪（当然，这种行为本身也具有一定的医学意义）。

宣布死亡时间是对确认死亡的一个说明。确认死亡不可能有很多人同时在场，那些不在场的人如果关心死者，对死者有爱和敬重，便会有未能亲自"属纩"的遗憾，而弥补这一遗憾的方式只能是要求行属纩者描述其过程。属纩过程其实没有什么可说的，所有属纩过程都是相同的，唯一不同的是属纩所确认的死亡时间。所以，宣布死亡时间成为确认死亡的说明，也成为一个治丧仪节。宣布死亡时间要求非常精确，一般为某年某月某日某时某分。例如，讣告或有关某人死亡的新闻报道中往往会有这样的表述：×××先生（女士）因病抢救无效，于××××年×月×日×时×分与世长辞。

确认死亡和宣布死亡时间作为一种礼仪，广泛存在于民间葬礼和国家公葬

---

① 胡生平、张萌译注：《礼记》下，中华书局2017年版，第839页。

礼仪中。两者的不同在于，民间普通百姓去世，只会在较小范围内宣布死亡时间，而对社会、国家有特殊功勋的人士逝世（举行国家公葬），则会通过各种媒体在更大范围内（全国乃至全世界）宣布死亡时间。

（三）成立治丧机构

当确认人已死亡后，葬礼就要全面展开了。这时第一件事情便是成立一个处理各种丧后事宜的组织机构，即治丧机构。治丧机构一般又称治丧委员会、治丧小组或治丧办公室等。成立治丧机构，一方面是因为丧后事务繁多，必须由机构进行统筹与分工，否则可能茫无头绪、乱作一团；另一方面也体现对死者身后事宜的慎重，体现对死者的敬意。正因为如此，成立治丧机构本身也是葬礼的一个仪节。如果葬礼没有明确成立治丧机构，则可能意味着淡漠、潦草，有失礼仪。

民间普通百姓葬礼的治丧机构的成员主要是死者的近亲属，机构最高领导一般是死者最近的亲属[①]，如长子、长孙等。国家公葬礼仪的治丧机构的成员则主要是国家公职人员，其最高领导一般是党政主要领导人。例如，1997年邓小平逝世后举行国家公葬礼，其治丧委员会主任由当时的总书记、国家主席、军委主席江泽民担任，委员有李鹏、乔石、李瑞环、彭真、朱镕基等当时党和国家（政府）主要领导或重要领导459人。治丧机构成员的身份地位越高，说明礼仪规格越高。

（四）讣告

当人被确认死亡后，一般应对外发布消息，以便亲友以及社会公众知晓。这一行为称之为"讣告"，或"发丧""报丧"等。这是丧礼中的一个重要仪节。如果治丧过程中没有讣告，既是对死者不敬，也是对死者亲友及社会公众不敬，是不合礼仪的。有关讣告的礼仪规范大概可以从讣告的时间、形式、主体、内容等方面来理解。

讣告时间一般为丧后次日或当日，也有因特殊情况而暂时"秘不发丧"的。在这一点上，国家公葬礼仪与民间普通葬礼没有区别。

讣告形式可以是口头的，也可以是文字的。民间普通百姓的讣告常常以口头形式为主，少有文字形式。国家公葬礼仪中的讣告一般有庄重、严肃的文字形式，媒体播报也以文字讣告为依据。文字形式的讣告亦称"讣文"。

[①] 我国传统社会将成立治丧机构称之为"立丧主"，即确立谁来担当"丧主"及"主妇""护丧""司书""司货"等职事。

讣告主体，即行讣告者，一般为丧主或治丧机构。民间普通百姓的讣告，由丧主即死者主要亲属发布。国家公葬礼仪中的讣告，由公权力组建的治丧机构发布，或直接由相应的国家机构发布。

讣告内容，主要包括死者姓名、身份，死亡时间、地点、原因，死者终年（享年）岁数，死者生平、简历，对死者的评价，行吊唁礼（追悼会或遗体告别仪式）的时间、地点，等等。国家公葬礼仪的讣告往往特别强调对死者生平、简历的介绍，以及对死者的评价。因为国家公葬的吊唁活动非常隆重，组织安排较为复杂，也可能不在讣告中告知吊唁礼的时间、地点，会另发专文公告。

（五）遗体化妆

遗体化妆，即对死者进行清洗、整容、换衣。人死后到安葬之前，遗体还须供人瞻仰，为了保证死者容态的自然、体面，需要对遗体进行化妆。这是对死者尊重的体现，是对"事死如事生"理念的贯彻，所以也是丧礼中的一个重要仪节。这一仪节在民间葬礼和国家公葬礼仪中没有大的区别。

清洗，即"沐浴"，指为死者濯发洗身。整容，主要是指对死者面部、五官及身体其他部位进行适当处理，使其基本如生时样貌。换衣，即为死者换上干净的、合适的衣服。我国传统习俗讲究死者有专门的衣服曰"袭"，衣襟开在左边，亦称"左衽"（生者衣"右衽"）或"寿衣"。今天已渐渐抛弃这一习俗，为死者换上的大都为死者生前在正式场合穿的衣服（正装）。

二、治葬礼仪

（一）治棺椁

葬，本义指人死后盖上草席埋藏在丛草中。这样做显然有些简慢、草率，所以"后世圣人易之以棺椁"[①]。"棺椁"，是用于装殓尸体的匣子，棺是直接装殓尸体的较小的匣子，椁是套在棺外的大匣子。以棺椁装殓尸体，这就比较隆重、谨慎了，体现了对死者的爱和尊重。因此，治棺椁，即选择或建造棺椁成为治葬礼仪（无论民间普通葬礼，还是国家公葬礼仪）的首要仪节。

棺椁有材质和形制的区别。就材质而言，主要是木质，也有石质、陶质等。木材有普通的杉木、松木，也有非常珍贵的梓木、楠木等。形制一般为四长、两短、六片拼凑，包括较长的四片（棺盖与棺底、左右两片）和较短的

---

① 杨天才、张善文译注：《周易》，中华书局2011年版，第610页。

前后两片，但有大小、结构、纹饰等诸多不同。因材质和形制不同，棺椁的造价也有所不同。用材珍贵，尺寸宽大、厚实，纹饰华丽，做工精细，则造价昂贵，否则造价低廉。一般认为，造价昂贵者礼厚，造价低廉者礼薄。当前，社会从环保角度考虑，提倡火葬，则棺椁不再显得特别重要，渐渐不再成为葬礼，尤其是国家公葬礼仪中的重要仪节。

（二）入殓

入殓，指将死者遗体敛藏。我国古人将入殓区分为小殓和大殓。小殓，指用衣衾将遗体覆盖，一般于丧后次日，行小殓礼。大殓，指将遗体迁入棺内并加盖下钉，一般于小殓次日，行大殓礼。入殓礼仪古今没有太大区别，只不过今天提倡火葬，"大殓"环节就可能没有了，代之以火化后将骨灰装入骨灰盒。国家公葬与民间普通葬礼也没有太大区别，但国家公葬往往有在遗体或灵柩上覆盖国旗或党旗等国家、政党符号的仪节，而民间普通百姓不允许如此。在遗体或灵柩上覆盖国旗或党旗，是国家或党组织给死者的礼遇、荣誉，称"哀荣"，应经国家机关或党组织批准，不得擅自为之。我国《国旗法》有明确规定，国旗"不得用于私人丧事活动"。

（三）择地

择地，即为死者选择合适的、好的埋葬尸骸的地点、位置。这种选择，主要出于对死者的爱和尊重，希望死者能长眠在他生前热爱的地方，或所谓"风水宝地"，使灵魂能够安息。另外，也有为后人缅怀、祭祀是否方便等方面的考虑。我国传统观念还认为，葬地"风水"会影响后人祸福，所以特别重视择地，强调"卜而后葬"。因此，择地成为治葬礼仪中的重要仪节。

不仅民间葬礼讲究择地，国家公葬也讲究择地。国家公葬择地主要遵循以下三项原则：①尊重死者遗愿，或家属意愿。死者病重期间或临终前如果有关于葬地遗嘱，或死者家属有葬地意愿，合理合法则应予以尊重。②尊重公众共同意愿。如果公众在死者葬地选择上有较为一致的愿望，应予尊重。③尊重国家既有的法律法规。如果国家有关于葬地的明确规定，则不应无视或突破，应予遵照执行。总之，国家公葬在葬地选择上应该慎重，有全面考虑，而不应该简单、草率，否则有失礼仪。

（四）建造坟墓

坟墓由坟与墓组成，墓是指从地面向下凹陷的墓穴，坟是指从地面向上凸起的土包。坟墓不是自然形成的，而是人为建造的。人们认为，死者殓入棺椁后，还须置于坟墓，这样才能让死者安息，才能充分体现对死者的爱和尊敬。因此，建造坟墓也成为一项治葬仪节，无论民葬，还是国家公葬，大都须建造坟墓，否则不合乎礼仪。

坟墓建造有简有繁。简者，下挖与棺材大小相当的墓穴，置放棺柩后以土掩埋，堆一小土包即成。繁者，墓穴开挖宽大，辅以石材、砖、灰浆等，精心建造成坚固的墓窟，置棺柩于其中，然后于墓窟上堆坟如山如陵。坟墓繁简，与治葬礼仪的厚薄不能说毫无关系，但也不是绝对的正比例关系。家贫者坟墓建造简单一点，不能说就是对先人不爱不敬，不能说是失礼。富裕家庭将坟墓建得高大宏伟，也不一定就是对先人有更多的爱和敬，不一定更合礼仪。无论民葬还是国家公葬，坟墓建造都以适度为礼。当今提倡火葬后骨灰统一存放，或不留骨灰，将骨灰撒入江河湖海，也是合"礼"的。子曰："礼，与其奢也，宁俭；丧，与其易也，宁戚。"①

(五) 出殡

出殡，指将遗体或棺柩（灵柩）运至墓葬地或火葬场（殡仪馆）。这无疑是葬礼的一个重要过程。这一过程主要包含以下四种仪节：择吉、送葬、行缓、哀哭。

1. 择吉

择吉，即选择吉日出殡。吉日，是指适当的、一切准备就绪的日子，以体现对丧事的慎重和对死者的尊重。民间葬礼讲究通过占卜或查黄历来择吉，但一般都会选择在丧后3～5天出殡，也可能因特殊原因而延迟一些。国家公葬出殡日可能较民葬要迟一些，因为国家公葬礼仪事务要复杂一些。

2. 送葬

送葬，即将灵柩护送至墓地或火葬场，或目送灵车离去。出殡是一个搬运遗体或灵柩的过程，这一过程主要由专职役夫完成，但死者亲属或其他相关人员必须参与这一过程，这种参与主要是一种仪式性的护送或目送，以体现对死者的爱和尊敬。护送是跟随灵车自始至终地送，我国古人称"发引"或"执绋"，即挽着牵引灵车的绳索前行。目送是站在灵车经过的路边，看着灵车过去直至在视线中消失。民间葬礼参与护送的一般是近亲属，目送者为邻居、街坊等。国家公葬礼仪参与护送的人员，除了近亲属，一般还有党政组织的领导或代表，往往有更多的民众自发在灵车经过的道路两旁目送。例如，1976年周恩来总理逝世后，出殡那天灵车经过的长安大街两旁有百万群众目送。

---

① 陈晓芬、徐儒宗译注：《论语·大学·中庸》，中华书局2015年版，第28页。

第十一章 国家公祭、公葬与庆典礼仪

3. 行缓

行缓，指出殡时灵车及送葬队伍的行进速度较为缓慢。这种缓慢本为送葬者因哀伤而无力疾走，演变为一种仪式，以体现对死者的爱和尊重。送葬时行进速度过快，一般会被议论为不合礼仪。

4. 哀哭

哀哭，指因哀伤而哭泣。出殡乃死者人生最后一程，其亲属或其他有关人士送葬时难免感到哀伤而一路哭泣。这种哭泣体现对死者的爱和尊敬，亦因此而成为出殡过程中的一个仪节。当年毛泽东、周恩来、邓小平逝世后，出殡时许多普通群众都忍不住哀哭。哀哭作为一种感情流露或丧葬仪节（称"哭礼"）不止于出殡，而是贯穿整个丧葬过程，只不过有些环节（如入殓、出殡、下葬等）尤为显著。出殡时或葬礼过程的其他环节未必所有人都能哀哭，但必须保持哀戚容态，绝对不可嬉笑欢乐。《礼记》特别强调："临丧则必有哀色。执绋不笑……"①

（六）下葬

下葬，俗称"入土""入圹"，即将灵柩放入墓穴，然后以土掩埋。这差不多是安葬死者的最后一个环节，所以也颇受重视，成为葬礼中的一个重要仪节。我国民间葬礼中下葬仪节各地风俗不同，大概有吉时入圹、跪拜哀哭、殉葬等讲究。国家公葬礼仪中，下葬这一环节不是重点，参与人数较少，以近亲属为主，仪式亦较为简短。

三、祭奠礼仪

祭奠，是一种追念、缅怀死者，向死者表达敬意的礼仪活动。我国民间祭奠礼仪还包含祈求死者在天之灵保佑后人的意思。祭奠活动贯穿整个治丧、治葬过程，也是丧葬礼仪的重要环节。当前我国国家公葬中的祭奠礼仪主要有设置灵堂、吊唁、下半旗志哀、开追悼会（遗体告别仪式）等仪节。

（一）设置灵堂

灵堂，即摆放死者遗体、牌位、遗像等，供人追思、缅怀、致敬（致祭）的场所。传统观念认为，人死了灵魂还在，所以有"灵堂"这一概念。

设置灵堂体现对死者的爱和尊敬，所以成为丧葬过程中的重要仪节。不设置灵堂，无论民间葬礼，还是国家公葬，一般来说，是不合乎礼仪的，除非条

---

① 胡平生、张萌译注：《礼记》上，中华书局2017年版，第46页。

件不允许。民间葬礼上设置灵堂是丧主的责任，国家公葬礼仪上设置灵堂则是相应的国家机构或治丧机构的责任。

设置灵堂一般从"小殓"（即人死后第二天尸体处理妥当）后开始，至出殡后撤除。灵堂除摆放遗体、牌位、遗像外，往往还有香案、长明灯、供品、鲜花（花篮、花圈）、挽联、祭幛等。我国传统习俗讲究出殡后应及时撤除灵堂，否则不吉利。国家公葬礼仪也尊重这一习俗。

（二）吊唁

设置灵堂后，死者近亲属依俗须穿上丧服，举行各种祭奠活动。与此同时，亲戚、朋友、邻里、街坊、同事等也会陆续来灵堂祭奠，称吊丧。吊丧之后一般还须对丧主或死者家属表示慰问，称唁慰。吊丧和唁慰二者合称吊唁，即祭奠死者，并慰问其家属。吊唁一方面意味着对死者的尊敬，另一方面也意味着对死者家属的尊重，所以成为丧葬过程中的一个重要仪节。

吊唁的方式，一般为吊唁者亲往灵堂祭奠死者（跪拜或鞠躬），并慰问死者家属（握手、语言安慰问候），如果因故不能亲往，也可以信函（唁电、唁函）方式向死者家属表达慰问和对死者的悼念。此外，吊唁者往往还须向死者家属（丧主）赠送钱物（称奠仪）以予资助。这主要是资助丧主办理丧事，也有资助丧家因失去劳动力而造成生活困难的意味。国家公葬礼仪上不存在向死者家属赠送奠仪问题，因为葬礼费用概由国家（公共）财政支付，但国家可能酌情（依法）发放抚恤金。

（三）下半旗志哀

下（降）半旗志哀（致哀），是指重要人物逝世或发生重大伤亡事件时，国旗（以及联合国旗）下半旗表示哀悼。这是一条国际通行的惯例，也是国家公葬礼仪的重要仪节。

（四）开追悼会

开追悼会，即很多人聚集在一起满怀悲伤地怀念死者。民间普通葬礼一般会省却或简化这一仪式，而国家公葬往往会突出这一仪式。因为普通百姓的社会影响有限，其死亡一般不会引起亲属以外的人的悲伤，所以不会产生开追悼会的实际需要。但国家公葬不然，因为死者生前有杰出的社会贡献，有广泛的社会影响，其死后必然引起包括亲属在内的很多人的悲伤，不开追悼会不足以抒发人们的悲伤情怀，不足以表达人们对死者的爱和敬。开追悼会作为国家公葬的重要仪式，又可以进一步细分如下。

第十一章 | 国家公祭、公葬与庆典礼仪

1. 庄严肃穆的会场布置

开追悼会首先须布置会场。追悼会的会场可以与灵堂结合在一起，也可以另外专门设置会场，其基本要求是庄严肃穆。庄严肃穆是一种与沉痛悲伤的情感相协调的氛围，主要由遗体或灵柩、遗像、挽联、花圈，以及素色（黑、白、灰）等元素来体现。专门的会场布置可能没有遗体或灵柩，但一般有遗像、挽联、花圈等，而且以素色为主要色调。否则，不足以体现庄严肃穆。

2. 与会者素装

参加追悼会应注意着素装，即应穿没有色彩的服装。这与民间葬礼上穿孝服意义类似，体现人们因沉浸在哀伤之中而没有心情穿华丽的服装。穿色彩华丽的服装去参加追悼会，是非常失礼的。

3. 奏哀乐

奏哀乐，是指演奏专门用于丧葬或追悼仪式的、节奏缓慢的、仿佛呜咽悲哭的乐曲。礼与乐常常是联系在一起的，礼中有乐，乐中有礼。在丧葬或追悼仪式上，哀乐能够更恰当地抒发人们的情感，能够更充分地表达人们对死者的爱和尊敬。所以，奏哀乐成为追悼会乃至整个葬礼的重要仪节。

4. 集体默哀

集体默哀，即所有与会者同时肃立低头，约三分钟，以表示对死者的哀悼。这往往是国家公葬的追悼会上不可或缺的仪式之一，民间普通葬礼则不一定有这一仪式。

5. 致悼词

致悼词，即在追悼会上宣读（诵读）哀悼、缅怀死者的文字。这是追悼会最为重要的仪节。追悼会之所以称"追悼会"，正是因为有致悼词。没有致悼词，则追悼会有失礼仪。悼词一般包括说明死者身份、概括死者生平事迹、充分赞扬死者功德、表达对死者哀悼缅怀等内容。国家公葬者的悼词，特别强调概述要全面准确，评价要恰如其分，一般须经相应的国家机构和有关领导审核批准，并征得死者家属的认可。否则，不合礼仪。

6. 向遗体鞠躬并绕行告别

追悼会如果有遗体在现场，一般还有一个向遗体鞠躬（三鞠躬）并绕行告别的仪式，即遗体告别仪式。遗体告别仪式也可能单独举行。

第三节 国家庆典礼仪

国家庆典，指因全国人民共同喜悦的大事情而由国家（政府）隆重举行的庆祝仪式（或庆祝大会）。国家庆典礼仪，即国家隆重举行庆祝仪式时所遵循的礼规范。一个国家总有一些令全国人民共同喜悦的大事情，如重大战争的胜利、国家独立、宪法制定、元首诞辰等。全国人民共同喜悦的心情往往需要通过一些隆重的庆祝仪式来宣泄、抒发，以振奋精神、鼓舞士气、凝聚人心。这些隆重的庆祝仪式，必须由国家（政府）统一组织，并且遵循一定的礼仪逻辑，才可能确保全国人民尽情欢乐而又有条不紊，"乐而不淫"[①]。那么，国家庆典礼仪一般包含哪些仪节？从当代中外礼仪实践看，主要有鸣礼炮、升国旗、奏唱国歌、国家元首讲话、阅兵式、群众游行、放飞和平鸽等。我们试从这些仪节来理解国家庆典礼仪。

一、鸣礼炮

鸣礼炮是一项国际惯例，世界上许多国家在举行盛大庆典时都有鸣礼炮这一仪节。例如，英国规定议会开幕或闭幕鸣放礼炮41响，美国规定国庆日全国各驻军营地鸣放礼炮50响，等等。

我国在国家庆典上遵循国际惯例，有鸣放礼炮这一仪节。1949年10月1日，开国大典上有鸣放礼炮，此后每届国庆典礼都会鸣放礼炮，但国庆典礼上鸣礼炮的响数有所不同。1949年10月1日开国大典上鸣礼炮28响，寓意自1921年中国共产党建党至1949年新中国成立28年艰难而辉煌的历程。此后，国庆35周年、40周年、45周年庆典时均鸣放礼炮28响。而国庆50周年、60周年、70周年庆典分别鸣放50响、60响、70响，寓意新中国成立50周年、60周年、70周年。

二、升国旗、奏唱国歌

国家庆典在鸣放礼炮后，会举行升国旗仪式，而升国旗的同时，会奏唱国歌。国旗和国歌是最显著的国家符号，国家庆典往往是人们爱国激情高涨的时候，升国旗、奏唱国歌最能呈现和抒发爱国激情，所以成为国家庆典时的重要仪节。几乎所有国家都会在举行国家庆典时升国旗、奏唱国歌。

有关升国旗、奏唱国歌的具体要求在第十章讨论国家符号礼仪时已有论述，此不重复。

三、国家元首讲话

国家庆典往往需要一个"讲话"来明确国家庆典的目的和主题，以使全国人民的喜悦有一个共同的方向，以确保全国人民的喜悦得到充分而有序的抒

---

① 陈晓芬、徐儒宗译注：《论语·大学·中庸》，中华书局2015年版，第34页。

第十一章 | 国家公祭、公葬与庆典礼仪

发和宣泄。这个"讲话"往往由国家元首来执行,因为国家元首最有权威、最有代表性、最能获得全国人民的认同。因此,国家元首讲话成为国家庆典的一个重要仪节,没有国家元首讲话的国家庆典是不合礼仪的。

国家元首在国家庆典上的讲话一般较为简短,大概在1000字以内,时间不超过10分钟。讲话的内容会因为历史时期的不同而有所不同,但主要在于明确庆典的目的、主题,以及取得的伟大成就、正在做或将要做的伟大事业等。

1949年10月1日,开国大典上毛泽东主席发表讲话,不到700字,时间不到10分钟。毛主席讲的第一句话是:"同胞们!中华人民共和国、中央人民政府今天成立了!"然后是升国旗,奏国歌,鸣礼炮28响,接下来毛主席的讲话实际上是宣读《中央人民政府公告》。全文如下。

自蒋介石国民党反动政府背叛祖国,勾结帝国主义,发动反革命战争以来,全国人民处于水深火热的情况之中。幸赖我人民解放军在全国人民援助之下,为保卫祖国的领土主权,为保卫人民的生命财产,为解除人民的痛苦和争取人民的权利,奋不顾身,英勇作战,得以消灭反动军队,推翻国民政府的反动统治。现在人民解放战争业已取得基本的胜利,全国大多数人民业已获得解放。在此基础之上,由全国各民主党派、各人民团体、人民解放军、各地区、各民族、国外华侨及其他爱国民主分子的代表们所组成的中国人民政治协商会议第一届全体会议业已集会,代表全国人民的意志,制定了中华人民共和国中央人民政府组织法,选举了毛泽东为中央人民政府主席,朱德、刘少奇、宋庆龄、李济深、张澜、高岗为副主席,……为委员,组成中央人民政府委员会,宣告中华人民共和国的成立,并决定北京为中华人民共和国的首都。中华人民共和国中央人民政府委员会于本日在首都就职,一致决议:宣告中华人民共和国中央人民政府的成立,接受中国人民政治协商会议共同纲领为本政府的施政方针,互选林伯渠为中央人民政府委员会秘书长,任命周恩来为中央人民政府政务院总理兼外交部部长,毛泽东为中央人民政府人民革命军事委员会主席,朱德为人民解放军总司令,沈钧儒为中央人民政府最高人民法院院长,罗荣桓为中央人民政府最高人民检察署检察长,并责成他们从速组成各项政府机关,推行各项政府工作。同时决议:向各国政府宣布,本政府为代表中华人民共和国全国人民的唯一合法政府。凡愿遵守平等、互利及互相尊重

领土主权等项原则的任何外国政府,本政府均愿与之建立外交关系。特此公告。

中华人民共和国中央人民政府主席毛泽东
1949年10月1日①

2019年10月1日,举行庆祝中华人民共和国成立70周年大会,习近平主席讲话,880余字,时间不到10分钟。全文如下。

全国同胞们,同志们,朋友们:

今天,我们隆重集会,庆祝中华人民共和国成立70周年。此时此刻,全国各族人民、海内外中华儿女,都怀着无比喜悦的心情,都为我们伟大的祖国感到自豪,都为我们伟大的祖国衷心祝福。

在这里,我代表党中央、全国人大、国务院、全国政协和中央军委,向一切为民族独立和人民解放、国家富强和人民幸福建立了不朽功勋的革命先辈和烈士们,表示深切的怀念!向全国各族人民和海内外爱国同胞,致以热烈的祝贺!向关心和支持中国发展的各国朋友,表示衷心的感谢!

70年前的今天,毛泽东同志在这里向世界庄严宣告了中华人民共和国的成立,中国人民从此站起来了。这一伟大事件,彻底改变了近代以后100多年中国积贫积弱、受人欺凌的悲惨命运,中华民族走上了实现伟大复兴的壮阔道路。

70年来,全国各族人民同心同德、艰苦奋斗,取得了令世界刮目相看的伟大成就。今天,社会主义中国巍然屹立在世界东方,没有任何力量能够撼动我们伟大祖国的地位,没有任何力量能够阻挡中国人民和中华民族的前进步伐。

同志们、朋友们!

前进征程上,我们要坚持中国共产党领导,坚持人民主体地位,坚持中国特色社会主义道路,全面贯彻执行党的基本理论、基本路线、基本方略,不断满足人民对美好生活的向往,不断创造新的历史伟业。

前进征程上,我们要坚持"和平统一、一国两制"的方针,保持香港、澳门长期繁荣稳定,推动海峡两岸关系和平发展,团结全体中华儿女,继续为实现祖国完全统一而奋斗。

---

① 参见全国人大常委会办公厅、中共中央文献研究室编《人民代表大会制度重要文献选编》(一),中国民主法制出版社2015年版,第88—89页。

第十一章 国家公祭、公葬与庆典礼仪

前进征程上,我们要坚持和平发展道路,奉行互利共赢的开放战略,继续同世界各国人民一道推动共建人类命运共同体。

中国人民解放军和人民武装警察部队要永葆人民军队性质、宗旨、本色,坚决维护国家主权、安全、发展利益,坚决维护世界和平。

同志们、朋友们!

中国的昨天已经写在人类的史册上,中国的今天正在亿万人民手中创造,中国的明天必将更加美好。全党全军全国各族人民要更加紧密地团结起来,不忘初心,牢记使命,继续把我们的人民共和国巩固好、发展好,继续为实现"两个一百年"奋斗目标、实现中华民族伟大复兴的中国梦而努力奋斗!

伟大的中华人民共和国万岁!

伟大的中国共产党万岁!

伟大的中国人民万岁!①

四、阅兵式

阅兵式,是对国家军事力量进行检阅的仪式。国家的建立、国家的安全,离不开军队,离不开武装力量。因此,国家庆典时(或重大战争前,或大型军事演习时)往往举行阅兵式,以展现军队建设成就,以提振军威、鼓舞士气,激发全国人民的爱国热情。因此,阅兵式成为国家庆典的重要仪节。没有阅兵式,则国家庆典不够隆重,不足以渲染庆祝氛围,不足以抒发人民的喜悦心情。

阅兵式一般分为两项内容(有时只进行一项):一是首长检阅,二是分列式。首长检阅,是军队最高领导(军委主席或总司令)从受阅部队队列前通过,进行检阅的仪式。首长检阅通过时,受阅官兵立正向首长行注目礼。与此同时,首长与受阅官兵之间或有对话,如:"同志们好!""首长好!""同志们辛苦啦!""为人民服务!"分列式,是受阅部队列队从检阅台前通过,接受领导检阅的仪式。受阅部队通过检阅台时,官兵们走正步(以示雄壮)并"向右看"(向阅兵台领导行注目礼),或同时行举手礼。

阅兵仪式古已有之,早在公元前,我国周朝,西方古埃及、波斯、罗马等国都曾举行阅兵仪式。当代世界各国也都有自己的阅兵仪式,形式和内容大同

---

① 习近平:《在庆祝中华人民共和国成立70周年大会上的讲话》,载《人民日报》2019年10月2日第2版。

小异。中华人民共和国成立以来，多次（约17次）举行盛大的阅兵活动，其中有6次重大的国庆周年阅兵：1949年（国庆元年）、1959年（国庆10周年）、1984年（国庆35周年）、1999年（国庆50周年）、2009年（国庆60周年）、2019年（国庆70周年）。

2019年10月1日，国庆70周年阅兵式记录如下：

> 10时15分，阅兵仪式开始，标兵就位，军乐团吹响阅兵式号角。习近平乘坐红旗检阅车，经过金水桥，驶上长安街。阅兵总指挥、中部战区司令员乙晓光报告受阅部队列队完毕，习近平下达检阅开始的命令。习近平乘车行进至党旗、国旗、军旗前，向旗帜行注目礼。随后，在军乐声中，习近平乘车沿着宽阔的长安街，依次检阅15个徒步方队、32个装备方队。习近平经过受阅方队时与受阅官兵相互问候，习近平问："同志们好！"受阅方队官兵齐声回："主席好！"习近平问："同志们辛苦啦！"受阅方队官兵齐声回："为人民服务！"习近平检阅完毕回到天安门城楼。
>
> 10时43分，空中护旗梯队拉开了阅兵分列式的序幕，3架直升机分别悬挂中国共产党党旗、中华人民共和国国旗、中国人民解放军军旗，同其他直升机组成编队飞过天安门上空。随后，20架直升机组成巨大的"70"字样，象征中华人民共和国走过70年光辉历程。天安门前，15个徒步方队，依次通过天安门广场，接受祖国和人民检阅。32个装备方队分为陆上作战、海上作战、防空反导、信息作战、无人作战、后勤保障、战略打击7个模块，按照联合作战编队隆隆驶来，接受检阅。
>
> 11时23分许，11个空中梯队从远方飞来，全场目光投向天安门上空。领队机梯队拉出7道彩烟，开启了空中梯队的帷幕。预警指挥机梯队、海上巡逻机梯队、运输机梯队、支援保障机梯队、轰炸机梯队、加受油机梯队、舰载机梯队、歼击机梯队、陆航突击梯队依次低空飞过。教练机梯队划出7条彩带。
>
> 阅兵式时长约80分钟，共有59个方（梯）队和联合军乐团约1.5万人、各型飞机160余架、装备580台套接受检阅。这是近几次阅兵中规模最大的一次。①

---

① 参见新华社《天安门广场举行盛大阅兵仪式和群众游行》，载《人民日报》2019年10月2日第1版。

第十一章 | 国家公祭、公葬与庆典礼仪

五、群众游行

阅兵式之后，往往会组织盛大的群众游行活动。这种群众游行一般会在事先进行精心策划，会有明确的主题和丰富多彩的表达方式，目的在于进一步释放广大群众兴奋喜悦的情绪。因此，这也是国家庆典上的重要仪节。没有群众游行的国家庆典，会让人觉得意犹未尽。

我国2019年国庆70周年阅兵式后举行盛大群众游行，记录如下：

11时32分，广场电子屏幕上出现"伟大的中国人民万岁""伟大的中国共产党万岁""伟大的中华人民共和国万岁"等标语，现场合唱团唱响《今天是你的生日，中国》，以"同心共筑中国梦"为主题的群众游行开始。

游行分"建国创业""改革开放""伟大复兴"三个篇章，10万群众、70组彩车组成36个方阵和3个情境式行进。

高举巨幅国旗的1949名青年组成国旗方阵率先走来。随后走来的是由2019名青年组成的国庆年号和国徽方阵。随后21辆礼宾车组成的致敬方阵驶来。

第一篇章"建国创业"，由"开天辟地""浴血奋战""建国伟业""当家作主""艰苦奋斗"5个方阵组成。游行队伍簇拥着毛泽东巨幅画像经过天安门。第一篇章在情境式行进"青春万岁"中结束。

第二篇章"改革开放"，由"关键抉择""希望田野""春潮滚滚""与时俱进""一国两制""跨越世纪""科学发展""众志成城""圆梦奥运"9个方阵组成。游行队伍先后簇拥着邓小平、江泽民、胡锦涛巨幅画像经过天安门。第二篇章在情境式行进"东方雄狮"中结束。

第三篇章"伟大复兴"，由18个方阵组成。游行队伍簇拥着习近平巨幅画像的"伟大复兴"方阵出现时，掌声和欢呼响彻全场，把群众游行推向高潮。随后走来的"创新驱动""区域协调""乡村振兴""民主法治""民族团结""凝心铸魂""中华文化""立德树人""体育强国""脱贫攻坚""美好生活""绿水青山""人类命运共同体""从严治党""不忘初心"等方阵。"中华儿女"方阵，以鲲鹏造型彩车引领各省区市和港澳台彩车依次通过天安门。第三篇章在情境式行进"同心追梦"中落下帷幕，2019名少先队员组成的行进乐团奏响中国少年先锋队队歌，

昭示复兴之梦必将在接力奋斗中成为现实。①

六、放飞和平鸽

鸽子被人们当作和平的象征。《旧约·创世纪》记载说，上古洪水之后，诺亚从方舟上放出了一只鸽子，让它去探明洪水是否退尽。上帝让鸽子衔回橄榄枝，表示洪水已退，人间尚存希望。于是，人们用鸽子和橄榄枝象征和平。这一象征获得世界公认，源于西班牙画家、雕塑家、现代艺术的创始人、法国共产党党员毕加索（1881—1973）。1950年11月，为纪念在华沙召开的世界和平大会，毕加索欣然挥笔画了一只衔着橄榄枝的飞鸽。当时，智利著名诗人聂鲁达将它称作"和平鸽"。从这以后，鸽子便被公认为是世界和平的象征，而放飞和平鸽也成为国家庆典以及其他重要庆典（如奥运会开幕式等）的重要仪节，用以表达人们对拥有和平的喜悦心情以及对世界和平的虔诚祈愿。放飞和平鸽的同时，往往还放飞五彩缤纷的气球，以进一步烘托欢乐气氛。

2019年10月1日，中华人民共和国成立70周年庆典，便以放飞和平鸽与彩色气球为最后的仪式。记录如下：

> 随着7万羽和平鸽展翅高飞，7万只气球腾空而起，游行群众朝着天安门城楼方向欢呼致敬，习近平等向各界群众挥手致意。庆祝大会历时2小时40分钟，于12时40分圆满结束。②

---

① 参见新华社《天安门广场举行盛大阅兵仪式和群众游行》，载《人民日报》2019年10月2日第1版。
② 参见新华社《天安门广场举行盛大阅兵仪式和群众游行》，载《人民日报》2019年10月2日第1版。

第十二章 外交礼仪

外交，即对外交往，主要指国与国之间的正式交往或官方交往。民间的、非正式的对外交往一般不称之为外交，而称外事或涉外活动。但外交也往往包含在外事或涉外概念之内。外交礼仪，即国际行政（政务）礼仪，主要指政府官员进行外交活动时应该遵循的礼仪。民间组织或民间人士进行对外交往应该遵循的礼仪，称外事礼仪或涉外礼仪。但人们也往往将外交礼仪包含在外事礼仪或涉外礼仪之中。国与国之间存在文化差异，国际行政礼仪（外交礼仪）与国内行政礼仪也有所区别。外交活动彬彬有礼，有助于提高外交效率，有助于提升国家形象。因此，外交礼仪无疑是行政礼仪研究的重要内容。本章主要讨论外交礼仪的主要原则、国际通行的外交礼节、世界宗教礼仪等问题。

第一节 外交礼仪的主要原则

本书第一章将"自律、敬人、谦让、宽容、贵和、庄重"概括为礼仪的基本原则，这些基本原则同样适用于外交礼仪。但外交礼仪毕竟有其特殊性，可以在上述礼仪基本原则的基础上进一步概括出体现外交礼仪特征的主要原则：相互尊重、不卑不亢、"以我为主"等。

一、相互尊重

外交活动是由官员个体完成的，但他是代表国家与其他国家交往。在国与国之间的交往中，相互尊重是礼仪的主要原则之一。

其实，相互尊重也是人际交往的基本原则。但是，我们在讨论礼仪基本原则时，将这一内容表述为"敬人"。敬人，是指对人的尊重，这种尊重是相互的。《礼记》说："礼尚往来。往而不来，非礼也；来而不往，亦非礼也。"[①] 但人际交往中的敬人更强调主动对对方的尊重。每个人都秉持敬人原则，相互自在不言之中。这也意味着相互是次要的，即使对方对你有所不敬，也不影响你依然尊重对方。所谓"以德报怨"，就包含这个意思。国际交往（外交）则

---

① 胡平生、张萌译注：《礼记》上，中华书局2017年版，第7页。

更强调尊重的相互性，强调对国格的相互尊重、对国家主权的相互尊重。不管是大国还是小国，是富裕国家还是贫穷国家，是发达国家还是欠发达国家，必须相互尊重。如果对方不尊重你所代表的国家，那你也没有义务尊重对方所代表的国家。没有相互尊重，也就意味着不讲外交礼仪，意味着没有外交礼仪。

相互尊重原则是和平共处原则在礼仪层面上的体现。和平共处原则是中国在外交领域积极倡导的规范国际关系的重要准则。1953年12月，中国政府同印度政府就两国在西藏地方的关系问题进行谈判，周恩来总理在会见印度代表团时第一次提出和平共处五项原则，即"互相尊重主权和领土完整、互不侵犯、互不干涉内政、平等互利、和平共处"。1954年6月28日、29日，周恩来在访问印度、缅甸期间，分别与印度总理尼赫鲁和缅甸总理吴努发表联合声明，共同倡导和平共处五项原则。1955年4月，在印度尼西亚的万隆召开了有29个国家和地区参加的万隆会议，会上发表了《关于促进世界和平和合作的宣言》，其中便包括和平共处五项原则的全部内容。1970年，第25届联合国大会通过的《关于各国依联合国宪章建立友好关系及合作之国际法原则之宣言》和1974年第6届联合国大会特别会议《关于建立新的国际经济秩序宣言》，也都明确把和平共处五项原则包括在内。和平共处原则的核心含义是国与国之间的互相尊重，这种互相尊重必然成为外交礼仪的主要原则。

二、不卑不亢

卑，谦虚克制；亢，高傲放肆。不卑不亢，是说与人交往时彬彬有礼、持中守正、不失分寸；既不过于谦虚克制，也不太高傲放肆。

在人际交往中，做到不卑不亢是一种极高的礼仪境界。我国民间有所谓"礼多人不怪"的说法，就是说在谦虚克制、敬人奉献方面，即使做得再多，人家也不会责怪你。人们所反对的是高傲放肆，是不把他人放在眼里，是不尊敬他人。

外交礼仪特别强调不卑不亢，以其为主要原则之一。在外交活动中，外交人员是国家的代表，代表国家与别的国家进行交往。国与国之间交往时，高傲放肆当然是不可取的，有失礼仪，失礼于外。若过于谦虚克制，乃至于卑躬屈膝，则有损国格，有损国家荣誉，国人不答应，失礼于内。所以，只能是不卑不亢。

外交活动中的不卑不亢主要表现在以下三个方面。

（一）不轻易给对方过高或过低礼遇

外交活动中，给对方的礼遇讲究适中，既不要过高，也不要过低。过高或过低都可能不合礼仪。过高有"谄媚"之嫌，有损国格，失敬国人；过低则显傲慢，有损外交风度，失礼于外国。

适中的具体表现，主要为对等和从简。所谓对等，指参与活动的一方代表与另一方代表在职务、级别、人员阵容上基本相当，在活动（接待）的仪式规格上合乎以往惯例。所谓从简，是指在外交活动中尽可能简化形式，摒弃不必要的排场和铺张，讲求实效，注重热情周到，注重友谊和情意。但对等或从简也不是绝对的，特殊情况下可以破格，可以高规格，也可以低规格；可以简，也可以繁。只是不要轻易破格，一定要有合理的特殊情况，以使高规格或特别隆重的情况可以得到国人的理解，而低规格或特别简省的情况外国人能谅解，可以接受。

（二）不过于迁就或苛责对方

礼仪讲究宽容，即宽厚容人，能容人之错、容人之失、容人之短。外交礼仪也同样讲究宽容，当对方在礼仪上出错、有失误、有不当时，应予担待或迁就，不必斤斤计较，不必刻意纠正或苛责对方。

但这种宽容在外交礼仪上一定是有限的，止于非原则性、非恶意的错误或不当。如果对方的错误或不当是原则性的，而且是带有恶意的，那就必须抗议或反击，不应一味地担待、迁就。在外交礼仪上无限宽容、过于迁就，实际上是一种软弱、一种屈节，有损国家荣誉，失礼于国人，是不可取的。

（三）尊重对方意愿，但不满足对方过分的要求

外交活动中，活动内容、活动日程的确定一般讲究尊重对方意愿，尽可能根据对方的要求来安排。这一原则在我国民间人际交往中也有体现，人们称之为"客气"，亦称"主随客便"或"客随主便"，即彼此谦让。这是礼仪基本原则的体现，有利于人际关系或国际关系的和谐。

但是，外交活动中这种"客气"应该是有限度的，以交往双方的核心价值、根本利益为界限。如果对方所提的要求超越这一界限，对方提出了过分的要求，则应予拒绝。否则，可能"丧权辱国"，失敬于国人。

三、"以我为主"

在外交活动中，往往会面临礼仪文化不同的问题。一般会面临三种礼仪文化：我方的、对方的、国际通行的。那么，我们应该选择什么样的礼仪文化与外国人往来酬酢？

有人可能说，当然应该选择国际通行的礼仪文化。这样彼此没有隔阂，有

利于相互理解，可以大大提高交往效率。但是，实践中我们会发现，国际通行的礼仪文化是有限的，不足以应对全部的外交活动，在许多情境中我们无法用国际通行的礼仪来表达我们所理解的、应有的礼义、礼道。

有人可能说，应该选择对方的礼仪文化。这样对方好理解，对方会感到亲切，更体现我们对对方的尊重和友谊。但事实上，我们不可能充分了解、理解、熟悉对方的全部礼仪文化，甚至可能因为生活习惯、宗教信仰等不同而无法适应对方的某些礼仪文化。如果一味地模仿、顺应对方，很可能弄巧成拙，或给人谄媚巴结的印象，有损国格。所以，也不可取。

我们认为，外交礼仪在面临文化选择时应坚持"以我为主"的原则，这也是外交礼仪的主要原则之一。"以我为主"，即外交活动中，"我"始终以本国的礼仪文化与对方交往应酬，兼用国际通行礼仪文化和对方国家的礼仪文化。"以我为主"，一方面可以确保用礼自然、娴熟，有效表达"我"在交往中的思想和情感；另一方面也可以彰显我国的文化自信，维护国家的形象和荣誉。

但要注意，"以我为主"不是唯我独尊、我行我素、自行其是。应善于接受和运用合理的国际惯例，应适当选用对方的某些礼节，应尽量避免使用与国际惯例或与对方礼仪文化有明显冲突，或可能被误解的礼节。另外，需要注意的是，"以我为主"只是我方外交用礼的原则，不能在国际交往中要求对方完全采用我方的礼仪，或要求对方全部遵循国际惯例，应允许对方也"以我为主"。

第二节 国际通行的外交礼节

国与国之间存在礼仪文化的不同，但人性是相通的，文化背后深层次的道理是可以互相理解的。因此，在频繁的国际交往中，不同的礼仪文化在不知不觉中渗透、交融，相互影响、相互学习、相互借鉴，逐渐形成了一系列国际通行的外交礼节。例如，升挂国旗与奏唱国歌，鸣礼炮，以西服为正装，以右为尊，尊重女性，握手，寒暄，守时，注意环保，等等。这些礼节的意义，一方面在于表达对对方国家的尊重，另一方面也在于宣示和维护本国的权利和荣誉。

一、升挂国旗与奏唱国歌

国旗、国歌是极重要的国家符号，是国家的象征，是一个国家主权意识不断增强的产物，也是国际交往发展的产物。在重要的国际交往或外交活动中，一般都要升挂双方或各方国家的国旗，奏唱双方或各方国家的国歌。升挂本国国旗，奏唱本国国歌，目的在于宣示、维护本国的权利和荣誉；升挂交往国的国旗，奏唱交往国国歌，是为了表达对交往国的尊重。这是当前国际通行的极重要的外交礼节。

国旗产生于近代欧洲。中世纪的欧洲各国统治阶层习惯于将"纹章"作为个人、家族、团体的象征。进入近代社会以后，随着欧洲资产阶级革命的展开，公民意识和国家主权意识高涨，中世纪的纹章便发展成为象征民族国家的国旗。目前，世界上每个独立的国家都有自己的国旗。我国最早的国旗出现在清朝末年。鸦片战争以后，清王朝与各国的交往日益增多，逐渐意识到外交场合要有代表大清帝国的国旗。19世纪60年代后期，清政府首先将三角形的黄龙旗确定为国旗。后来发现西方国家的国旗大都是长方形的，因此，19世纪80年代，清政府决定将三角形的黄龙旗改为长方形的黄龙旗。黄龙旗的旗面为黄色，上面绘有飞龙戏珠的图案，龙为青色，珠为红色，龙头向左上方昂起。

外交场合（或涉外活动场合）升挂国旗、奏唱国歌有较为严格的规范。这些规范主要涉及升挂或奏唱的时机、位置、次序，以及在场者行为等。比如，有多个国家参加的重大国际活动，须并列升挂多国国旗时，应先升主办国国旗。降落时，则应最后降主办国国旗；多国国旗并列升挂时，应将主办国国旗置于荣誉地位，即尊贵地位，一般为最右、最前、最中心的位置。双边活动需要悬挂两国国旗时，一般将受邀国国旗置于上首（即主办国国旗之右）；升国旗的过程中，在场者应面向国旗肃立、致敬（行注目礼或举手礼）；接待外国政要举行欢迎仪式时，须奏双方国家的国歌，一般应先奏来访国国歌后奏本国国歌。另外须注意：不得升挂破损、污损、褪色或者不合规格的国旗，不得故意以焚烧、毁损、涂划、玷污、践踏等方式侮辱国旗，不得倒挂国旗，不得在同一旗杆上升挂两个国家的国旗，等等。

二、鸣礼炮

鸣礼炮是国际交往（外交活动）中的一种迎宾礼节，一般只在迎接重要国宾时使用。按国际惯例，鸣礼炮21响为最高规格，每每用于迎接外国元首的仪式；19响为二级规格，多用于迎接外国政府首脑的仪式；17响为三级规格，多用于迎接外国政府首脑副职的仪式。

三、以西服为正装

着装往往是一种极重要的礼仪行为。外交活动尤其讲究着装，一般要求穿

正装，以示谨慎和尊重。所谓正装，是指适合于正式场合的正式着装，而非娱乐、休闲或居家环境的着装。正装主要有以下五种特征：①颜色简单而不花哨；②面料平整，垂直挺括；③有领；④有纽扣；⑤系皮带等。

那么，什么样式的服装被人们视为正装？事实上，人们所理解的正装是各式各样的，不同时代、不同国度有各种不同的正装。比如我国在20世纪40年代末到八九十年代，就主要以中山装为正装，我国领导人及其他行政官员（包括普通百姓）在各种正式场合（包括外交场合），都穿中山装以示对活动的重视、对交往对象的尊重，同时也显示自尊、自信。20世纪八九十年代以来，随着对外交往的广泛、频繁，人们渐渐喜爱上了西装，西装成为人们认可的正装。在各种正式场合，尤其是外交场合，人们大都穿西装，很少有人再穿中山装了。

所谓西装，即西式服装，主要是指有翻领、驳头、三个衣兜、衣长在臀围线以下的上衣，以及与上衣同质同色的长裤。这种服装是19世纪初由法国人发明的，因为其外观挺括、线条流畅、穿着舒适，配上领带后更显得高雅典朴，所以很快在整个西方世界流行。西方经济较为发达，增强了文化的影响力，使西装不仅在西方世界流行，也很快在全世界范围内流行起来。今天，人们较为普遍地以西装为正装。在各种正式场合，尤其是正式的外交场合，穿西装成为习惯和时尚，成为一种国际通行的外交礼节。

四、以右为尊

外交活动中，各国外交人员或国家符号的排序常常是十分重要的礼仪问题。排序不当，可能引起当事人不悦，甚至种种外交纷争。

先讲一个故事：1946年春，远东国际军事法庭在日本东京对日本战犯进行审判（史称"东京审判"），美国、中国、英国、苏联、法国、澳大利亚、加拿大、新西兰、荷兰、印度、菲律宾等国法官因为座位排序问题发生了激烈的争执。中国政府（国民党政府）派往参加审判的法官叫梅汝璈（1904—1973），他后来写了一本书叫《远东国际军事法庭》，专门记述了这一事件。

当时被确定为法庭庭长的澳大利亚法官威勃（又译韦伯）提议，各国法官座席次序以联合国安全理事会五强排序为主要依据，即以美、英、苏、中、法为序。这一提议遭到了一些国家的反对。有法官提出，应以各国名称首字母在英语字母表中的先后为序；也有法官提出，应以各国法官年龄、资历为序；等等。大家议论纷纷，莫衷一是。梅汝璈希望为中国争得一个比较靠前、较受尊重的座次，提出"依照日本投降书上受降签字的次序安排座席最为合理"①，即以美、中、英、加、法……为序。庭长威勃一开始并未采纳梅汝璈的提议，于1946年5月2日军事法庭开庭前一天宣布，除庭长外，各国法官的座次为美、英、中、苏、法、加、荷、新、印、菲，并声称这是经过盟军统帅同意了的安排。梅汝璈对这一安排表示强烈不满，并脱下法袍，回到自己的办公室，以示抗议。他说："这个安排是荒谬的，它既非按照受降签字的次序，又非按照联合国安理会五强排列的次序，亦非按照一般国际会议以国名字母先后排列的次序，用意何在，殊属费解。"②"中国是受日本侵略最惨烈、抗战最久、牺牲最大的国家，在审判日本战犯的国际法庭里它应有座位竟会被降低到一贯只知向日本投降的英国之下，这是不可思议的事情"③，断然"不能接受这种安排"④。在梅汝璈的坚持下，庭长威勃及其他法官最终妥协，接受了梅汝璈的提议，按受降国签字的次序即美、中、英、加、法等排定法官座次。

梅汝璈说："在任何国际场合，争席位、争排场的明争暗斗是经常发生而且是不可避免的。这种斗争常常关系到国家的地位、荣誉和尊严。"⑤"这不仅是个人的事情，而是有关国家地位和荣誉的问题。"⑥

在排序问题上，国际通行的外交礼节主要讲究以右为尊、以居中为尊、以居前为尊。

所谓以右为尊，是指两国交往时，主方应让客方坐（或立）于主方右边，或将客方的符号（国旗、国名、人名等）置于主方符号的右边，以示尊重。为什么以右为尊？这很难确切解释，大概与人们的生活习惯和宗教信仰有关。人们大都习惯用右手，右手比左手灵活，所以尚右。基督教信奉者一般认为，天使在人的右边，而魔鬼在人的左边，所以以右为尊，以左为卑。我国传统礼仪观念尚左，以左为尊。这是因为古代皇帝坐北朝南，其左为东方，为太阳升起的地方，所以以左为尊，以右为卑。但也有人认为我国古代其实也是尚右的，有成语曰"无出其右"，说明古人以右为尊。也说吉事尚左，凶事尚右。《老子》第三十一章曰："君子居则贵左，用兵则贵右。兵者，不祥之器，非

---

① 梅汝璈著，梅小璈、梅小侃整理：《东京审判亲历记》，上海交通大学出版社2016年版，第64页。
② 梅汝璈著，梅小璈、梅小侃整理：《东京审判亲历记》，上海交通大学出版社2016年版，第65页。
③ 梅汝璈著，梅小璈、梅小侃整理：《东京审判亲历记》，上海交通大学出版社2016年版，第66页。
④ 梅汝璈著，梅小璈、梅小侃整理：《东京审判亲历记》，上海交通大学出版社2016年版，第65页。
⑤ 梅汝璈著，梅小璈、梅小侃整理：《东京审判亲历记》，上海交通大学出版社2016年版，第68—69页。
⑥ 梅汝璈著，梅小璈、梅小侃整理：《东京审判亲历记》，上海交通大学出版社2016年版，第63页。

君子之器。不得已而用之","吉事尚左,凶事尚右。偏将军居左,上将军居右"①。

除以右为尊外,有多国参与的外交活动,国际通行的外交礼节讲究以居中为尊、以居前为尊。这在第六章讨论"行政接待礼仪"时已有提及,此不赘述。但需要补充说明的是,多国交往时,"中"或"前"只有一个,其他往往以是否"靠近"中或前论尊卑,因此,其中的礼仪问题实际上是一个排序问题。那么,国际通行外交礼节中的排序原则是什么?这是一个比较复杂的问题,大概是以"合理"为基本原则。所谓合理,指合乎各国公认的"理"。一般会以国力或贡献大小为依据排序,或遵循以往的惯例,或以抽签方式决定排序,或以国名首字母在英文字母表中的顺序(类似于我国的"以姓氏笔画为序")决定排序,等等。

五、尊重女性

在近代社会以前的奴隶社会和封建社会,女性基本上是不被尊重的,处在被歧视、被压迫的地位,不拥有与男性平等的权利。即使到了法国发表《人权和公民权宣言》(1789年)、美国发表《独立宣言》(1776年)的时候,其所谓人权仍然是指"男人的权利"(rights of man)。但是,近代社会以来,尤其是19世纪以来,随着资本主义大工业生产的发展,随着女性权利意识的觉醒,随着妇女解放运动的开展,女性逐渐获得了与男性平等的经济权利、政治权利、文化权利等。因此,在各种交往活动中,包括外交活动中,尊重女性已成为国际通行的礼节。

所谓尊重女性,即同样将女性当独立自主的人(主体)来看待,同样以平等的态度对待女性,给女性以男性一样的平等的权利。也就是说,在交往过程中,男性与女性所遵循的规则(无论是正式的规则,还是非正式的规则)是相同的,所有规则不会针对女性而添加额外的条款,既不会添加优惠性条款,更不会添加歧视性条款。

尊重女性也往往被表述为"女士优先",即英文所谓"ladies first"。这是由欧洲古老的骑士精神、绅士风度演绎而来的一种礼仪规范,强调在社交场合男士应主动帮助女士、照顾女士、保护女士。例如,男士应优先问候在场的女士(ladies and gentlemen);进门时,男士应主动为女士开门;同行时,男士应请女士先行一步;并行时,男士应让女士走较为安全的一侧;等等。"女士优先"本质上是强调尊重女性。但也有人认为,"女士优先"其实含有轻视女性

---

① 〔魏〕王弼注、楼宇烈校释:《老子道德经注校释》,中华书局2008年版,第80页。

的意味,有把女性当弱者来同情、怜悯的意味,一些女权主义者不认同这一礼节。这也就是说,女性所要的尊重、优先,不应该是因为其性别,而是因为其所拥有的与男性一样的能力和贡献,以及与男性一样的身份和地位。

六、握手

在外交场合,不同国家的外交官员见面,需要表达友好、支持、感谢等情意时,往往行握手礼,即双方以右手虎口相对,相互握住对方的右手,上下摇晃几下,然后松开。这是国际通行的外交礼节。

有关握手礼的细致研究,本书第五章"行政见面礼仪"已有论述,此处不赘。

七、寒暄

寒暄,即见面时正式交流前的嘘寒问暖、相互问候。外交活动中,不同国家的外交官员见面,彼此握手时,或正式讲话前,也须相互问候,行寒暄礼。这也可以说是一种国际通行的外交礼节。

行寒暄礼,应该说是一种极普遍的礼仪现象,世界各国的人们见面时、正式交流前都会有一番寒暄,以示对交往对象的关心和尊重。只不过,在不同国家,人们寒暄的方式、内容可能不同。作为国际通行的外交礼节的寒暄,主要表现为相互问好:你好!您好!你们好!大家好!早上好!下午好!晚上好!等等。如果同时要向多人问好,应先向交往方主要领导单独问好,然后向其他人一起问好(大家好);如果恰逢共同的节日或对方国家的节日,应致以节日问候;如果恰逢对方国家有重大成功事件或不幸事件,应向对方国家人民表示祝贺或慰问;等等。

八、守时

外交活动特别强调守时,即严格按照事先约定的时间(包括地点)与对方见面、会谈。主方一般会先到,迎候客方。客方一般准时到,既不提前,也不迟到。任何一方因故不能按时到场,一般会在第一时间通知对方,说明原因并道歉。这种严谨和自律,体现了对交往对象的尊重,是一种国际通行的外交礼节。

现代社会,人与人之间的交往一般都会守时。因为这是提高交往效率、增进彼此信任的一个重要条件。但不同国家人们的时间观念可能有稍许不同。一般认为,欧洲人和美国人比较守时,无论如何都会按时赴约。但在中南美洲及一些中东国家,时间观念比较差,预约都是大概时间,按约定时间前往,常常

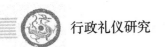

要等上一个小时甚至更长的时间。阿拉伯人把家庭、朋友及宗教看得比工作重要，他们对时间的感觉是"看上帝的安排"。亚洲人也很守时，他们常常会比约定时间提前几分钟到场，但菲律宾人经常迟到。埃及人的时间观念则常令人头痛：如果埃及人说"稍等5分钟"，意思就是半小时；如果说"半小时"，那就意味着当天基本不行。

九、注意环保

环保，即环境保护，或保护自然环境。人类进入现代社会以来，特别是20世纪以来，世界各国相继走上工业化发展道路的同时，也造成了全球性的自然环境恶化，如环境污染、生态平衡破坏、资源与能源危机等。因此，人们普遍认识到不能再肆无忌惮地对待自然了，必须节制自己的行为，保护自然环境。这一观念逐渐深入人们生活的各个方面，体现在各种行为上。在人际交往中，注意环保，意味着自律，意味着对人的尊重，逐渐成为一种礼节。若不注意环保，则会引起他人不悦，是一种很失礼的行为。

外交活动是政府间的正式交往，其行为具有普遍示范效应，尤其应该注意环保。因此，注意环保也成为一种国际通行的外交礼节。这一礼节主要表现在以下三个方面：①节约资源。所有资源都是有限的、稀缺的，我们在使用、利用各种资源时应该尽量节约，不可浪费。比如用纸、用水、用电等，奢侈浪费会引起他人不悦，是失礼的行为。②不破坏、污染环境。环境是人类赖以生存的基础，我们身边的一草一木、一土一石，以及空气、水源等，都值得我们每个人去爱护。任何破坏、污染环境的行为，如采花折木、击石扬尘、吸烟、乱丢垃圾等，都会引起他人不悦，都是失礼的行为。③保护珍稀动物。动物是人类的邻居，是人类的朋友，尤其是野生珍稀动物，我们必须加以保护，不可滥捕滥杀，否则可能破坏生态平衡，最终危及人类自身。在外交活动中，如果有鼓励、赞美捕杀野生珍稀动物的言行或用餐时食用野生珍稀动物，都有可能引起他人不悦，都是失礼的行为。

第三节 宗教的信仰、戒律与礼仪

宗教（religion），是一种特殊的社会意识形态，是人们在"神灵"面前所表现出来的恐惧和敬畏，是人类希望和需求的投射，是人类终极关怀的体现或表达，是现实世界在人们意识里的一种虚幻性反映。从原始社会开始，宗教就产生了。在漫长的历史发展过程中，在世界的各个地域、各个民族中形成了各种不同的宗教。目前，世界上最主要的宗教有基督教、伊斯兰教和佛教等，其信徒占世界总人口的50%以上。中国主要有佛教、道教、伊斯兰教、天主教、基督教五大宗教。

宗教的不同，主要表现在信仰、道德戒律和礼仪等方面。宗教信仰，是指人们对某种至高无上的神灵的崇拜、皈依，以及对相关神话观念的认同和确信。道德戒律，是宗教组织基于宗教信仰而要求信徒在社会生活中必须遵守的行为准则，涉及人与神的关系，以及人与人的关系。宗教礼仪，是宗教信仰者对其所信仰的神灵表示崇拜与敬畏的各种仪式性活动，以及与宗教密切相关的禁忌与讲究。

宗教已然是我们生活中不可忽视的"神圣"存在。因此，不管我们是不是宗教信徒，或者是不是同一宗教的信徒，都必须尊重他人的宗教信仰及其道德戒律和宗教礼仪，必须对宗教信徒或非同一宗教的信徒彬彬有礼。[①] 因此，我们必须对各种不同的宗教有所了解、有所理解。我们在研究外交礼仪时，必须研究世界上的不同宗教信仰及其戒律和礼仪，以保证我们在面对有不同宗教信仰的外国政要时不至于有失礼仪。其实，国内行政礼仪也必须研究不同的宗教，以保证在行政过程中对不同宗教信仰者能够彬彬有礼。

本节主要介绍、研究基督教、佛教的信仰、戒律、礼仪，以及与信徒交往时应该注意的礼节。

一、基督教

（一）起源与发展

基督教是古代犹太人创立的，是从犹太教中分离出来的。古代犹太人大都信奉犹太教，到1世纪30年代的时候，在古罗马帝国统治下的巴勒斯坦地区的信奉犹太教的犹太人中间，产生了一个新的宗派。这个宗派里的犹太人在坚持犹太教的基本信仰的同时，认为犹太人世世代代盼望的救世主"弥赛亚"已经降生，他是最高神上帝的道成肉身，是上帝通过圣灵使玛利亚无玷受孕而产下的圣子，他就是生活在拿撒勒的一个叫耶稣的人。他们打破犹太教的律法主义传统，开始向犹太人以外的民族宣传这一"福音"：犹太人追求的上帝的国已经临近，人们只要信奉上帝，跟从耶稣，即可获救。这一新的宗派受到正统犹太教的排斥，因而与犹太教分离，逐渐发展成为一种新的宗教——基

---

① 《中华人民共和国宪法》第三十六条规定："中华人民共和国公民有宗教信仰自由。任何国家机关、社会团体和个人不得强制公民信仰宗教或不信仰宗教，不得歧视信仰宗教的公民和不信仰宗教的公民。"

督教。

　　基督教在早期的处境是非常艰难的。罗马统治者及依附罗马统治者的犹太人（撒都该人）将基督徒的主张视为造反，那些严守犹太教律法主义传统的犹太人（法利赛人）则将基督教视为异端。因此，基督徒们常常受到双重迫害。耶稣被钉在十字架上处死，许多基督徒或被处死，或被监禁。

　　基督教徒在遭受长期迫害、镇压的过程中，不得不收敛其思想和主张中的锋芒，以避免让统治者认为有造反嫌疑。在经过几代神学家和哲学家的加工打磨后，基督教的教义日渐精致圆通，被越来越多普通民众接受。在有了广泛的社会基础后，基督教开始向上层社会、皇室传教。终于，罗马统治者认识到基督教不但对帝国的统治无害，甚至可能是有益的，可以为疆域广阔的帝国提供统一的精神信仰。313年，罗马皇帝君士坦丁发表"米兰敕令"，承认基督教具有合法地位。到4世纪末，罗马皇帝将基督教确立为国教。于是，基督教在罗马帝国全境得以在统治者的扶持下存在和发展，并随着罗马帝国的扩张而不断扩张，教会团体逐渐遍布欧洲、西亚和北非。15世纪以后，由于航海术的发展、地理大发现、帝国主义殖民事业的发展、东西方贸易的发展和各民族之间文化等各方面交流的增长，以及基督教大力推行的传教事业的发展，基督教逐渐扩展到全世界，终于成为一种国际性的宗教。

　　基督教在其发展过程中并非一个统一的整体，内部始终存在着分歧，出现了许多派别，主要分为三大宗派：天主教、东正教和新教。基督教自1—2世纪在罗马帝国形成后，因为东西部在语言、文化上存在差异，逐渐分成东、西两派，并最终因矛盾激化于1054年彻底决裂，双方都将对方开除教籍。分裂后位于西部的罗马教会称罗马公教（Catholicism），简称公教，意为全世界的教会。1582年（明万历十年），罗马公教耶稣会士、意大利人利玛窦将基督教传入我国，译为"天主教"，俗称旧教。位于罗马帝国东部希腊语地区的教会则称东方正教（Orthodoxy），简称东正教，意为正统教会。基督教第二次大分裂始于16世纪。西欧资产阶级兴起后，要求摆脱封建势力的国际中心——罗马天主教会的控制，掀起了反罗马统治的群众运动。首先在德国爆发了马丁·路德领导的宗教改革运动，接着在瑞士出现了加尔文的宗教改革以及英国的宗教改革，产生了一批脱离罗马教会的新型教会，统称为抗议宗（Protestantism）。1807年，这些教派开始传入我国，汉译名称有基督教、耶稣教、抗议宗等，我国学术界则习惯称之为"新教"。因此，"基督教"这一概念在我国出现了广义与狭义两个理解，广义的基督教（Christianity）是各教派的总称，狭义的基督教则仅指抗议宗，或称基督新教。①

（二）信仰与戒律

基督教不同教派在信仰、教规（戒律）等方面有所不同，但大同小异，均以《圣经》为基础，只是有各自的侧重和强调而已。

1. 信仰

基督教不同教派的共同信仰主要有以下四项。

（1）信仰"三位一体"的上帝。基督教认为，世界和宇宙存在一种超自然、超社会的神秘力量，即上帝。他是至高无上、全知全能、无所不在、创造天地万物的唯一真神，是宇宙的最高主宰。但上帝具有三个位格（person），即圣父、圣子、圣灵（天主教译为圣神）三个部分。圣父在天，名为耶和华。圣子为耶稣基督，受圣父的派遣降临尘世，以自己的流血牺牲拯救苦难中的世人。圣灵是上帝与人的中介，启发人的智慧和信仰，助人弃恶从善。这三个位格并非独立的三个神，而是同一本体，三者构成上帝的统一整体。

（2）相信原祖原罪。基督教认为亚当和夏娃是人类共同的祖先，他们是上帝在创世纪的第6天按照自己的形象创造的。亚当和夏娃最初居住在伊甸园，过着无忧无虑的生活。后因夏娃受魔鬼引诱，违反上帝禁令偷吃了智慧之果，懂得了羞耻与生儿育女，触怒了上帝，被逐出乐园，罚降到尘世，繁衍子孙，成为人类的原祖。基督教成为罗马国教后，神学家奥古斯丁创建了原罪说，把人的一切苦难说成是人类原祖亚当和夏娃犯了罪，这种罪具有继承性，因此人生来就有"原罪"。

（3）相信基督救赎。基督教认为人世间充满罪恶，世人均有原罪和自身之罪，无法自救。因此，上帝大发慈悲，派遣其独生子耶稣降临人世，拯救人类。耶稣为了救赎世人，甘愿被钉在十字架上，以自己的血洗净世人的罪。所以，人们欲求灵魂得救，就要信仰、祈求耶稣基督。

（4）相信灵魂不灭与世界末日。基督教认为人的肉体是短暂的，而灵魂长存；现实世界有限，而死后生活永存；世界末日迟早会到来；人死后灵魂将受到审判，生前行善者升天堂，作恶者下地狱。②

2. 戒律

基督教各派共同遵守的道德戒律（教规）有十条，即所谓"十诫"。

（1）除上帝外，不许拜别的神。

---

① 参见于可主编《世界三大宗教及其流派》，湖南人民出版社2005年版，第61页。
② 参见熊坤新主编《宗教理论与宗教政策》，中央民族大学出版社2008年版，第46—47页。

(2) 不许制造和敬拜偶像（天主教无此条，增加"勿贪他人妻"作为第九条戒律）。

(3) 不许妄称耶和华的名（即不许以上帝的名义发假誓）。

(4) 六日勤劳工作，第七日守安息日为圣日。

(5) 须孝敬父母。

(6) 不许杀人。

(7) 不许奸淫。

(8) 不许偷盗。

(9) 不许作假证陷害人。

(10) 不许贪恋他人所有的财物。

（三）礼仪与节日

基督教的宗教礼仪，或称圣事（天主教），或称圣礼（新教），各派所行项目、形式、含义也有所不同，公认的主要有两项：洗礼与圣餐。

洗礼是入教仪式，象征洗净原罪与本罪，并赋予恩宠和印记，灵魂由此获得新生。洗礼的方式有两种，即点洗和浸洗。点洗，是神职人员以一小杯水洒在受洗者的前额，或神职人员以手点水在受洗者前额上画十字，并诵"我奉圣父、圣子、圣灵的名给你施洗"或"我奉基督耶稣的名给你施洗"。浸洗，则要求受洗者全身浸入天然水域或人工水池中，只有头部露出水面，然后主持洗礼的神职人员让受洗者的头浸在水中三次，同时念以上经文。

圣餐礼，源于《新约·福音书》中有关"最后的晚餐"的描写。耶稣被捕前最后一次晚餐上拿起饼和酒说："这是我的身体和血，是为众人免罪而舍弃和流出的。"基督教教会据此演化为圣餐礼，以兹纪念。圣餐礼在形式上各派有所不同：天主教的圣餐仪式称"弥撒"，圣体用无酵面饼表示，信徒不许饮葡萄酒；东正教允许信徒饮葡萄酒，圣体用发酵面饼；新教则使用一般面包和葡萄酒。

基督教节日即与耶稣基督有关的纪念性日子，实质上也是基督教的礼仪形式。基督教的节日各派也不统一，有的规定了很多节日，有的则很少甚至没有。绝大多数教派规定要过的节日有两个：圣诞节与复活节。

圣诞节是纪念耶稣诞生的节日。其实，《圣经》并无耶稣诞生的记载，早期原始基督教亦无此节日。基督教成为罗马国教后，教会将罗马原始宗教信仰的太阳神的生日12月25日确定为圣诞节，沿袭至今，成为信仰基督教国家的重大节日。东正教因为使用阴历，其圣诞节略有延迟，为公历1月6日或7日。至于圣诞老人与圣诞树则属民间风俗，其起源流传较晚。

复活节是纪念耶稣复活的重大节日。据福音书记载，耶稣被钉死在十字架上3天后复活，为纪念这一天，基督教将其确定为复活节。早期基督教有关复活节的日期规定不统一，直到325年的尼西亚会议，才正式确定每年春分月圆后的第一个星期日为复活节，一般在3月21日—4月25日之间。

（四）与基督教信徒交往时应注意的礼仪

1. 不议论、批评基督徒的宗教信仰

如果我们不是基督徒，我们可能不认可基督教的信仰及其神话理论，甚至可能觉得其有些荒谬。但总体上看，信仰基督教并不妨碍、伤害他人，基督教徒是可以相处而且值得尊重的。在外交活动中，尊重基督教徒，首先应注意的是不要议论和批评其宗教信仰，以避免失礼，使对方不悦，而影响交往的效率。

2. 不要侮辱、戏谑其崇拜的神

基督教崇拜的神主要有上帝（圣父耶和华、圣子耶稣、圣灵）、圣母玛利亚、亚当和夏娃等。在有基督徒参与的外交活动中，尽量不要提及这些神的名，如果不得不提，则应严肃庄重，切忌侮辱、戏谑。否则，有失礼仪。

3. 不要做违背对方宗教戒律的行为，或逼迫对方做违背宗教信仰的行为

基督教主要有10条戒律，其中有4条阐述人与上帝的关系，有6条阐述人与人的关系。有关人与人的关系的戒律（孝敬父母、不许杀人、不许奸淫、不许偷盗、不许作假证陷害人、不许贪恋他人所有的财物等）与我们普遍的道德信念基本上是一致的，在外交活动中一般不会有矛盾冲突。但是，有关人与上帝的关系（不许拜别的神、不许制造和敬拜偶像、不许妄称耶和华的名、第7日守安息日为圣日等）则可能与我们的道德信念不相关或不一致。在外交活动中，应特别注意不要有违背这些戒律的行为，尤其不要逼迫基督徒做违背这些戒律的行为。否则，有失礼仪。

二、佛教

（一）起源与发展

佛教起源于公元前6世纪左右的古印度，至今已有2500余年的悠久历史。佛教创始人乔达摩·悉达多，后来被人尊称为"释迦牟尼"，意思是"释迦族的贤人"。他出生于古印度（约公元前566年）的迦毗罗卫城（在今尼泊尔境内），是迦毗罗卫国净饭王太子。释迦牟尼少年时代生活优渥，无忧无虑，接受婆罗门教的传统教育。成年后与觉饭王之女耶输陀罗结婚，并生有一子。到

29岁时，因为看到每个人都必须遭受生老病死等各种痛苦，所以他离家外出，寻师访友，苦行沉思，探索人生解脱之道。6年之后终于成道觉悟，被人称为"佛陀"或简称"佛"，即"觉悟者"。释迦牟尼成佛后，向人宣讲其觉悟到的道理（"四谛"等），使佛、法、僧"三宝"具足，建立佛教。

佛教在古代印度昌盛达千年之久，一度成为印度国教。但到8世纪时，印度教兴起并逐步在印度社会占据主导地位，佛教逐渐演化为密教，融汇入印度教之中。13世纪初，由于各种原因，印度佛教徒改奉伊斯兰教，佛教在印度本土渐趋绝灭。19世纪后半叶以来，印度掀起了佛教复兴运动，重振佛寺、兴办佛教研究机构和佛教学府等，但信奉人数不多，且多属"贱民"阶层。目前，佛教在整个印度的政治社会生活中影响不大。

但是，就整个佛教的演进而言，它早在公元前3世纪便已超越印度本土，远及斯里兰卡、缅甸、叙利亚、埃及等国家，具有了世界性规模。于公元1世纪中叶传入中国后，佛教更是有了很大发展。印度、中国的周边国家受佛教文化影响非常深，其中，有些国家举国上下都信佛教，如缅甸、泰国、柬埔寨、斯里兰卡等，有"佛国"之称。近一个世纪以来，欧洲的英国、法国、德国、奥地利、荷兰、瑞士、瑞典、捷克斯洛伐克、匈牙利、美国等国，也先后成立了一些佛教僧团组织和佛教研究机构。①

（二）基本教义

佛教在不同历史时期和不同地区的流传过程中，教义思想发生了很大变化。但原始佛教时期定型的基本教义，始终为绝大多数佛教派别所接受和承认。这些基本教义主要可以概括为四谛、五蕴、十二因缘、三法印、因果报应和生死轮回等。

1．四谛

四谛，亦称"四圣谛"，意思是"四条真理"，即苦谛、集谛、灭谛、道谛。

苦谛，列举人的一生中苦的种类或形式，一般讲四苦或八苦。四苦，指生、老、病、死；八苦，即四苦之外，再加上怨憎会、爱离别、求不得、五盛阴（五阴炽盛）。

集谛，探索"苦"产生的根源。佛教认为，人生之苦都是由贪欲、嗔恚（怨恨）、愚痴引起的。

灭谛，描述消除苦难之后的境界，即涅槃的妙乐境界，亦即超脱生死轮

---

① 参见于可主编《世界三大宗教及其流派》，湖南人民出版社2005年版，第263—264页。

回、达到解脱的极高境界。

道谛，指出消除痛苦、达到解脱的正确方法和途径。有所谓八正道：正见、正思维、正语、正业、正命、正精进、正念、正定。

2. 五蕴

五蕴，也译作"五阴"，即色蕴、受蕴、想蕴、行蕴、识蕴。五蕴有广义和狭义之分，从狭义方面讲，是指组成人的五种要素，也是现实人的代称；从广义方面讲，是指构成世界的一切物质现象和精神现象。

3. 十二因缘

十二因缘，也称"十二缘生"，是对人生整个过程的说明。佛教认为，整个人生是一个生死轮回的过程，其中，有12个构成因果关系的环节，即"十二因缘"。它包括：无明、行、识、名色、六处、触、受、爱、取、有、生、老死。可以"顺观"，由"无明"推到"老死"，即"无明"产生"行"，"行"产生"识"，"识"产生"名色"，"名色"产生"六处"，"六处"产生"触"，"触"产生"受"，"受"产生"爱"，"爱"产生"取"，"取"产生"有"，"有"产生"生"，"生"产生"老死"；也可以"逆观"，由"老死"推到"无明"。

4. 三法印

三法印，即佛教奉行的三条基本真理。这三条真理能解释人生乃至宇宙的一切现象，有如国王印玺，通达无碍，故谓之法印。三法印包括：①诸行无常，指世界上万事万物都是变化的，没有什么东西是永恒不变的；②诸法无我，指一切事物或现象都是因缘和合而成，没有独立的实体和主宰；③涅槃寂静，指超脱生死轮回的涅槃境界是永恒清静、没有烦恼的。

5. 因果报应和生死轮回

因果报应，也称"业报"，指人的一切思想、言论和行为（身、口、意三业）都必然产生相应的后果（果报）。"因"在未得"果"之前不会自行消失，反之，没有一定的业因也不会凭空产生果报。任何人或神，包括佛在内，都不能消除因果报应的作用，众生在业报面前一律平等。因果报应所讲的因和果，各分为善和恶两类，善因得善果，恶因得恶果，不会逆转。

"生死轮回"是因果报应说的一种解释或体现。佛教认为，每个人现世的境况都由前世的行为决定，而现世的行为又决定后世的命运；有善行者可以转生到好的去处，比如人世、天堂等；有恶行者则要转生到坏的去处，比如饿鬼、畜生等。这就是生死轮回。佛教乃"成佛之教"，就在于帮助人们对人生有所觉悟，从而超脱生死轮回。

(三) 崇拜的对象

佛教崇拜的对象有佛、罗汉和菩萨。

佛，也译为佛陀、佛驮、浮陀、浮屠等，意思是"觉悟者"。早期佛教直到大乘佛教兴起之前，即1世纪中叶之前，释迦牟尼被认为是唯一的佛。大乘佛教兴起后建立起了多佛并存的信仰体系，认为三世（过去、现在、未来）和十方世界（东西南北、四维、上下）存在无数佛，众生都有佛性，皆可成佛。我国佛教也崇拜多佛，主要的佛有阿弥陀佛、弥勒佛、药师佛等。

罗汉，全称"阿罗汉"，是指仅次于佛的修行果位。小乘佛教认为，只有释迦牟尼修行成了佛，其他人修行的最高果位是罗汉。达到罗汉果位，就超脱了生死轮回。罗汉的职责，是遵照佛祖的嘱托，常住人间，推动佛法流传，护佑众生。所以，罗汉也成为信众的崇拜对象。大乘佛教也承袭了罗汉崇拜。我国佛教中，流行有"十六罗汉""十八罗汉""五百罗汉"等说法。

菩萨，全称"菩提萨埵"，也意译为"觉有情""大士"等，是大乘佛教兴起后出现的，也是仅次于佛的修行果位。菩萨的修行，以自度和度人为特点，所以也成为佛教崇拜的对象。在我国佛教信仰中，菩萨崇拜非常流行，主要崇拜的菩萨有四位，即文殊菩萨、普贤菩萨、观音菩萨、地藏菩萨。

（四）主要戒律、节日与礼仪

1. 戒律

佛教戒律，是指佛教信徒应该遵守的各种规定和行为规范。佛教戒律分很多种，对不同的人有不同的规定，主要有五戒、八戒、沙弥戒、具足戒等。

五戒，是佛教最基本的戒律，是树立佛教信仰和从事修行的开端。具体内容是不杀生、不偷盗、不邪淫、不妄语、不饮酒。

八戒，又称"八关斋戒"，是在五戒基础上加：不着香华（即不戴花环、不涂香油）、不坐卧高广大床、不非时食。

沙弥戒，是针对出家后不到20岁的人而规定的戒条，有十戒，是在八戒的基础上形成的，包括不杀生、不偷盗、不邪淫、不妄语、不饮酒、不涂饰、不歌舞观听、不坐卧高广大床、不非时食、不蓄金银财宝。

具足戒，是针对20岁以上的出家人而规定的戒条，包括比丘戒和比丘尼戒，二者统称为"具足戒"，意思是"具备充足的戒条"，也称"大戒"。具足戒的戒条数目很多，规定很细致，佛教戒律书《四分律》载明，比丘有250戒，比丘尼有348戒。

2. 节日

佛教节日，是佛教倡导的纪念性活动。这些活动的参与者主要是佛教信徒，但有些活动也逐渐成为一种民俗，有广大的普通民众参与其中。社会影响较大的佛教节日有佛诞节、成道节、盂兰盆节等。

佛诞节，又称佛诞会、佛生会、浴佛会等，是为纪念释迦牟尼诞生而设立的节日。我国传统以农历四月初八为佛诞节，这一天一般要举行浴佛、行像、献花、演戏等活动。

成道节，也称成道会，是为纪念释迦牟尼在菩提树下悟道成佛而设立的节日。我国传统以农历十二月初八（腊月初八）为成道节，俗称"腊八节"。在这一天，寺院和民间都要煮腊八粥供佛，象征牧牛女以乳糜供养释迦牟尼。

盂兰盆节，又称盂兰盆会、盂兰盆斋、鬼节、中元节等，该节设在每年农历七月十五日。"盂兰"是梵语的音译，意思是人被倒悬。盂兰盆节的活动，主要以饮食置于盂兰盆中以供奉佛、僧，求其超度父母及祖先亡灵。

3. 礼仪

佛教礼仪的内容非常丰富，大概包括五个方面：一是佛寺建筑格局、佛像安排、管理机构、人员设置等；二是僧人在寺院应遵守的修行规范、生活制度、礼佛仪式等；三是谨守佛门戒律，皈依三宝，受持五戒，剃度出家，直到受三坛大法等全部程序；四是佛教用品，包括僧人衣服、物件、做佛事的乐器等方面的分类和规定；五是各种佛事法会的具体内容、仪轨，以及佛教的节日庆典等。① 前文所述戒律、节日等都包括在礼仪范围内。这里，我们只对人们较为常见的僧人礼节仪做简要介绍。②

（1）敬师拜佛礼式。佛教徒在不同场合见长老高僧、事诸佛菩萨，为表示虔诚和尊敬，有各种不同的行礼方式，如合掌、问讯、长跪、礼拜、行十方礼、展具礼拜、拈香礼拜等。较为常见的有合掌、礼拜、拈香礼拜等。

合掌，即两掌相合，十指相并，平胸端直，以显示恭敬。

礼拜，即五体投地。五体指两肘、两膝和头顶。动作要求：并足正身，合掌俯首，弯腰屈膝，先以右膝着地，次下左膝。右掌先按在拜垫中央，左掌按在拜垫左前方，再将右掌移至右前方，使两掌相齐。以二肘及头着拜垫，两掌同时翻起，掌心向上，过额承空，以示接足之敬。头着地良久，然后起立。起立时，两掌翻回，掌心向下，右掌回到拜垫中央，左手提起以合掌式回胸前，右手按住拜垫起立，右掌与左掌相合，方成一拜。

---

① 冯修齐：《晨钟暮鼓——佛教礼仪》，四川人民出版社2004年版，第4页。
② 参见冯修齐《晨钟暮鼓——佛教礼仪》，四川人民出版社2004年版，第92—106页。

拈香礼拜，即持香拜佛。动作要求：在香案前把香点燃，一般为三支，然后以两手中指、食指和大拇指握住香杆，垂直执于胸前，举香齐眉后收回胸前。然后将香插入香炉。先插右面，默念"誓断一切恶"；再插左面，默念"誓修一切善"；后插中间，默念"誓度一切众生"。插完后合掌默念："愿此香花云，直达三宝所，恳求大慈悲，施予众生乐。"

（2）行住坐卧威仪。威仪，即整齐严肃、令人敬畏的仪表、仪态规范，或指人的整齐严肃、令人敬畏的仪表、仪态。佛教对出家弟子的行、住、坐、卧有严格的规范要求，称"四威仪"，要言之：行如风、坐如钟、站如松、卧如弓。

（3）日常行为规范。僧人的日常行为包括起床睡觉、诵经礼佛、坐禅吃斋等，全都是修行的过程，一举一动都有严格的规范，都有礼仪。比如起床，清晨5点，起床讯号先是"照板"响起，然后报钟三阵，接着洪钟三阵（洪钟每阵三十六响，共鸣一百零八响，表示断除人生一百零八种烦恼。钟头边敲钟边唱偈：洪钟初叩，宝偈高吟，上彻天堂，下通地府……）。洪钟叩毕，鼓声即起，然后又报钟，然后云板，然后引磬。七种讯号，前后相扣，音响各别，各有韵味。在这个过程中，僧众起床、叠被、刷牙、洗脸、搭衣、上殿、开始课诵……

（4）起居修行偈语。僧人在寺庙中修行，每做一件事情都要念诵相应的偈语。这也是僧人的一种仪节，有早觉偈、闻钟偈、着衣偈、下榻偈、举足偈、出舍偈、赞佛偈、礼佛偈等。如早觉偈云："睡眠始寤，当愿众生，一切智觉，周顾十方。"闻钟偈云："闻钟声，烦恼轻；智慧长，菩提生；离地狱，出火坑；愿成佛，度众生。"等等。①

（五）与佛教徒交往时应注意的礼仪

与佛教教信徒交往，应注意三个原则：一是不要批评、非议其宗教信仰；二是不要侮辱、戏谑其崇拜的对象——佛、罗汉、菩萨；三是不要违背或逼其违背佛教戒律。

---

① 冯修齐：《晨钟暮鼓——佛教礼仪》，四川人民出版社2004年版，第92—103页。

后　　记

古人云，"仓廪实而知礼节"。意思是说，人的生活富足了，自然会更讲究礼节。事实也是这样，当代我国从 20 世纪八九十年代以来，因为改革开放，人民生活日渐富裕，礼仪文化便越来越为人们所重视。近 30 年，大量的讲述礼仪的书籍出版；礼仪性法律、法规、制度不断出台；礼仪教育被纳入中小学的教育教学安排；礼仪学进入大学课堂，成为各高校的公共选修课或专业选修课；等等。拙著《行政礼仪研究》正是在这样一个时代潮流中产生的。

我就职的东莞理工学院于 2008 年创办行政管理专业，招本科生。初期的课程体系中没有"行政礼仪"这门课，到 2015 年调整培养方案时，因为注意到其他很多高校的行政管理专业有"行政礼仪"（或称"政务礼仪""公务礼仪"）课，决定增设"行政礼仪"课为选修课。我主动向系主任请缨，由我主讲。讲这门课时，我选用了中国人民大学金正昆教授的《政务礼仪教程》作为教材，依据金教授的思路来讲"行政礼仪"课。《政务礼仪教程》是一本好教材，1999 年由中国人民大学出版社出版，到 2019 年已经出了第六版，很多高校都在使用这一教材。我使用《政务礼仪教程》授课，教学效果也是不错的。但我在教学过程中渐渐有了一些自己的思考和认识，于是决定也写一本可用作高校教材，亦可作为公务员等礼仪爱好者或研究者参考的著作。经过两年的艰苦努力，终算完成。

在撰写拙著时，国内许多学者的相关见解给了我很多启发，向他们致敬！

撰写和出版拙著，我获得了同事郑玉敏教授（院长）、强昌文教授、成伟教授等热情支持，真心感谢！

拙著初稿完成后，将其打印给了东莞理工学院 2017 级和 2019 级行政管理专业的本科生，作为他们 2020 年下半年"行政礼仪"课的阅读材料。他们在认真阅读后，提出了很多很好的意见，并指出了多处文字上的不妥或打印错误，谨向他们表示感谢！

拙著有幸得到中山大学出版社接纳，真诚感谢！同时感谢翁慧怡等各位编辑为拙著"做嫁衣"，付出了辛勤劳动！

因为本人学力有限，《行政礼仪研究》一书肯定还有很多不妥或错误，恳请读者批评指正。

汪辉勇
2021 年 1 月 16 日
于东莞松山湖寓所